日本語能力試験必修パターンシリーズ

パターンを押さえて、解き方まるわかり

日本語能力試験 N1 語彙 必修パターン

Japanese Language Proficiency Test N1 Vocabulary Compulsory Pattern
日语能力考试 N1 词汇 必修的模式
Bài kiểm tra trình độ tiếng Nhật bản N1 Ngữ Vựng Mô hình bắt buộc

氏原庸子／岡本牧子●共著

Jリサーチ出版

はじめに

　1984年に始まった日本語能力試験も2010年には大きく改定され、日本語の知識だけでなく、実際に運用する能力も求められるようになりました。

　本書は大きく4つの部分で構成され、まずPART1「基礎編」では、語彙問題攻略に向け語彙の総合力を高めるため、中心となる漢字の読みを中心として6つのパターンに分け細かく解説。PART2「対策編」では、対策準備と、実戦練習に分け、対策準備では漢字・語彙の意味や形、読み方、位置などに着目して解説、実戦練習では、「問題1」「問題2」「問題3」「問題4」をそれぞれ徹底分析。〈パターンに分類しながらの詳しい問題分析〉⇒〈攻略のためのポイント確認〉という流れで繰り返し練習、その中で実戦力を養います。最後の「模擬試験」では、学習のまとめとして実力をチェックします。

　このように本書は、日本語能力試験N1語彙問題に対応した構成になっていますが、上記のように語彙の力を伸ばすためのさまざまな工夫もされていますので、試験対策としてだけではなく、学校での語彙の授業や、語彙力を身につけるための独習にもお勧めできる内容となっています。

　このテキストを使うことで、日本語学習者のみなさんの語彙力がアップすることを願っています。また、日本語能力試験に合格するだけではなく、毎日の生活に役立てば、こんなにうれしいことはありません。

氏原庸子・岡本牧子

もくじ

はじめに ・・・・・・・・・・・・・・・・・・・・・・・・・・・・・・・・・・・ 2
この本の使い方 ・・・・・・・・・・・・・・・・・・・・・・・・・・・・・ 4
「日本語能力試験 N1」の構成 ・・・・・・・・・・・・・・・ 6

PART1　基礎編 ・・・・・・・・・・・・・・・・・・・・・・・ 11

- **UNIT 1** 伸ばす音・伸ばさない音 ・・・・・・・・・・・・・・・ 12
- **UNIT 2** 詰まる音・詰まらない音 ・・・・・・・・・・・・・・・ 16
- **UNIT 3** 清音（f,h,k,s,t）・濁音（b,d,g,j,z）・半濁音（p） ・・・・ 23
- **UNIT 4** 漢字の訓読みに注意したい言葉 ・・・・・・・・・・・ 29
- **UNIT 5** いろいろな読み方をする初級漢字 ・・・・・・・・・ 38
- **UNIT 6** 読み方が同じ言葉 ・・・・・・・・・・・・・・・・・・・・ 48
- 練習問題の答え ・・・・・・・・・・・・・・・・・・・・・・・・・・・・ 58

PART 2　対策編 ・・・・・・・・・・・・・・・・・・・・・・・ 59

第1章　対策準備 ・・・・・・・・・・・・・・・・・・・・・・・・60

- **UNIT 1** 漢字の訓読みに注意したい言葉 ・・・・・・・・・・・ 60
- **UNIT 2** いろいろな意味を持つ言葉 ・・・・・・・・・・・・・・ 73
- **UNIT 3** 形が似ている言葉 ・・・・・・・・・・・・・・・・・・・・ 100
- **UNIT 4** 意味が似ている言葉 ・・・・・・・・・・・・・・・・・・ 118
- **UNIT 5** 一字で言葉になるもの ・・・・・・・・・・・・・・・・ 130
- **UNIT 6** 前に付く語・後ろに付く語 ・・・・・・・・・・・・・ 134
- **UNIT 7** 特別な読み方の言葉 ・・・・・・・・・・・・・・・・・・ 140

- UNIT 8 「たとえ」の表現 ・・・・・・・・・・・・・・・・・・・・ 143
- UNIT 9 語彙力アップチェックリスト ・・・・・・・・・・・・・ 145
- EXERCISEの答え（対策準備） ・・・・・・・・・・・・・・・ 163

- 復習＆発展ドリル ・・・・・・・・・・・・・・・・・・・・・・・ 173
- 「復習＆発展ドリル」の答え ・・・・・・・・・・・・・・・・ 197

第2章 実戦練習 ・・・・・・・・・・・・・・・・・・・・・ 200
- UNIT 1 問題1に挑戦！ ・・・・・・・・・・・・・・・・・・・・ 200
- UNIT 2 問題2に挑戦！ ・・・・・・・・・・・・・・・・・・・・ 206
- UNIT 3 問題3に挑戦！ ・・・・・・・・・・・・・・・・・・・・ 209
- UNIT 4 問題4に挑戦！ ・・・・・・・・・・・・・・・・・・・・ 213

PART3　模擬試験 ・・・・・・・・・・・・・・・・・・・ 219
- 採点表 ・・・・・・・・・・・・・・・・・・・・・・・・・・・・・・・ 222

〈別冊〉

模擬試験　解答・解説 ・・・・・・・・・・・・・・・・・・・・・・・ 2

付録：「常用漢字表」にない音訓で注意したいもの ・・・・・ 4

解答用紙（模擬試験） ・・・・・・・・・・・・・・・・・・・・・・・ 8

この本の使い方

学習の流れ

この本は、「基礎編」と「対策編」を中心に、次のような流れで学習を進めます。

① 基礎編　⇒　「語彙」対策の基礎力を身につける

　日本語能力試験の語彙分野では、単に単語や表現の知識の多さが問われるのではありません。文章あるいは会話の中で、どんな言葉をどう使い分けるか、日本語についての深い理解と幅広い知識が問われます。パート1の基礎編では、読み方を中心とする基本的な6つの出題ポイントを取り上げ、「語彙」対策の基礎力を身につけます。

② 対策編　⇒　問題のパターンを知る、解法のパターンをつかむ

　パート2の対策編は、「対策準備」と「実戦練習」の2つの章で構成されています。

　《対策準備》　まず第1章「対策準備」では、出題のポイントになるようなテーマを8つ設け、それぞれで主要な語を区別・整理していきます。さらに横の広がりとして、語彙の問題の中で選択肢などに使われる可能性のある言葉をリストアップし、チェックしていきます。加えて、ここまでのおさらいと発展学習を兼ねた練習問題を3セットします。

　《実戦練習》　次に第2章「実戦練習」では、実際の試験に基づき4つの問題（問題1・2・3・4）の攻略を目指します。4つのそれぞれで問題のパターンを細かく分析し、解答のポイントを確認しながら繰り返し練習をします。

③ 模擬試験　⇒　学習のまとめとして実力を確認する

　ひととおり学習が終わったら、模擬試験で実力診断をします。得点が低かった場合は、特に出来のよくなかった問題を中心に、しっかり復習しましょう。

学習プラン

日本語能力試験対策にこの本を利用する場合の学習プランとして、3つの例をご紹介します。試験勉強を始める時期や試験日までの日数など、ニーズに合わせ、適当にアレンジをしながらプランを立ててください。

学習プランの例

※1回50分として。　※授業の中で全部できない場合は、部分的に宿題にする。

〈平均プラン〉30回

1	基礎編	伸ばす音・伸ばさない音
2		詰まる音・詰まらない音
3		清音・濁音・半濁音
4		漢字の訓読みに注意したい言葉
5		漢字の訓読みに注意したい言葉
6		いろいろな読み方をする初級漢字
7		いろいろな読み方をする初級漢字
8		読み方が同じ言葉
9		読み方が同じ言葉
10	対策編	漢字の訓読みに注意したい言葉
11		漢字の訓読みに注意したい言葉
12		いろいろな意味を持つ言葉
13		いろいろな意味を持つ言葉
14		いろいろな意味を持つ言葉
15		形が似ている言葉
16		形が似ている言葉
17		意味が似ている言葉
18		意味が似ている言葉
19		一字で言葉になるもの
20		前に付く語・後ろに付く語
21		特別な読み方の言葉／「たとえ」の表現
22		語彙力アップチェックリスト（主に自習）
23		復習＆発展ドリル
24		復習＆発展ドリル
25		復習＆発展ドリル
26		問題1に挑戦！
27		問題2に挑戦！
28		問題3に挑戦！
29		問題4に挑戦！
30		模擬試験

〈短期プラン〉22回

1	基礎編	伸ばす音・伸ばさない音
2		詰まる音・詰まらない音
3		清音・濁音・半濁音
4		漢字の訓読みに注意したい言葉
5		漢字の訓読みに注意したい言葉
6		いろいろな読み方をする初級漢字
7		いろいろな読み方をする初級漢字
8		読み方が同じ言葉
9		読み方が同じ言葉
10	対策編	漢字の訓読みに注意したい言葉
11		漢字の訓読みに注意したい言葉
12		いろいろな意味を持つ言葉
13		いろいろな意味を持つ言葉
14		形が似ている言葉
15		形が似ている言葉
16		意味が似ている言葉
17		一字で言葉になるもの／前に付く語・後ろに付く語
18		特別な読み方の言葉／「たとえ」の表現
19		復習＆発展ドリル
20		問題1に挑戦！
21		問題2に挑戦！〜問題4に挑戦！
22		模擬試験

※「語彙力アップチェックリスト」は自習。

〈超短期プラン〉15回

1	基礎編	伸ばす音・伸ばさない音／詰まる音・詰まらない音
2		清音・濁音・半濁音
3		漢字の訓読みに注意したい言葉
4		いろいろな読み方をする初級漢字
5		読み方が同じ言葉
6	対策編	漢字の訓読みに注意したい言葉
7		いろいろな意味を持つ言葉
8		いろいろな意味を持つ言葉
9		形が似ている言葉
10		意味が似ている言葉
11		一字で言葉になるもの〜「たとえ」の表現
12		復習＆発展ドリル
13		問題1に挑戦！
14		問題2に挑戦！〜問題4に挑戦！
15		模擬試験

※「語彙力アップチェックリスト」「復習＆発展ドリル」は自習。

この本の使い方 ● 各パートの学習内容

▶ 基礎編の学習内容

> **UNIT 1 伸ばす音・伸ばさない音**
>
> 【例題】
> 次の文の_____をつけた言葉はどのように読みますか。1・2・3・4から一つ選びなさい。
>
> 日本に来たころは、友達もいなくて孤独だった。
> 　1　こうどく　　2　こどく　　3　こどうく　　4　こどくう
>
> 【POINT】
> 「コウ・ゴウ・キョウ・ソウ・ジュウ・ジョウ・シュウ・ショウ・トウ・ドウ・ホウ・ボウ・フウ・ヨウ・リョウ」のように「ウ」で終わる長い音を含む言葉は、短い音の言葉と間違いやすいので、「ウ」があるものとないものを比べながら覚えましょう。
> 正解：2
>
> 【覚えよう・1】
>
> | PTAの**会合**に出る | 集まり、集会。 | 収支の**均衡**をとる | balance, equilibrium／保持支出平衡 |
> | 老人を**介護**する | 高齢者や病人の世話をして生活を助けること。 | **金庫**に隠す | vault, safe／現在金庫室／két sắt |
> | 変な**格好** | appearance／様様的样子／dáng | **故意**の反断 | （偶然でなく）意図を持ってわざとすること。 |
> | 小さい**括弧** | parentheses／小括弧／ngoặc | **厚意**に感謝する | 人に対して配慮する優しい気持ち。 |
> | 空気の**乾燥** | dryness／空气干燥／sự khô | **郊外**に住む | 都市の中心部に対して周辺の、住宅や自然の多い地域。 |

● 語彙対策の学習のスタートとして、「伸ばす音」「詰まる音」「読み方が同じ言葉」など、語彙問題でよく出題のポイントになるものを取り上げています。

● まず「覚えよう」で、太字になっている言葉の意味と使い方を確認します。リストの学習が一通り終わったら、「練習問題」でちゃんと理解しているかをチェックします。

▶ 対策編の学習内容

最初のステップ ▶ 対策準備

● 第1章「対策準備」では、基礎編をさらに発展させ、8つの出題のポイントごとに語彙の整理を進めていきます。

> **第1章 対策準備**
>
> **UNIT 6 前に付く語・後ろに付く語**
>
> 【例題】
> 次の（　）に入る最もよいものを、1・2・3・4から一つ選びましょう。
>
> ① これはテレビでコマーシャルもやっている（　）のお菓子です。
> 　1　現発売　　2　新発売　　3　再発売　　4　大発売
> ② いま（　）なので、後でこちらから電話します。
> 　1　食事間　　2　食事中　　3　食事的　　4　食事内
>
> 【POINT】
> 単語の前または後ろに付いて、新しい言葉を作る語があります。これらの語を覚えると自然に語彙も増えるので、マスターしておきましょう。
> 正解：①2　②2
>
> **1 前に付く語**
>
> | | | A＋Bのタイプ
(前に付く語+単語) | A×Bのタイプ
(前に付く語を含むミックス型) |
> |---|---|---|---|
> | **異**〜 | different, uncommon, curious
異なる、ほかと違う | **異**文化、**異**業種
例 異文化への理解、異業種との交流、食品に異物が入る、計画に異論がある | ・異国、異論、異物、異質な |
> | **好**〜 | like something, pleasing
好きな、好ましい | **好**印象、**好**成績、**好**景気、**好**人物 | ・好感、好物、大好物、好調 |
> | **再**〜 | again, twice
再び、もう一度初めから | **再**利用、**再**開発
例 資源の再利用、友達との再会、営業を再開する | ・再会、再開、再帰 |
> | | | | ・最速、最終回、最年長・最年少、最大限、最下限 |

この本の使い方

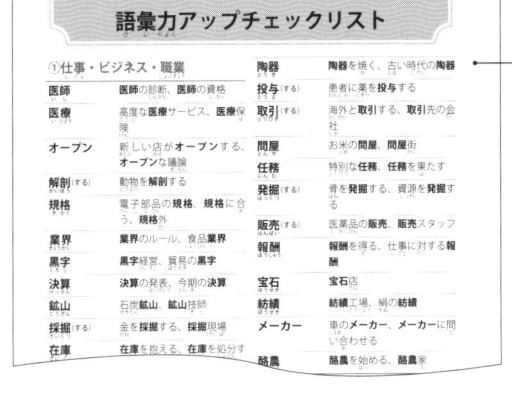

●「語彙力アップチェックリスト」で語彙力をチェックし、補強します。

●「復習＆発展ドリル」は全65問が3セット。たっぷりとおさらいをします。

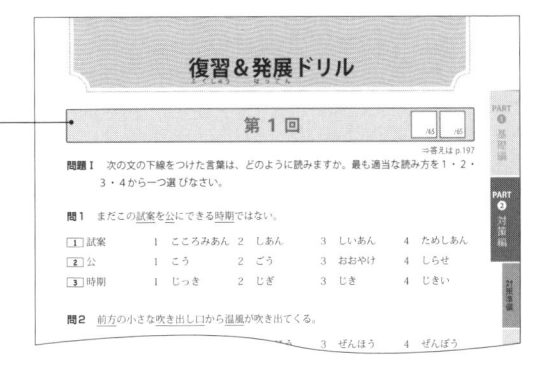

次のステップ ▶ 実戦練習

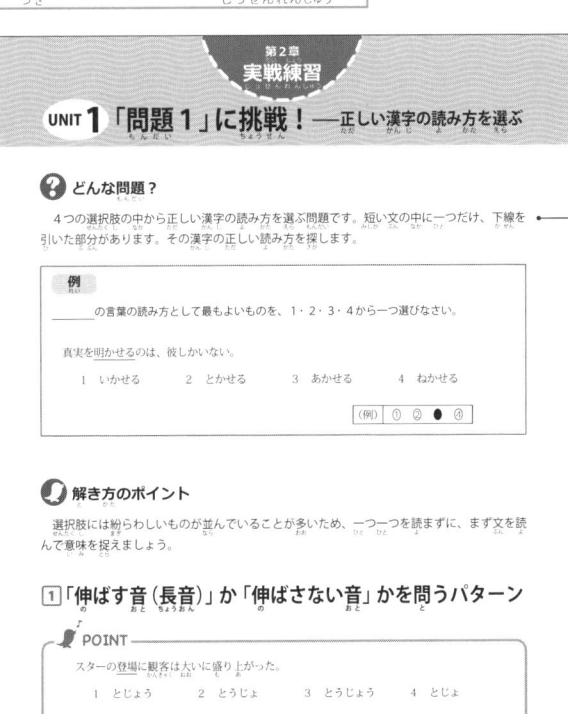

●第2章「実戦練習」では、実際の試験の形式に合わせて、問題分析と練習をしていきます。

「日本語能力試験 N1」の構成

		大問	小問数	ねらい
言語知識（文字・語彙・文法）・読解（110分）	文字・語彙	1 漢字読み	6	漢字で書かれた語の読み方を問う。
		2 文脈規定	7	文脈によって意味的に規定される語が何であるかを問う。
		3 言い換え類義	6	出題される語や表現と意味的に近い語や表現を問う。
		4 用法	6	出題語が文の中でどのように使われるのかを問う。
	文法	5 文の文法1（文法形式の判断）	10	文の内容に合った文法形式かどうかを判断することができるかを問う。
		6 文の文法2（文の組み立て）	5	統語的に正しく、かつ、意味が通る文を組み立てることができるかを問う。
		7 文章の文法	5	文章の流れに合った文かどうかを判断することができるかを問う。
	読解	8 内容理解（短文）	4	生活・仕事などいろいろな話題も含め、説明文や指示文など200字程度のテキストを読んで、内容が理解できるかを問う。
		9 内容理解（中文）	9	評論、解説、エッセイなど500字程度のテキストを読んで、因果関係や理由などが理解できるかを問う。
		10 内容理解（長文）	4	解説、エッセイ、小説など1000字程度のテキストを読んで、概要や筆者の考えなどが理解できるかを問う。
		11 統合理解	2または3	複数のテキスト（合計600字程度）を読み比べて比較・統合しながら理解できるかを問う。
		12 主張理解（長文）	4	社説、評論など抽象性・論理性のある1000字程度のテキストを読んで、全体として伝えようとしている主張や意見がつかめるかを問う。
		13 情報検索	2	広告、パンフレット、情報誌、ビジネス文書などの情報素材（700字程度）の中から必要な情報を探し出すことができるかを問う。
聴解（60分）		1 課題理解	6	まとまりのあるテキストを聞いて、内容が理解できるかどうかを問う。
		2 ポイント理解	7	まとまりのあるテキストを聞いて、内容が理解できるかどうかを問う。
		3 概要理解	6	まとまりのあるテキストを聞いて、内容が理解できるかどうかを問う。
		4 即時応答	14	質問などの短い発話を聞いて、適切な応答が選択できるかを問う。
		5 統合理解	4	長めのテキストを聞いて、複数の情報を比較・統合しながら、内容が理解できるかを問う。

※ 小問数は予想される数で、実際にはこれと異なる場合もあります。

試験に関する最新情報は、日本語能力試験の公式ホームページ（☞ http://www.jlpt.jp）でご確認ください。

PART 1
基礎編
きそへん

- **UNIT 1** 伸ばす音・伸ばさない音
- **UNIT 2** 詰まる音・詰まらない音
- **UNIT 3** 清音 (f,h,k,s,t)・濁音 (b,d,g,j,z)・半濁音 (p)
- **UNIT 4** 漢字の訓読みに注意したい言葉
- **UNIT 5** いろいろな読み方をする初級漢字
- **UNIT 6** 読み方が同じ言葉

練習問題の答え

UNIT 1 伸ばす音・伸ばさない音

例題

次の文の＿＿＿をつけた言葉はどのように読みますか。1・2・3・4から一つ選びなさい。

日本に来たころは、友達もいなくて孤独だった。
1　こうどく　　　2　こどく　　　3　こどうく　　　4　こどくう

POINT

「コウ・ゴウ・キョウ・ソウ・ジュウ・ジョウ・シュウ・ショウ・トウ・ドウ・ホウ・ボウ・フウ・ヨウ・リョウ」のように「ウ」で終わる長い音を含む言葉は、短い音の言葉と間違いやすいので、「ウ」があるものとないものを比べながら覚えましょう。

正解：2

✓ 覚えよう・1

PTAの**会合**に出る	集まり、集会。	収支の**均衡**をとる	balance, equilibrium／保持支出平衡／sự cân bằng
老人を**介護**する	高齢者や病人の世話をして生活を助けること。	**金庫**に隠す	vault, safe／藏在金库里／két sắt
変な**格好**	appearance／怪怪的样子／dáng	**故意**の反則	（偶然でなく）意図を持ってわざとすること。
小さい**括弧**	parentheses／小括弧／ngoặc	**厚意**に感謝する	人に対して配慮をする優しい気持ち。
空気の**乾燥**	dryness／空气干燥／sự khô	**郊外**に住む	都市の中心部に対して周辺の、住宅や自然の多い地域。
簡素な家	飾ることや無駄などがない様子。	**戸外**で遊ぶ	家や建物の外。
1か月の**休養**をとる	仕事などをしばらく休んで力を取り戻すこと。	**恒久**の施設	ある状態が長く変わらないこと。
1か月分の**給与**をもらう	salary, wages／領取一个月的工资／tiền lương	**呼吸**の方法	breathing／呼吸方法／hô hấp
チームを**強化**する	strengthen／强化团队／củng cố, tăng cường	**口語**的な表現	話し言葉。
使用を**許可**する	permit／允许使用／cho phép	**古語**を調べる	古い時代の言葉。
郷愁を感じさせる歌	故郷を懐かしく思う気持ち。	**広大**な野原	large, vast／辽阔的草原／rộng lớn
自らの**去就**について語る	辞めるか続けるかなど今後に向けた態度。	**誇大**広告	exaggerated, hyperbolic／夸张的广告／khoa trương
強大な権力	強くて大きいこと。	**好調**を保つ	調子が良いこと。
巨大な施設	非常に大きいこと。	話を**誇張**する	exaggerate／夸张原话／phóng đại
		作業の**効率**化	efficient／工作的效率化／năng suất
		世界で**孤立**化する	助けがなく他から切り離された状態、仲間がなく一人であること。

① 伸ばす音・伸ばさない音

棚を**固定**する(たな こてい)	fix (in place)／把架子固定住／cố định
現実を**肯定**する(げんじつ こうてい)	affirm／肯定现实／khẳng định
就業規則(しゅうぎょう きそく)	その日の業務につくこと、その会社で働くこと、職業につくこと。
寺で**修行**する(てら しゅぎょう)	仏教で、自らを精神的に高めるために苦痛や困難を乗り越え続ける活動。
有名店で**修業**する(ゆうめいてん しゅぎょう)	専門的な技術を高めるために経験を積みながら学ぶこと。
学校一の**秀才**(がっこういち しゅうさい)	prodigy, genius／学校第一才子／người phi thường
市が**主催**するお祭り(し しゅさい まつ)	organize, promote／市里举办的大型活动／chủ toạ

社長に**就任**する(しゃちょう しゅうにん)	inaugurate, assume (a position)／就任总经理／nhậm chức
現場の**主任**(げんば しゅにん)	その任務を中心になって行う人。(にんむ ちゅうしん おこな ひと)
重要な会議(じゅうよう かいぎ)	important／重要的会议／quan trọng
需要と**供給**(じゅよう きょうきゅう)	demand／需求与供给／nhu cầu
条件を**承知**する(じょうけん しょうち)	事情を知り理解すること、依頼や要求を引き受けること。(いらい ようきゅう ひ う)
けがの**処置**をする(しょち)	状況に応じて必要なことをすること。(じょうきょう おう ひつよう)
身分を**証明**するもの(みぶん しょうめい)	verify, prove／证明身份／chứng minh
契約書に**署名**する(けいやくしょ しょめい)	sign／在合同书上签名／kí tên

✎ 練習問題・1
(れんしゅうもんだい)

/10　/10

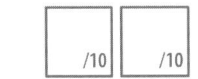

次の文の＿＿＿をつけた言葉は、どのように読みますか。1・2・3・4から一つ選びなさい。
(つぎ ぶん　　　　 ことば　　　　　　 よ　　　　　　　　　　　　　　　　　ひと えら)

⇒答えは p.58

① 彼はイタリアで7年間、ピザ作りの<u>修業</u>をした後、帰国して店を開いた。
(かれ　　　　　 ねんかん　　　 づく　　　　　　　　　あと きこく みせ ひら)

　　1　しゅぎょう　　2　しゅごう　　3　しゅうぎょう　　4　しゅうごう

② 原油を積んだ<u>巨大</u>なタンカーが、ゆっくりと港に近づいていた。
(げんゆ つ　　　　　　　　　　　　　　　　　　　　みなと ちか)

　　1　きょうだい　　2　きょだい　　3　きょんだい　　4　きょっだい

③ これは、憲法の代表的な部分を<u>口語</u>訳にしたものです。
(けんぽう だいひょうてき ぶぶん　　　　やく)

　　1　こうご　　2　こんご　　3　こちご　　4　こご

④ 会議では、ネット販売を<u>強化</u>するための方法が検討された。
(かいぎ　　　　　　　 はんばい　　　　　　　　　 ほうほう けんとう)

　　1　きょか　　2　きょうか　　3　きょくか　　4　きょっか

⑤ もちろん、<u>故意</u>に傷つけたわけではありません。手がすべってしまったんです。
(きず　　　　　　　　　　　　　　　　　 て)

　　1　こんい　　2　こひ　　3　こい　　4　こうい

⑥ 大統領の<u>就任</u>演説はまあまあだったと思う。
(だいとうりょう　　　 えんぜつ　　　　　　　　　　おも)

　　1　しゅまか　　2　しゅうまか　　3　しゅにん　　4　しゅうにん

⑦ ずっと都心で暮らしているが、<u>郊外</u>に移ることも考えている。
(としん く　　　　　　　　　　　　うつ　　　　　 かんが)

　　1　こうがい　　2　こがい　　3　こうそと　　4　こそと

⑧ 面接時間が近づくと、緊張して呼吸が乱れる。
　　1　こきゅう　　2　こうきゅう　　3　こすう　　4　こうすう

⑨ 今後ますます、高齢者向けサービスの需要が高まるだろう。
　　1　じゅかなめ　　2　じゅうかなめ　　3　じゅよう　　4　じゅうよう

⑩ 趣旨に賛同していただける方は、署名をお願いします。
　　1　しょな　　2　しょうな　　3　しょめい　　4　しょうめい

✓ 覚えよう・2

世間の評判	society ／世人的评价／ thế gian, xã hội
20世紀の歴史	century ／二十世纪的历史／ thế kỉ
総合施設	comprehensive, composite ／综合施设／ tổng hợp
相互に協力する	mutually, reciprocally ／互相协作／ tương hỗ
自信の喪失	失うこと。
リーダーの素質	あるものになるのに必要な能力や性質。
壮大な計画	大きくて立派なこと。
粗大ごみ	普通より粗くて大きいこと。
緊急の措置をとる	事態の解決のために必要な手続きをすること。
安全装置を取り付ける	ある目的のために機械や設備などを置くこと。
アンケートの対象	target (group) ／对象／ đối tượng
問題に対処する	ある事柄・状況に応じて適当な方法をとること。
私と同郷の人	故郷が同じであること。
親と同居する	同じ家に住むこと。
舞台に登場する	appear ／登上舞台／ xuất hiện, đăng đàn
発展の途上にある	in the course of, during ／正在发展当中／ đang trên nửa đường
雑誌の特集	special feature ／杂志的专集／ đặc san
特殊な方法	special, unique ／特殊的方法／ đặc biệt, đặc thù
登山に行く	mountain-climbing ／去登山／ leo núi
会員の登録	register ／会员登录／ đăng kí
仲のいい夫婦	married couple ／和睦夫妻／ vợ chồng
社長夫人	wife ／社长(经理)夫人／ phu nhân
封建社会	feudalistic ／封建社会／ phong kiến
保険に入る	insurance ／加入保险／ bảo hiểm
仕事の報酬	compensation, payment ／工作报酬／ thù lao
補習授業	学力の不足を補うために追加で授業をすること。
報酬を払う	compensation, payment ／工作报酬／ thù lao
屋根の補修	壊れたり悪くなったりした部分を直すこと。
ラジオ放送	broadcast ／收音机广播／ phát thanh
道路の舗装	道路の表面を平らにするなど整えること。
ニュートンの法則	law ／牛顿定律／ qui luật, phép tắc
補足説明	supplementary ／补充说明／ bổ sung
報道番組	news ／报道节目／ thông cáo, báo chí
歩道を歩く	sidewalk ／走人行道／ lề đường, vỉa hè
子供の誘拐	abduction, kidnapping ／拐骗儿童／ bắt cóc
愉快な話	pleasant ／愉快的话／ vui nhộn
気候変化の要因	major factor ／气候变化的主要原因／ nhân tố
映画を見た後の余韻	aftertaste, lingering memory ／看完电影后的感受／ dư âm
専門家の養成	専門の分野で、教育や訓練を通して人を育てること。
余生の過ごし方	残りの人生。

練習問題・2

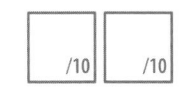

次の文の＿＿＿をつけた言葉は、どのように読みますか。1・2・3・4から一つ選びなさい。

⇒答えは p.58

① 総合的に考えて、彼が担当するのが適当だろう。
   1　そごう　　　2　そんごう　　　3　そうご　　　4　そうごう

② お配りした資料について一つ補足をさせていただきます。
   1　ほあし　　　2　ほうあし　　　3　ほそく　　　4　ほうそく

③ あの馬は引退した競走馬で、ここで余生を過ごしているそうだ。
   1　よさい　　　2　よせい　　　3　よしょう　　　4　よじょう

④ 彼は全くのボランティアでこの仕事を引き受け、報酬を一切受け取っていない。
   1　ほうしゅう　　2　ほうじゅう　　3　ほしゅう　　　4　ほじゅう

⑤ 彼女の演奏は、音楽の素質を十分感じさせるものだった。
   1　そち　　　2　そしち　　　3　そし　　　4　そしつ

⑥ 地球温暖化の主な要因となっている CO2 を減らす努力が必要だ。
   1　よついん　　2　よいん　　　3　よういん　　　4　よんいん

⑦ これは、異常があったときに機械を自動停止させる装置です。
   1　そうち　　　2　そっち　　　3　そち　　　4　そうおき

⑧ 舗装されていない凸凹道だったので、歩きにくかった。
   1　ほうそう　　2　ほそう　　　3　ほうしょう　　4　ほしょう

⑨ 被害の拡大防止に迅速に対処しなければならない。
   1　たどころ　　2　たいどころ　　3　たしょ　　　4　たいしょ

⑩ 自分たちが批判されているようで、あまり愉快な話ではなかった。
   1　ゆうかい　　2　ゆかい　　　3　ゆうおう　　　4　ゆおう

UNIT 2 詰まる音・詰まらない音

例題

次の文の_____をつけた言葉はどのように読みますか。それぞれの1・2・3・4から一つ選びなさい。

新学期が始まる前に学費を納めなければならない。

① 学期　　1　がくき　　2　がっき　　3　がっくき　　4　がくっき
② 学費　　1　がくひ　　2　がっひ　　3　がっぴ　　4　がくっぴ

POINT

始めの漢字の音が [-ku] か [-tsu] で終わるものに注目します。[-ku] で終わって次の漢字が「k-」で始まるもの（例学期）や、[-tsu] で終わって次の漢字が「k-」「s-」「t-」「b-」で始まるもの（例結婚）は、小さい「っ」になります。また、小さい「っ」になるのは、いつも二番目の音（「○っ○」「○っ○○」など）です。　　正解：①2　②1

✓ 覚えよう

1 [-ku] + [k-]

あっ	悪化(する)	状態がさらに悪くなる。	経済の悪化
かっ	各国	various countries ／各国／ các nước	各国の代表
	格好	姿や形、服装。	普段の格好で行く
	確固	しっかりしている、確かな様子。	確固たる証拠
がっ	学会	ある研究分野の団体、会。	学会に出席する
	楽器	instrument ／乐器／ nhạc cụ	楽器を弾く
こっ	国境	borders ／国境／ biên giới	国境を越える
	国交	diplomatic relations ／国交／ quan hệ ngoại giao	国交を結ぶ
さっ	作家	author ／作家／ tác giả, nhà văn	人気の女性作家
	作曲	compose (music) ／作曲／ sáng tác âm nhạc	歌を作曲する
	昨今	recent ／近来、最近／ gần đây	昨今の日本経済
	錯覚(する)	hallucination ／错觉／ ảo giác	錯覚を起こす
しゃっ	借金(する)	debt ／借款／ sự vay tiền	借金を返す
じゃっ	若干	いくらか、わずかに。	若干狭い、若干名の募集
しょっ	食器	tableware ／餐具／ bát đĩa	食器を洗う
	食券	meal ticket ／饭票／ phiếu ăn	食券を買う

② 詰まる音・詰まらない音

	触角 しょっかく	antenna ／触角／ râu (sinh học)	虫の触角のような働き むし しょっかく はたら
そっ	側近 そっきん	力のある者のそばにいて、役に立つ働きをする者。	社長の側近 しゃちょう そっきん
ぞっ	続行(する) ぞっこう	そのまま続けること。	試合を続行する しあい ぞっこう
ちゃっ	着工 ちゃっこう	工事を始めること。	工事の着工時期 こうじ ちゃっこうじき
ちょっ	直角 ちょっかく	perpendicular ／直角／ góc vuông	直角に交わる ちょっかく まじ
	直径 ちょっけい	diameter ／直径／ đường kính	直径を測る ちょっけい はか
とっ	特許 とっきょ	patent ／专利／ bằng sáng chế	特許を申請する とっきょ しんせい
	特権 とっけん	privilege ／特权／ đặc quyền	議員の特権、若者の特権 ぎいん とっけん わかもの とっけん
ふっ	復活(する) ふっかつ	revival ／复活／ sự phục hồi, sự phục hưng	復活を目指す、奇跡の復活 ふっかつ めざ きせき ふっかつ
	復興(する) ふっこう	一度衰えたり壊れたりしたものが再び元のようになること。	災害からの復興 さいがい ふっこう
もっ	目下 もっか	今この時。	目下の状況 もっか じょうきょう
やっ	厄介(な) やっかい	扱うのが難しく面倒。	厄介な問題 やっかい もんだい
	薬局 やっきょく	drugstore ／药局／ hiệu thuốc	薬局で薬をもらう やっきょく くすり
よっ	欲求 よっきゅう	desire ／欲求／ sự mong muốn, nhu cầu	欲求を抑える よっきゅう おさ
らっ	落下(する) らっか	fall ／落下／ sự rơi xuống	物が落下する危険 もの らっか きけん
りっ	陸橋 りっきょう	道路や線路の上にかけた橋。	陸橋を歩く りっきょう ある
りょっ	緑化(する) りょっか	街に草木を植えて緑を増やすこと。	砂漠を緑化する さばく りょっか

[ii] [-tsu] ＋ [k-/s-/t-/p-]

あっ	圧縮(する) あっしゅく	compression ／压缩／ sự nén lại	データを圧縮する あっしゅく
	圧倒的(な) あっとうてき	overwhelming ／压倒的、优势／ một cách áp đảo	圧倒的な力の差 あっとうてき ちから さ
	圧迫(する) あっぱく	pressure, coercion ／压迫／ sự áp bức, sự áp lực	圧迫を受ける あっぱく う
いっ	一瞬 いっしゅん	moment ／一瞬间／ một khoảnh khắc	一瞬の出来事 いっしゅん できごと
	一方 いっぽう	meanwhile, on the other hand ／另一方面／ còn, trong khi đó	一方、女性たちは…。 いっぽう じょせい
えっ	越冬 えっとう	hibernation ／越冬／ (sinh vật) qua mùa đông	鳥の越冬 とり えっとう
かっ	活気 かっき	energy, vitality ／活气／ sự hoạt bát	活気のある街 かっき まち
	活発(な) かっぱつ	vigorous, lively ／活泼的／ hoạt bát	活発な議論 かっぱつ ぎろん
	渇水 かっすい	雨が降らず水が不足すること。	深刻な渇水状態 しんこく かっすいじょうたい
	括弧 かっこ	parentheses ／括弧／ ngoặc	括弧で囲む かっこ かこ
	勝手(な) かって	arbitrary ／擅自／ tự tiện	勝手な行動 かって こうどう
きっ	喫茶店 きっさてん	café ／咖啡店／ quán cà phê	喫茶店で会う きっさてん あ
	吉報 きっぽう	めでたい知らせ、喜ばしい知らせ。	吉報が届く きっぽう とど
くっ	屈折(する) くっせつ	warping, bend ／折射／ sự khúc xạ	光の屈折 ひかり くっせつ

けっ	欠陥 (けっかん)	defect, fault ／缺陷／ lỗi, khuyết tật		システムの欠陥 (けっかん)
	欠席 (けっせき)(する)	absence ／缺席／ sự vắng mặt		授業を欠席する (じゅぎょう けっせき)
	血管 (けっかん)	blood vessel ／血管／ mạch máu		血管が浮き出る (けっかん う で)
	血色 (けっしょく)	顔に見られる健康状態。(かお けんこうじょうたい)		血色が悪い (けっしょく わる)
	決起 (けっき)	心を決めて行動を起こすこと。(こころ き こうどう お)		決起を促す (けっき うなが)
	決死 (けっし)	死を恐れない強い気持ちでいること。(し おそ つよ きも)		決死の覚悟でやる (けっし かくご)
	決定 (けってい)(する)	decision ／決定／ sự quyết định		開催地を決定する (かいさいち けってい)
	傑作 (けっさく)	masterpiece ／杰作／ kiệt tác		ピカソの傑作 (けっさく)
	潔白 (けっぱく)	心やしたことに何も悪いところがないこと。(こころ なに わる)		潔白を主張する (けっぱく しゅちょう)
	潔癖 (けっぺき)	よくないこと、汚れていることを非常に嫌うこと。(よご ひじょう きら)		彼には潔癖なところがある。(かれ けっぺき)
	結成 (けっせい)(する)	組織を作ること。(そしき つく)		バンドを結成する (けっせい)
げっ	月刊 (げっかん)	monthly publication ／月刊／ nguyệt san		月刊の旅行雑誌 (げっかん りょこうざっし)
こっ	骨格 (こっかく)	体全体の骨の組まれ方。(からだぜんたい ほね く かた)		骨格がしっかりしている。(こっかく)
さっ	昨今 (さっこん)	recently ／近来、最近／ gần đây		昨今の流行り (さっこん はや)
	冊子 (さっし)	booklet, pamphlet ／小册子／ cuốn sách nhỏ		冊子を配る (さっし くば)
	刷新 (さっしん)(する)	（よくない部分を除いて）全く新しくすること。(ぶぶん のぞ まった あたら)		制度を刷新する (せいど さっしん)
	殺到 (さっとう)(する)	rush, flood ／涌到／ sự chen lấn		出口に殺到する (でぐち さっとう)
ざっ	雑貨 (ざっか)	sundries, general goods ／杂货／ tạp hoá		雑貨を扱う店 (ざっか あつか みせ)
	雑踏 (ざっとう)	たくさんの人が混み合っていること。(ひと こ あ)		雑踏を避ける (ざっとう さ)
しっ	失格 (しっかく)(する)	disqualification ／不合格／ sự mất tư cách		薬物検査で失格となる (やくぶつけんさ しっかく)
	失神 (しっしん)(する)	unconsciousness ／昏迷、昏倒／ sự ngất xỉu		恐怖で失神する (きょうふ しっしん)
	失敗 (しっぱい)(する)	failure ／失败／ sự thất bại		成功と失敗 (せいこう しっぱい)
	疾患 (しっかん)	病気。(びょうき)		心臓の疾患 (しんぞう しっかん)
	執筆 (しっぴつ)(する)	原稿を書くこと。(げんこう か)		原稿の執筆 (げんこう しっぴつ)
	湿気 (しっけ)	humidity ／湿气／ hơi ẩm		湿気の多い時期 (しっけ おお じき)
	湿地 (しっち)	湿気が多い。(しっけ おお)		湿地が広がっている地域 (しっち ひろ ちいき)
	質素 (しっそ)(な)	simple, frugal ／朴素的／ giản dị		質素な生活 (しっそ せいかつ)
じっ	実感 (じっかん)(する)	close feeling ／真实感受／ sự cảm nhận		恐怖を実感する (きょうふ じっかん)
	実験 (じっけん)(する)	experiment ／实验／ sự thí nghiệm		理科の実験 (りか じっけん)
	実行 (じっこう)(する)	execution, practice ／实行／ sự thực hiện		言ったことを実行する (い じっこう)
	実際 (じっさい)	actuality ／实际／ thực tế		実際の作業 (じっさい さぎょう)
	実践 (じっせん)(する)	practice ／实践／ tập luyện		実践の中で学ぶ (じっせん なか まな)
	実態 (じったい)	reality, true state ／真实情况／ trạng thái thực tế		被害の実態 (ひがい じったい)

② 詰まる音・詰まらない音

しゅっ	出身(しゅっしん)	origin ／出身／ xuất thân	京都の出身(きょうとのしゅっしん)
	出版(しゅっぱん)(する)	publishing ／出版／ sự xuất bản	小説を出版する(しょうせつをしゅっぱんする)
せっ	接近(せっきん)(する)	approach ／接近／ sự tiếp cận	建物に接近する(たてものにせっきんする)
	接触(せっしょく)(する)	touch ／接触／ sự tiếp xúc	壁に接触する(かべにせっしょくする)
	接待(せったい)(する)	reception ／接待／ sự chiêu đãi	顧客を接待する(こきゃくをせったいする)
	設計(せっけい)(する)	plan, design ／设计／ sự thiết kế	高層ビルを設計する(こうそうビルをせっけいする)
	設置(せっち)(する)	ある目的に必要なものを置いたり作ったりすること。	本棚/委員会を設置する(ほんだな/いいんかいをせっちする)
	説教(せっきょう)(する)	①宗教の教えを語り指導すること。②人の態度や行動を責めて指導すること。③堅く口うるさい注意や指導	遅刻して説教される(ちこくしてせっきょうされる)
	説得(せっとく)(する)	persuasion ／劝说／ sự thuyết phục	上司を説得する(じょうしをせっとくする)
	摂取(せっしゅ)(する)	取り入れて自分のものにする、体内に取り入れること。	水分を摂取する(すいぶんをせっしゅする)
	窃盗(せっとう)	人の物を気づかれないように盗むこと。	自転車の窃盗(じてんしゃのせっとう)
	折半(せっぱん)(する)	お金などを半分ずつに分けること。	費用を折半する(ひようをせっぱんする)
ぜっ	絶叫(ぜっきょう)(する)	scream, shriek ／尖叫／ sự la hét	恐怖で絶叫する(きょうふでぜっきょうする)
	絶対(ぜったい)	absolute ／绝对／ tuyệt đối	絶対に不可能だ。(ぜったいにふかのうだ)
そっ	率先(そっせん)(する)	先頭に立って物事をすること。	率先して行う(そっせんしておこなう)
	率直(そっちょく)(な)	隠すことなくそのままであること。	率直な感想(そっちょくなかんそう)
たっ	達成(たっせい)(する)	accomplishment ／成就、到达／ thành đạt	目的を達成する(もくてきをたっせいする)
だっ	脱出(だっしゅつ)(する)	危険な場所や状態から抜け出ること。	危機から脱出する(ききからだっしゅつする)
	脱退(だったい)(する)	今までいた会や組織から抜けること。	組織から脱退する(そしきからだったいする)
ちっ	窒息(ちっそく)(する)	suffocation ／窒息／ sự nghẹt thở	窒息による死亡事故(ちっそくによるしぼうじこ)
てっ	徹底(てってい)(する)	thoroughness ／彻底／ sự triệt để	安全確認を徹底する(あんぜんかくにんをてっていする)
	鉄鋼(てっこう)	steel ／钢铁／ sắt thép	鉄鋼を製造する(てっこうをせいぞうする)
	撤回(てっかい)(する)	一度提出したり発表したりしたものをやめて取り消すこと。	発言を撤回する(はつげんをてっかいする)
	撤去(てっきょ)(する)	不要な物や不適切な物をそこから取り去ること。	看板を撤去する(かんばんをてっきょする)
とっ	突破(とっぱ)(する)	breakthrough ／突破／ sự đột phá	予選を突破する(よせんをとっぱする)
ねっ	熱気(ねっき)	enthusiasm ／热气、热气沸腾／ khí nóng	コンサート会場の熱気(コンサートかいじょうのねっき)
	熱帯(ねったい)	tropics ／热带／ nhiệt đới	熱帯の地域(ねったいのちいき)
はっ	発覚(はっかく)(する)	detection ／发觉／ sự phát hiện, sự phát giác	事件が発覚する(じけんがはっかくする)
	発揮(はっき)(する)	exhibition ／发挥／ sự phát huy	実力を発揮する(じつりょくをはっきする)
	発見(はっけん)(する)	discovery ／发现／ sự phát hiện	新しい方法を発見する(あたらしいほうほうをはっけんする)
	発行(はっこう)(する)	issuance ／发行／ sự phát hành	証明書を発行する(しょうめいしょをはっこうする)
	発車(はっしゃ)(する)	departure ／开车、发车／ (xe) khởi hành	バスが発車する(バスがはっしゃする)

PART ❶ 基礎編

PART ❷ 対策編

対策準備

実戦練習

PART ❸ 模擬試験

19

はっ	発生(する) はっせい	outbreak ／发生／ sự phát sinh	トラブルが発生する はっせい
	発想 はっそう	idea ／设想、想法／ ý tưởng	面白い発想 おもしろ　はっそう
	発展(する) はってん	development ／发展／ sự phát triển	経済の発展 けいざい　はってん
ばっ	罰金 ばっきん	fine ／罚款／ tiền phạt	罰金を払う ばっきん　はら
	罰則 ばっそく	罰を定めた規則。 ばつ　さだ　きそく	厳しい罰則 きび　　　ばっそく
	伐採(する) ばっさい	山などにある木を切り取ること。 やま　　　　　き　き　と	森林の伐採 しんりん　ばっさい
	抜粋(する) ばっすい	書物などから必要な部分を抜き出すこと。 しょもつ　　　ひつよう　ぶぶん　ぬ　だ	情報を抜粋する じょうほう　ばっすい
ひっ	必死 ひっし	全力ですること。 ぜんりょく	必死で走る / 勉強する ひっし　はし　　べんきょう
	必修 ひっしゅう	necessity ／必修／ (môn học) bắt buộc	必修の授業 ひっしゅう　じゅぎょう
	筆記 ひっき	書いて記録すること、書き取ること。(試験で)書いて か　　きろく　　　　　か　と　　　　しけん　　か 行われること。 おこな	筆記試験 ひっきしけん
	匹敵(する) ひってき	力や価値が同じくらいであること。 ちから　かち　おな	ダイヤモンドに匹敵する ひってき
ふっ	沸騰(する) ふっとう	boiling ／沸腾／ sự sôi	水 / お湯が沸騰する みず　　ゆ　ふっとう
ぶっ	物価 ぶっか	prices ／价格／ vật giá	物価の上昇 ぶっか　じょうしょう
	物質 ぶっしつ	material, substance ／物价／ vật chất	有害な物質 ゆうがい　ぶっしつ
べっ	別館 べっかん	annex ／分馆／ nhà phụ	本館と別館 ほんかん　べっかん
ほっ	発作 ほっさ	spasm, fit ／发作／ cơn (bệnh)	心臓の発作 しんぞう　ほっさ
ぼっ	没頭(する) ぼっとう	immersion ／集中、聚精会神／ sự vùi đầu	仕事に没頭する しごと　ぼっとう
まっ	末期 まっき	end, final days ／末期／ cuối kì	江戸時代の末期 えどじだい　まっき
	抹殺(する) まっさつ	事実や存在を認めず無視すること。ないものにすること。 じじつ　そんざい　みと　　　むし	少数派の意見を抹殺する しょうすうは　いけん　まっさつ
みっ	密集(する) みっしゅう	すき間もないほど多くが集中すること。 ま　　　　　　おお　しゅうちゅう	住宅が密集する地域 じゅうたく　みっしゅう　ちいき
めっ	滅多に～ない めった	まれにしか～ない。ほとんど～ない。	滅多に会わない めった　あ
りっ	立体 りったい	three-dimensional, vertical ／立体／ hình lập thể	立体駐車場 りったいちゅうしゃじょう
	立腹(する) りっぷく	怒ること。 おこ	ささいなことで立腹する りっぷく
れっ	列挙(する) れっきょ	並べあげること。一つ一つ数えあげること。 なら　　　　　　ひと　ひと　かぞ	過去の例を列挙する かこ　れい　れっきょ
	列車 れっしゃ	train ／列车／ tàu hoả	列車の旅 れっしゃ　たび

練習問題・1

　　　　　　　　　　　　　　　　　　　　　　　　　　　　　　　　　　　　　　/20　　/20

次の文の＿＿＿部の言葉はどのように読みますか。1・2・3・4から一つ選びましょう。
つぎ　ぶん　　　　　ぶ　ことば　　　　　　　　　　よ　　　　　　　　　　　　　　　ひと　えら

⇒答えはp.58

問1　これはあくまで特殊なケースで、一度決定したことが取りやめになることはまずない。
　　　　　　　　　　　　　　　　　　　　　　いちど　　　　　　　　　と

①　特殊　　　1　とっしゅ　　　2　とくっしゅ　　　3　とっくしゅ　　　4　とくしゅ

②　決定　　　1　けつて　　　　2　けつてい　　　　3　けって　　　　　4　けってい

② 詰まる音・詰まらない音

問2　会場が熱気に包まれる中、入口のほうで何かトラブルが発生したようだ。
　③ 熱気　　1　ねつき　　　2　ねつき　　　3　ねつっき　　　4　ねっつき
　④ 発生　　1　はつせい　　2　はっせい　　3　はつっせい　　4　はっつせい

問3　血管が圧迫されているようで、苦しそうだ。
　⑤ 血管　　1　けつかん　　2　けっつかん　3　けっかん　　　4　けつっかん
　⑥ 圧迫　　1　あっぱく　　2　あっはく　　3　あつはく　　　4　あつぱく

問4　この機能を使って、実際に資料を作成してみましょう。
　⑦ 実際　　1　じさい　　　2　じっさい　　3　じつさい　　　4　じつっさい
　⑧ 作成　　1　さっせい　　2　さつせい　　3　さくせい　　　4　させい

問5　実際にわが子を抱いてみて、やっと親になった実感がわいてきた。
　⑨ 実際　　1　じさい　　　2　じつっさい　3　じつさい　　　4　じっさい
　⑩ 実感　　1　じつかん　　2　じつっかん　3　じかん　　　　4　じっかん

問6　新しい発見について、学会で発表する予定だ。
　⑪ 発見　　1　はけん　　　2　はっけん　　3　はつけん　　　4　はっつけん
　⑫ 発表　　1　はつひょう　2　はつぴょう　3　はっぴょう　　4　はっつひょう

問7　その雑貨店には、喫茶のコーナーもある。
　⑬ 雑貨　　1　ざつか　　　2　ざっか　　　3　ざつっか　　　4　ざっつか
　⑭ 喫茶　　1　きつさ　　　2　きつちゃ　　3　きっさ　　　　4　きっちゃ

問8　もうすぐ出発時間だ。出入国手続きを済ませておこう。
　⑮ 出発　　1　しゅはつ　　2　しゅぱつ　　3　しゅっぱつ　　4　しゅつはつ
　⑯ 出入国　1　しゅにゅうこく　　　　　　2　しゅにゅっこく
　　　　　　3　しゅつにゅうこく　　　　　4　しゅつにゅっこく

問9　勝手な判断で薬を飲むのをやめると、かえって症状を悪化させるかもしれない。
　⑰ 勝手　　1　かて　　　　2　かつて　　　3　かちて　　　　4　かって
　⑱ 悪化　　1　あくか　　　2　あっか　　　3　あくけ　　　　4　あっけ

問10　一瞬だけど、試合に出場できてよかった。
　⑲ 一瞬　　1　いちしゅん　2　いっしゅん　3　いつしゅん　　4　いしゅん
　⑳ 出場　　1　しゅじょう　2　しゅっじょう　3　しゅつじょう　4　しゅっつじょう

練習問題・2

次の文の____部の言葉はどのように読みますか。1・2・3・4から一つ選びましょう。

⇒答えは p.58

問1 昨今のニュースには、厄介な事件が多すぎる。
① 昨今　1 さくこん　2 さこん　3 さくっこん　4 さっこん
② 厄介　1 やくかい　2 やかい　3 やっかい　4 やくっかい

問2 両国は国交正常化のために、国境で話し合った。
③ 国交　1 こくこう　2 こくっこう　3 こっくこう　4 こっこう
④ 国境　1 こくきょう　2 こくっきょう　3 こっきょう　4 こっくきょう

問3 首相は発言を撤回するよう、大臣を説得した。
⑤ 発言　1 はつげん　2 はっげん　3 はつごん　4 はっごん
⑥ 撤回　1 てかい　2 てっかい　3 てつかい　4 てつっかい
⑦ 説得　1 せとく　2 せつとく　3 せっとく　4 せつっとく

問4 もし政府がマスコミに圧力をかけたとすれば、絶対に許されるべきではない。
⑧ 圧力　1 あつりき　2 あっりき　3 あつりょく　4 あつっりょく
⑨ 絶対　1 ぜたい　2 ぜったい　3 ぜたい　4 ぜつったい

問5 町を復興させ、この商店街に活気を取り戻したい。
⑩ 復興　1 ふくきょう　2 ふっきょう　3 ふくこう　4 ふっこう
⑪ 活気　1 かつき　2 かっき　3 かつけ　4 かっけ

問6 彼は人気作家だが、生活はとても質素だそうだ。
⑫ 作家　1 さか　2 さくか　3 さくっか　4 さっか
⑬ 質素　1 しつす　2 しっす　3 しつそ　4 しっそ

問7 若干わがままなところもあるが、彼は発想がとてもユニークだ。
⑭ 若干　1 じゃくかん　2 じゃっかん　3 じゃくせん　4 じゃっせん
⑮ 発想　1 はつそう　2 はっそう　3 ぱつそう　4 ぱっそう

問8 事業の失敗で抱えた借金を返すのに、彼は必死で働いた。
⑯ 借金　1 しゃきん　2 しゃっきん　3 しゃくきん　4 しゃくっきん
⑰ 必死　1 ひっし　2 ひっつし　3 ひつし　4 ひし

問9 これは地元の出版社が発行している月刊のフリーペーパーです。
⑱ 出版　1 しゅつはん　2 しゅつぱん　3 しゅつぱん　4 しゅっぱん
⑲ 発行　1 はつぎょう　2 はっぎょう　3 はつこう　4 はっこう
⑳ 月刊　1 がつかん　2 がっかん　3 げつかん　4 げっかん

UNIT 3 清音 (f,h,k,s,t) ・ 濁音 (b,d,g,j,z) ・ 半濁音 (p)

例題

次の文の＿＿＿をつけた言葉はどのように読みますか。それぞれの1・2・3・4から一つ選びなさい。

しばらく電波が届かない所にいるので、携帯電話は使えません。

1　でんわ　　　2　でんは　　　3　でんば　　　4　でんぱ

POINT

前の字が [-n] で後ろの字が [h-] の熟語の場合、「゛」や「゜」が付きます。　　正解：4

覚えよう

i b,f,h,p

白	明白な事実	はっきりしていて全く疑う点がないこと。
	卵白を使う	卵の白い部分。
泊	宿泊施設	ホテルなどに泊まること。
	1泊する、1泊2日で行く	一晩泊まること。
迫	大自然の迫力	人の心に強く迫る力。
	胸を圧迫する	pressure ／压迫胸部／ áp lực
判	判定の結果が出る	judgment, decision ／判定／ phán đoán
	審判の判定	trial ／裁判的判定／ trọng tài
	裁判	trial ／审判／ sự xét xử
繁	街の繁栄	prosperity ／街道的繁荣／ sự phồn vinh
	店の繁盛	店や会社、町などがにぎわい、栄えていること。
	動物の繁殖	breeding ／动物的繁殖／ sự sinh sôi
	頻繁に訪れる	frequent ／频繁访问／ tấp nập
比	比例	proportion ／比例／ tỉ lệ thuận
	反比例	inverse proportion ／反比／ tỉ lệ nghịch
否	試験の合否	合格か不合格か、ということ。
	賛否が分かれる	賛成か反対か、ということ。
秘	秘密の約束	secret ／保守秘密／ bí mật
	神秘の世界	mysterious, mystical ／神秘的世界／ thần bí

23

費	**費用**を計算する ひよう　けいさん	cost ／计算费用／ chi phí	
	出費を抑える しゅっぴ　おさ	expenses ／压缩支出／ chi phí	
表	月の**表面** つき　ひょうめん	surface ／月亮的表面／ mặt ngoài, mặt trên	
	年表 ねんぴょう	chronology ／年表／ niên biểu	
票	**投票** とうひょう	voting ／投票／ bỏ phiếu	
	伝票 でんぴょう	会社や店などで、お金や品物の動きを記録したもの。	
品	**商品** しょうひん	product ／商品／ hàng hóa, sản phẩm	
	新品 しんぴん	まだ使われていない品物。	
	現品 げんぴん	今陳列している商品。	
父	**祖父** そふ	おじいさん。特に自分のおじいさんについて言う。	
	神父 しんぷ	priest, reverend father ／神父／ linh mục	
付	雑誌の**付録** ざっし　ふろく	supplement ／杂志的附录／ phụ lục	
	免許が**交付**される めんきょ　こうふ	役所などから証明書やお金などが出されること。	
	ファイルを**添付**する てんぷ	attachment ／添上、附上／ đính kèm	
符	**符号** ふごう	記号。	
	音符 おんぷ	musical note ／音符／ nốt nhạc	
富	**富豪** ふごう	多くの財産を持つ人。	
	貧富の差 ひんぷ　さ	rich and poor ／贫富之差／ giàu nghèo	
辺	学校の**周辺** がっこう　しゅうへん	vicinity, surrounding area ／周边、周围／ xung quanh	
	家の**近辺** いえ　きんぺん	neighborhood ／家附近／ xung quanh	
変	場所の**変更** ばしょ　へんこう	change ／地点的变动／ thay đổi	
	状況が**一変**する じょうきょう　いっぺん	about-face, completely change ／状况急变／ thay đổi hoàn toàn	
編	**長編**小説 ちょうへんしょうせつ	long-form ／长篇小说／ truyện dài	
	短編小説 たんぺんしょうせつ	short ／短篇小说／ truyện ngắn	
歩	**歩道**を歩く ほどう　ある	sidewalk ／走人行道／ lề đường, vỉa hè	
	科学の**進歩** かがく　しんぽ	progress ／科学的进步／ tiến bộ	
方	**地方**の文化 ちほう　ぶんか	region, local ／地方文化／ địa phương	
	遠方からの客 えんぽう　きゃく	far away ／远方来客／ nơi xa	
法	**司法**の役割 しほう　やくわり	justice, law ／司法的作用／ tư pháp	
	寸法を測る すんぽう　はか	size ／尺寸／ kích thước	
	憲法 けんぽう	constitution ／宪法／ hiến pháp	
抱	親の**介抱** おや　かいほう	けが人や病人の世話をすること。	
	辛抱の必要 しんぼう　ひつよう	patience, perseverance ／要忍耐、要有耐心／ chịu đựng	

③清音（f,h,k,s,t）・濁音（b,d,g,j,z）・半濁音（p）

ⅱ k, g

着	着替えの時間 _{きが じかん}	change clothes ／换衣服的时间／ thay quần áo
	下着 _{したぎ}	underwear ／内衣／ quần áo lót
気	秋の気配、人の気配 _{あき けはい ひと けはい}	sense, feeling ／秋天的感觉、对人的体贴照顾／ cảm giác
	部屋の湿気 _{へや しっけ}	humidity ／房间的湿气／ hơi ẩm
	何気ない一言 _{なにげ ひとこと}	casual, nonchalant ／无意一句话／ không cố ý
河	河川の管理 _{かせん かんり}	広い意味でのあらゆる川。大きな川（河）から小さな水の流れ（沢） _{ひろ いみ かわ おお かわ かわ ちい みず なが さわ} までを含めた言い方。 _{ふく い かた}
	氷河 _{ひょうが}	glacier ／冰河、冰川／ băng hà
菓	お菓子 _{かし}	candy, snack ／点心／ bánh kẹo
	和菓子 _{わがし}	日本のお菓子。 _{にほん かし}
国	国籍 _{こくせき}	nationality ／国籍／ quốc tịch
	祖国を離れる _{そこく はな}	自分の生まれた国。 _{じぶん う くに}
	本国からの独立 _{ほんごく どくりつ}	（いま住んでいる国でなく）国籍のある国。（植民地などに対して）そ _{す くに こくせき くに しょくみんち たい} の国本来の領土。 _{くにほんらい りょうど}
	隣国との関係 _{りんごく かんけい}	neighboring country ／与邻国的关系／ nước láng giềng

ⅲ s, j, z

算	算数 _{さんすう}	arithmetic ／算数／ môn toán (học trong chương trình giáo dục tiểu học)
	暗算 _{あんざん}	mental arithmetic ／暗算／ tính nhẩm
者	有名な学者 _{ゆうめい がくしゃ}	scholar ／有名的学者／ học giả
	筆者の意図 _{ひっしゃ いと}	writer, author ／笔者的意图／ tác giả
	患者 _{かんじゃ}	patient ／患者／ bệnh nhân
	熱心な信者 _{ねっしん しんじゃ}	believer ／热心的信徒／ tín đồ
終	サービスの終了、終了の時間 _{しゅうりょう しゅうりょう じかん}	end, cessation ／服务结束、结束时间／ kết thúc
	事件の一部始終を語る _{じけん いちぶしじゅう かた}	初めから終わりまで。 _{はじ お}
所	土地の所有 _{とち しょゆう}	自分の物として持っていること。 _{じぶん もの も}
	長所 _{ちょうしょ}	merits, strong points ／长处／ điểm mạnh, sở trường
	近所のスーパー _{きんじょ}	neighborhood ／附近的超市／ hàng xóm, láng giềng
	便所 _{べんじょ}	トイレ。
神	神話 _{しんわ}	myth ／神话／ thần thoại
	神社 _{じんじゃ}	shrine ／神社／ đền
勢	台風の勢力、勢力争い _{たいふう せいりょく せいりょくあらそ}	strength, power ／台风的风力、势力争斗／ thế lực
	大勢の前で話す _{おおぜい まえ はな}	large group ／在众人面前说话／ nhiều người

存	母親の**存在** ははおや そんざい	existence／母亲的存在／tồn tại	
	食べ物の**保存** た もの ほぞん	save, preservation／事物的保存／bảo quản, bảo tồn	

iv t, d

大	**大気**の状態 たい き じょうたい	地球の表面をおおう空気の層。 ちきゅう ひょうめん くうき そう
	大量のごみ たいりょう	large amount／大量的垃圾／số lượng lớn
	大使 たい し	ambassador／大使／đại sứ
	大胆なやり方 だいたん かた	bold, audacious／大胆的做法／táo bạo
	大臣 だいじん	minister／大臣／bộ trưởng
	大工 だい く	carpenter／木匠／thợ mộc
	大自然の中で暮らす だいしぜん なか く	nature／在大自然中生活／thiên nhiên mênh mông
代	選手の**交代** せんしゅ こうたい	switch／选手的交替／thay thế
	代理で出席する だい り しゅっせき	substitute／代替别人出席／thay mặt
台	舞**台** ぶ たい	stage／舞台／sân khấu
	台風 たいふう	typhoon／台风／bão
	台所 だいどころ	kitchen／厨房／nhà bếp
	家の**土台** いえ ど だい	foundation／地基／nền tảng, móng
地	**地球** ち きゅう	earth／地球／trái đất
	基**地** き ち	base／基地／căn cứ địa
	スカートの**生地**、ピザの**生地** き じ き じ	加工して服などにする前の布。パンやパスタなどを作るときに、熱を かこう ふく まえ ぬの つく ねつ 加えて完成する前の状態のもの。 くわ かんせい まえ じょうたい
	地味な服 じ み ふく	plain, boring／朴素的衣服、老气的衣服／giản dị
中	計画の**中断** けいかく ちゅうだん	cancellation／计划中止／gián đoạn
	中毒の症状 ちゅうどく しょうじょう	poisoning／中毒的症状／trúng độc
	人口の**集中**、勉強に**集中**する じんこう しゅうちゅう べんきょう しゅうちゅう	concentration／人口的集中、集中学习／tập trung
	会議**中**、食事**中** かい ぎ ちゅう しょく じ ちゅう	〜しているところ。
	今日**中**に返事する きょうじゅう へん じ	〜のうち、〜の間。 あいだ
	年**中**無休 ねんじゅう む きゅう	〜の間ずっと。 あいだ
	※「年中行事」は「ねんちゅう」のほうが一般的。 　ねんじゅうぎょうじ いっぱんてき	
	体**中**痛い からだじゅういた	〜全体、〜の全体にわたって。 ぜんたい ぜんたい
土	**土地**を売る と ち う	land／卖土地／đất đai
	国**土**の広さ こく ど ひろ	national territory／国土的面积／lãnh thổ

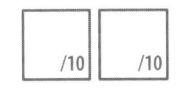

③清音（f,h,k,s,t）・濁音（b,d,g,j,z）・半濁音（p）

練習問題・1

次の＿＿＿線部の言葉はどう読みますか。1～4の中から正しいものを選びましょう。

⇒答えはp.58

① 狭いエレベーターに乗ると、圧迫感を感じる。
　　1　あつはく　　　2　あつばく　　　3　あっばく　　　4　あっぱく

② 審判に文句を言ったところで、判定は変わらない。
　　1　しんはん　　　2　しんぱん　　　3　ばんはん　　　4　ばんぱん
　　1　はんてい　　　2　ばんてい　　　3　はんじょう　　4　ばんじょう

③ 宇宙から見る地球の姿はとても美しく、神秘的だ。
　　1　しんひ　　　　2　しんぴ　　　　3　じんひ　　　　4　じんぴ

④ 参考までに資料を添付します。
　　1　てんふ　　　　2　てんぷ　　　　3　でんふ　　　　4　でんぷ

⑤ 間違いがないか、今日の注文伝票をチェックしてください。
　　1　てんひょう　　2　てんぴょう　　3　でんひょう　　4　でんぴょう

⑥ 今回の作品は、彼女にとって5年ぶりの長編小説になる。
　　1　ちょうはん　　2　ちょうぱん　　3　ちょうへん　　4　ちょうぺん

⑦ 遠方からお越しいただき、ありがとうございます。
　　1　えんかた　　　2　えんがた　　　3　えんほう　　　4　えんぽう

⑧ 何か気配がすると思ったら、いつの間にか、父が帰っていた。
　　1　きはい　　　　2　きばい　　　　3　けはい　　　　4　けばい

⑨ 今回の旅行は5泊だから、着替えの服も多めに用意することにした。
　　1　きかえ　　　　2　きがえ　　　　3　ちゃくかえ　　4　ちゃくがえ

練習問題・2

次の＿＿＿線部の言葉はどう読みますか。1〜4の中から正しいものを選びましょう。

⇒答えは p.58

① これくらいだったら、<u>暗算</u>でできるよ。
    1　あんさん　　　2　あんざん　　　3　おんさん　　　4　おんざん

② この文章で<u>筆者</u>が一番言いたいのは、失敗を恐れるな、ということだと思う。
    1　ひつしゃ　　　2　ひつじゃ　　　3　ひっしゃ　　　4　ひっじゃ

③ 日本の有名な古い書物にも、多くの<u>神話</u>がある。
    1　しんわ　　　　2　じんわ　　　　3　かみわ　　　　4　かみばなし

④ 代表選挙を前に、党内の各グループによる<u>勢力</u>争いが激しくなってきた。
    1　せいりき　　　2　ぜいりき　　　3　せいりょく　　4　ぜいりょく

⑤ このデザインのものは<u>現品</u>限りになります。
    1　げんしな　　　2　げんじな　　　3　げんひん　　　4　げんぴん

⑥ 病院の<u>周辺</u>では大きな音を出さないでください。
    1　しゅへん　　　2　しゅうへん　　3　しゅべん　　　4　しゅうぺん

⑦ 新しいスーツを作るのに、まず<u>寸法</u>を測った。
    1　すほう　　　　2　すんほう　　　3　すんぽう　　　4　すっぽう

⑧ この書類は、申し込んでから1週間ほどで<u>交付</u>される。
    1　こうふ　　　　2　こうぶ　　　　3　こうぷ　　　　4　こっぷ

⑨ 今回の旅行は<u>3泊</u>4日の予定です。
    1　さんはく　　　2　さんばく　　　3　さんぱく　　　4　みっぱく

⑩ <u>合否</u>の結果はインターネットで知った。
    1　ごうひ　　　　2　ごうぴ　　　　3　がっひ　　　　4　がっぴ

28

UNIT 4 漢字の訓読みに注意したい言葉

例題

次の文の_____をつけた言葉はどのように読みますか。1・2・3・4から一つ選びなさい。

先生にはこの3年間でいろいろなことを教わった。
1 おしわった　　2 おすわった　　3 おせわった　　4 おそわった

POINT

ペアにできる語があれば、なるべくペアにして、比較しながら覚えましょう。この場合は「教える」が他動詞なのに対して、「教わる」は自動詞です。自動詞か他動詞かも、大事なポイントの一つです。

正解：4

✓ 覚えよう・1

編	あ-む ヘン	セーターを編む	to knit ／织毛衣／ đan	▶ 雑誌の編集、長編小説
誤	あやま-る ゴ	漢字の書き方を誤る	to make a mistake ／弄错汉字的写法／ nhầm	▶ 誤報が流れる、言葉の誤用
現	あらわ-れる あらわ-す ゲン	効果が現れる 姿を現す	to appear ／有效果、出现效果／ bắt đầu thấy 姿を見せる。	▶ 表現、スターの出現
勢	いきお-い セイ	水の勢い	force, power ／水势／ sức mạnh	▶ 台風の勢力、世界の情勢、姿勢、大勢
映	うつ-る うつ-す は-える エイ	鏡に映る 夕日に映える	鏡や水面などに姿が見えること。 光に照らされて美しく輝くこと。	▶ 映像、反映
埋	う-める う-まる う-もれる マイ	生ごみを埋める 席が埋まる 資料に埋もれる	to bury ／填垃圾／ chôn to become filled ／座座全满／ lấp đầy to be buried by ／被资料塞满／埋满／ bao phủ	▶ 埋立地／水中に埋没する
敬	うやま-う ケイ	両親を敬う	to respect, to honor ／孝敬父母／ tôn trọng	▶ 尊敬、敬語、敬意、失敬な態度、敬礼
得	え-る う-る トク	機会を得る 理解し得る	to gain ／得到机会／ được	▶ 一年間の所得、損得を考える、納得、獲得、習得

犯	おか-す ハン	罪を**犯す**	してはいけないことをする。	▶ **犯**罪、防**犯**ベル、**犯**人、共**犯**
拝	おが-む ハイ	神社で**拝む**	左右の手を合わせて祈る。	▶ 参**拝**する、崇**拝**、**拝**見、**拝**読、**拝**借
補	おぎな-う ホ	不足を**補う**	to compensate for／补充不足／bổ sung	▶ **補**足する、**補**欠の選手、国の**補**助、**補**強
傾	かたむ-く かたむ-ける ケイ	看板が**傾く** 情熱を**傾ける** 耳を**傾ける**	立っているものの向きを斜めにする。 情熱を注ぐ。 話を聞く。	▶ 頭を右に**傾**ける／**傾**斜の角度、**傾**向

練習問題・1 /12 /12

下線部の読み方として最もよいものを1～4から一つ選びましょう。

⇒答えは p.58

① 白いドレスに赤いリボンがよく<u>映え</u>ている。
　　1　あえて　　　2　はえて　　　3　うつえて　　　4　あらわえて

② 経験不足は努力で<u>補う</u>つもりだ。
　　1　やとう　　　2　おぎなう　　3　あつかう　　　4　かまう

③ 小さな仏像の前で<u>拝ん</u>でいる人がいる。
　　1　おがんで　　2　よんで　　　3　たのんで　　　4　つつしんで

④ 鏡に<u>映して</u>みる。
　　1　はずして　　2　あわして　　3　うつして　　　4　かざして

⑤ 法律を<u>犯して</u>はいけない。
　　1　ほかして　　2　おかして　　3　はずして　　　4　よごして

⑥ 彼は<u>勢い</u>よくドアを開けて入ってきた。
　　1　せいい　　　2　いきおい　　3　おぎない　　　4　うやまい

⑦ 母はよく私のセーターを<u>編ん</u>でくれた。
　　1　かんで　　　2　なんで　　　3　たたんで　　　4　あんで

⑧ 私が書いた作文にいくつか<u>誤り</u>があった。
　　1　あやまり　　2　たより　　　3　あまもり　　　4　まちがり

④漢字の訓読みに注意したい言葉

⑨ 大きな男が突然現れたので驚いた。
　1　あわられた　　2　あらわれた　　3　あれわれた　　4　あらられた

⑩ 年上の人を敬う心を持ちなさい。
　1　うやまう　　2　うまやう　　3　うらやう　　4　うやらう

⑪ その絵がちょっと右に傾いているから直してくれ。
　1　かしずて　　2　かさむて　　3　かたむいて　　4　かまむて

⑫ 日本で得たものは大きい。
　1　とくた　　2　さけた　　3　にた　　4　えた

✓ 覚えよう・2

担	かつ-ぐ にな-う タン	荷物を担ぐ 役割を担う	肩の上に乗せて支える。 自分の責任として引き受ける。	▶負担、仕事の分担、担当、クラスの担任
刻	きざ-む コク	野菜を刻む	細かく切る。	▶分刻みのスケジュール、時刻、遅刻、即刻やめる、彫刻、深刻
凍	こお-る こご-える トウ	池が凍る 凍えるほど寒い	to freeze／池子解凍／đông lại 寒さのために体が冷えきって感覚がなくなり、自由に動けなくなる。	▶冷凍食品、凍傷、凍死、道が凍結する
転	ころ-ぶ ころ-がる ころ-げる ころ-がす テン	ボールが転がる つまずいて転ぶ	to roll／球在滾／lăn （動いているときに）体のバランスを失って倒れる。	▶地方に転勤する、店が移転する、転職、自転車、転倒、回転ずし、逆転
探	さぐ-る さが-す タン	財布を探す 可能性を探る	to search for／找钱包／tìm kiếm to look for／探索可能性／tìm kiếm	▶探し物、探検、探求
覚	さ-める さ-ます おぼ-える	目が覚める 番号を覚える	to awaken／醒／tỉnh giấc to remember／記号码／thuộc nhớ	▶目覚まし時計、感覚、味覚、視覚、聴覚、自覚、錯覚
冷	さ-める/さ-ます ひ-える/ひ-やす ひ-やかす レイ	スープが冷める 体が冷える	to grow cool／汤凉了／nguội to become cold／身体发冷／bị lạnh	▶寝冷えする／冷静な態度、冷淡な反応、冷気
退	しりぞ-く しりぞ-ける タイ (*の-く)	退く 敵を退ける	後ろへ下がる。 後ろへ下がらせる。	▶退院、退場、6時に退社する、今月退職する、引退、後退、衰退、退化、立ち退く

注	そそ-ぐ チュウ	ワインを注ぐ	to pour ／倒葡萄酒／ rót	▶力を注ぐ／注意、注目、注記、注釈、注文、注射
備	そな-える そな-わる ビ	台風に備える	①そのときになって慌てなくていいように準備する。②必要なものを不足がないように持っている。③生まれた時から持っている。	設備、準備、学校の備品、警備、守備
		力が備わる	上記②③	
倒	たお-れる たお-す トウ	看板が倒れる、気分が悪くなり倒れる	①立っていた物が急に傾き、横になる。②立っていた人が急に立てなくなり、地面などに崩れる。③急に病気になり寝こむ。	▶倒木、転倒、会社が倒産する
		木を倒す、敵を倒す	①立っている物に力を加えて傾け、横にする。②相手を負かす。	
抱	だ-く いだ-く かか-える ホウ	赤ん坊を抱く	腕全体で包むように持つ。	▶疑問を抱く／けが人を介抱する、今年の抱負を述べる
		希望を抱く	心の中に考えとして持つ。	
		荷物を抱える	落ちないように腕を回して支え持つ。	

練習問題・2

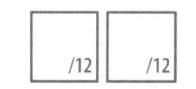

下線部の読み方として最もよいものを1～4から一つ選びましょう。

⇒答えはp.58

① 大きい荷物を肩に担いで歩く。
　　1　かついで　　2　かたいで　　3　にないで　　4　つないで

② 大きな時計が時を刻んでいる。
　　1　ころんで　　2　きざんで　　3　はさんで　　4　おがんで

③ 寒くて手が凍えそうだ。
　　1　ふるえ　　2　そなえ　　3　こごえ　　4　とらえ

④ 急いでいたので転びそうになった。
　　1　はこび　　2　さけび　　3　ころび　　4　ならび

⑤ いろいろ探ってみたが、本当のことは分からなかった。
　　1　さぐって　　2　さわって　　3　さえぎって　　4　さかのぼって

⑥ 朝はいつも目覚まし時計で起きている。
　　1　めあまし　　2　めさまし　　3　めざまし　　4　めかまし

⑦ 手が冷たいので手袋をしている。
　　1　ひえたい　　2　ひやたい　　3　さめたい　　4　つめたい

⑧ 彼は60歳で職場を退いた。
　　1　しりぞいた　　2　のいた　　3　のぞいた　　4　どいた

⑨ コップにビールを注いだ。
　　1　そよいだ　　2　いれいだ　　3　そそいだ　　4　ぞそいだ

⑩ 普段から災害に対する備えが必要だ。
　　1　たくわえ　　2　かんがえ　　3　そなえ　　4　おしえ

⑪ 大きな木が倒れて、道をふさいでいて通れない。
　　1　とおれて　　2　たおれて　　3　ておれて　　4　だおれて

⑫ だれでも一つぐらい悩みを抱えているものだ。
　　1　かがえて　　2　かかえて　　3　だいえて　　4　だきえて

✓ 覚えよう・3

例	たと-える / レイ	動物に例える	わかりやすく説明するために、似ているものや具体的な例を示して話す。	実例を挙げる、例外を示す、慣例、前例、例文、例年と比べる
便	たよ-り / ビン / ベン	便り	news ／信件／ tin	便宜を図る、便利、不便、交通の便、航空便、船便、便せん、便所
頼	たの-む / たの-もしい / たよ-る	頼む	to request ／拜托／ yêu cầu	仕事の依頼、友達を信頼する
		頼もしい言葉	promising ／可靠的话／ đáng tin cậy	
		親を頼る	to rely on ／依靠父母／ nhờ cậy	
努	つと-める / ド	研究に努める	努力する。	努力
詰	つ-める / つ-まる / つ-む / キツ	びんに詰める	すき間がないように物を入れる。	箱に詰め込む、缶詰、クッキーの詰め合わせ、遅れた理由を詰問する
		会議が行き詰まる	先へ行けなくなる、進められなくなる。	
照	て-る / て-らす / て-れる / ショウ	日が照る	to shine ／阳光照耀／ nắng	太陽の照り返し、照明、参照
		ライトで照らす	to illuminate ／用灯照射／ chiếu	
		ほめられて照れる	恥ずかしがる。	
除	のぞ-く / ジョ / ジ	一部の地域を除く	to exclude ／除了一部分地区／ trừ	掃除、危険の排除、対象から除外する、免除、解除
省	はぶ-く / かえり-みる / セイ / ショウ	説明を省く	to omit ／省略说明／ lược bỏ	自分を省みる／反省、実家に帰省する、省略、省エネ、外務省
		過去を省みる	①過ぎたことを思い返す。②自分のしたことをもう一度考えてみる、反省する。	
自	みずか-ら / ジ / シ	自ら行動する	independently ／亲自行动／ hành động	自由、自動、自分、自身、自己、自覚、自殺、自信、自慢、自負、自治、自習、各自、独自、出自
蒸	む-す / む-れる / む-らす / ジョウ	野菜を蒸す	to steam ／蒸菜／ hấp	蒸し暑い／水の蒸発、蒸気機関車
雇	やと-う / コ	アルバイトを雇う	to hire ／雇用临时工／ thuê	雇用保険、解雇
破	やぶ-る / やぶ-れる / ハ	約束を破る	to break ／毁约／ phá hủy	破棄、破壊、ガラスの破片、破産、破滅、壁を突破する
		袋が破れる	to rip ／袋子破了／ rách	

34

練習問題・3

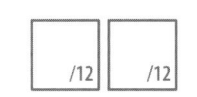

下線部の読み方として最もよいものを1～4から一つ選びましょう。

⇒答えはp.58

① あの人は動物に例えれば、熊ですね。
1　たとえ　　　2　たどえ　　　3　れいえ　　　4　れつえ

② 国の母から便りが届いた。
1　べんり　　　2　びんり　　　3　だより　　　4　たより

③ この仕事はあなたの会社に頼もうと思う。
1　とのもう　　2　いのもう　　3　たのもう　　4　うけもう

④ 問題の解決に努めている。
1　つとめて　　2　つどめて　　3　つまめて　　4　つかめて

⑤ 雨が上がって、日が照ってきた。
1　てって　　　2　せって　　　3　たって　　　4　かって

⑥ これはセール除外品です。
1　じょがい　　2　しょがい　　3　ちょうがい　4　じょうがい

⑦ 不良品は省いてください。
1　のぞいて　　2　はぶいて　　3　くだいて　　4　もちいて

⑧ 失敗は自らの責任です。
1　みずから　　2　みつから　　3　むずから　　4　むすから

⑨ 今日は蒸し暑い一日でした。
1　ぶし　　　　2　まし　　　　3　めし　　　　4　むし

⑩ アルバイトの人を雇った。
1　とった　　　2　やとった　　3　さそった　　4　ねらった

⑪ 約束を破ってはいけない。
1　やぶって　　2　せまって　　3　けって　　　4　こうむって

⑫ 箱にいっぱいミカンが詰めてあった。
1　つめて　　　2　とめて　　　3　おさめて　　4　からめて

✓ 覚えよう・4

辞	や-める ジ	辞める	to quit／辞、辞掉／từ bỏ, nghỉ	代表を辞める／辞典で調べる、辞書、辞退、辞任、辞職
諦	あきら-める テイ	諦める 諦観	to give up／放弃／bỏ cuộc ①本質がはっきりわかること。 ②心の迷いが消え物事の真の意味を知ること。	
飽	あ-きる あ-かす ホウ	飽きる	to become bored of／腻烦／chán	飽きっぽい性格、飽和状態
争	あらそ-う ソウ	争う	to compete, to dispute／争斗／đấu tranh	競争、論争、争点、戦争、紛争を解決する
兼	か-ねる ケン	仕事と趣味を兼ねる	一つのものが二つ以上の働きを持つ。	監督を兼ねる／会長兼社長、男女兼用
住	す-まう す-む ジュウ	住まう 住まい選び	住み続ける。 住むところ、住む家。	住宅の建設、住居を定める、住所、住民登録、移住、衣食住、居住空間
揃	そろ-う そろ-える	材料/メンバーが揃う、机がまっすぐ揃う、演奏が揃う、道具が揃う 数/長さを揃える	①二つ以上のものの形や大きさなどが同じになる。②きれいに並ぶ。③一つにまとまる。④必要なものが集まる。 「揃う」ようにする。	全員揃う
鈍	にぶ-い にぶ-る ドン	鈍い反応	dull／迟钝的反应／phản ứng	鈍い音、鈍い動き、腕が鈍る／鈍感
計	はか-る はからう ケイ	時間を計る	時間・血圧をはかる。	計算、合計金額、集計、統計、計画、設計、体温計、余計な一言
量	はか-る リョウ	量る	重さ・容量をはかる。	重さを量る／重量、分量、測量、大量、少量、軽量、推量、器量がいい
測	はか-る ソク	測る	長さ・面積・温度などをはかる。	距離を測る／測量、計測、測定、観測、来年の予測
掃	は-く ソウ	掃く	to sweep／扫／quét	掃除、不安を一掃する
図	はか-る ズ ト	図る	あることが実現するように計画したり努力したりする。	解決を図る／図書館、地図、図画、図表、図鑑、図面、構図、合図、指図、意図

36

④漢字の訓読みに注意したい言葉

練習問題・4

/12 /12

下線部の読み方として最もよいものを1～4から一つ選びましょう。

⇒答えは p.58

① 庭をきれいに<u>掃いて</u>ください。
　　1　かいて　　　　2　はいて　　　　3　きいて　　　　4　といて

② 彼は会社を<u>辞めて</u>から新しく商売を始めた。
　　1　つめて　　　　2　とめて　　　　3　しめて　　　　4　やめて

③ 夢が<u>諦め</u>られず、フランスに留学した。
　　1　やめ　　　　　2　とめ　　　　　3　あきらめ　　　4　まとめ

④ タイミングを<u>計って</u>、質問した。
　　1　ねらって　　　2　はかって　　　3　きそって　　　4　かぎって

⑤ 同じゲームばかりしていたので<u>飽きて</u>しまった。
　　1　いきて　　　　2　あきて　　　　3　かきて　　　　4　ときて

⑥ 外で何かがぶつかる<u>鈍い</u>音がした。
　　1　おもい　　　　2　かるい　　　　3　するどい　　　4　にぶい

⑦ 空港のカウンターでかばんの重さを<u>量った</u>。
　　1　はかった　　　2　さぐった　　　3　ひろった　　　4　たどった

⑧ 小さな<u>争い</u>が大きな問題に発展することもある。
　　1　あらそい　　　2　おこない　　　3　ねらい　　　　4　たたかい

⑨ 全員<u>揃ったら</u>、出発しましょう。
　　1　やとったら　　2　そろったら　　3　ととのったら　4　あつまったら

⑩ 体温計で熱を<u>測り</u>ましょう。
　　1　とり　　　　　2　はかり　　　　3　けずり　　　　4　しぼり

⑪ 美容と健康を<u>兼ねて</u>、テニスをしている。
　　1　かねて　　　　2　こねて　　　　3　すねて　　　　4　はねて

⑫ 先生、<u>お住まい</u>はどちらですか。
　　1　おみまい　　　2　おかまい　　　3　おすまい　　　4　おてまい

UNIT 5 いろいろな読み方をする初級漢字

例題

次の文の（　）に入れるのに最もよいものを、1・2・3・4から一つ選びましょう。

これは彼女の（　）を描いた映画です。
1　生命（せいめい）　　2　衛生（えいせい）　　3　一生（いっしょう）　　4　衛生（えいせい）

POINT

初級の漢字のうち、いくつかは読み方がたくさんあり、同時に、意味もたくさんあります。漢字自体は易しいので覚えたつもりになるかもしれませんが、実は思った以上に難しいのです。注意しましょう。

正解：3

✓ 覚えよう・1

下

カ	川の**下流**で魚を釣る	downstream ／在河的下流钓鱼／ hạ lưu	上から物が**落下**する	fall ／从上面落下东西／ rơi
	下位のチーム	low-ranked ／下级队／ cấp dưới	**下記**の連絡先	the following ／以下的联络地址／ viết dưới đây
	下級生に親切にする	underclassmen ／对低年级学生要亲切／ học sinh/sinh viên học dưới	**下降**気流	人気、景気などが下にさがること。
ゲ	**下水**工事	sewage ／下水工程／ nước thải	次の駅で**下車**する	乗り物から降りること。
	下品な話	vulgar ／低级下流的话／ hạ phẩm	**上下**が逆	上と下。
	右ページ**下段**の説明文	bottom paragraph ／右边那页的下段说明／ đoạn văn dưới	8月の**下旬**	月の21日から末日まで。
した	地図で**下調べ**してから行く	何かをする前に調べておくこと。		
	下手に出る	相手に対して自分を低く置くこと。		
	工事の**下請け**	注文を受けたところからその一部または全部の注文をさらに受けること。		
	下心はない。	外には出さず、心の奥に隠して考え、願うこと。※よくない意味で使われることが多い。		
しも	川**下**に流れていく	downstream ／流向河下流／ hạ lưu		
	下半期の売上合計	会計のために設けられた一年のうちの後の6か月。		
もと	**足下**にご注意ください	立っている足の辺り、身近なところ。		
	専門家の指導の**下**	それの及ぶところで。		
さ	頭を**下げて**お辞儀をする	lower ／低头行礼／ cúi		
	成績が**下がる**	fall ／成绩下降／ kém đi		

⑤ いろいろな読み方をする初級漢字

くだ	坂を**下る**／**下り**の電車	go down／下坡／回程电车／xuống/ rời thủ đô
	命令を**下す**／先生が手紙を**下さる**	hand down/give／下命令／老师给我信／ra/ cho
お	棚から荷物を**下ろす** take from／从架子上卸东西／mang xuống	階段を**下りる** climb down／下楼梯／xuống
＊へた	**下手**な字	poor／笨拙的字／dở

行

コウ	友達と**旅行**に行く	trip／跟朋友去旅行／du lịch	現場に**直行**する	その場所に直接行く。
	犬の**行動**を観察する	actions／观察狗的行动／hành động	雑誌を**刊行**する	publish／发行杂志／phát hành
	素行が悪い生徒	behavior／品行坏的学生／hành vi	**現行**の制度	今現在行われている。
	兵隊の**行進**	march／士兵的行进／diễu hành	計画を**実行**する	実際にすること。
	行楽シーズン、**行楽**地	山や海、公園など、外に出て遊び楽しむこと。
	親**孝行**、**孝行**息子	子供が親を大切にして、親のためになることをすること。
	目的のある**行為**、恥ずかしい**行為**	act／有目的的行为、可耻的行为／hành vi
	歩いて約2時間の**行程**、旅行の**行程**表	①目的地までの道の長さ。②旅行の日程。
ギョウ	入口の前に**行列**ができる。	line／入口前排着队／xếp hàng
	伝統的な**行事**、年中**行事**	event／传统仪式、整个一年的活动／sự kiện
	寺で**修行**をする	仏教で、自らの精神を高めるために苦痛や困難を乗り越えながら続ける活動。
	ここで**改行**する	新しい行に移ること。
アン	全国を**行脚**して回る	ある目的を持って各地を訪れること。
い	**行く**	go／去／đi
ゆ	**行方**不明、試合の**行方**	①行った方向、行ったところ。②これからの展開、将来。
おこな	会議を**行う**	良い**行い**と悪い**行い**	deed, act／好的品行/ 举动、坏的品行/ 举动／hành vi

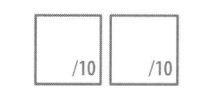

練習問題・1

次の文の（　）に入れるのに最もよいものを、1・2・3・4から一つ選びましょう。

⇒答えは p.58

① エレベーターで1階に（　　）。
　1　下りる　　　2　下す　　　3　下げる　　　4　下さる

② 川の（　　）で泳ぐのは危険です。
　1　下水　　　2　下流　　　3　上下　　　4　下段

39

③ 集団生活では勝手な（　　）は許されない。
　　1　刊行　　　　2　行事　　　　3　行動　　　　4　直行

④ おじの（　　）を探しています。
　　1　品行　　　　2　素行　　　　3　現行　　　　4　行方

⑤ 人気店の前には（　　）ができていた。
　　1　改行　　　　2　行列　　　　3　行進　　　　4　行楽

⑥ 授業の前に（　　）をしておく。
　　1　下調べ　　　2　下支え　　　3　下心　　　　4　下請け

⑦ 彼女も最近は人気が（　　）気味だ。
　　1　下落　　　　2　下降　　　　3　下手　　　　4　下位

⑧ 今年の（　　）の売り上げが発表された。
　　1　下旬　　　　2　下半期　　　3　下記　　　　4　下級

⑨ 写真を撮るため、みんな庭に（　　）。
　　1　下った　　　2　下りた　　　3　下げた　　　4　下ろした

⑩ 仏教の道に入り、厳しい（　　）をしている。
　　1　孝行　　　　2　品行　　　　3　善行　　　　4　修行

✓ 覚えよう・2

手

シュ	会場から**拍手**が起こる	applause ／会场里响起了掌声／ vỗ tay
	窓は**手動**で開けられる。	hand-operated ／窗户手动能打开／ điều khiển bằng tay
	今回の体験を**手記**にまとめる	note ／将这次经验写成手记／ sự ghi để nhớ
	工事に**着手**する	begin work ／开始施工／ bắt tay vào
	先生の**助手**をする	assistance ／做老师的助手／ trợ lý
	あらゆる**手段**を使う	method ／使用所有手段／ thủ đoạn
	フラメンコギターの**名手**	すぐれた技術を持つ人。
	手中に収める	手の中。「手中に収める」で「得る」。
	独特の**手法**	物事のやり方、芸術作品の表現方法や技術。
	経営(の)**手腕**	能力、実力。

⑤ いろいろな読み方をする初級漢字

て	商売の**手**を広げる	対象、範囲。	人が**手薄**になる	その仕事に当たれる人が少なくなること。
	若手に期待する	ある分野などで年齢が若いほうの人。	ドアの**取っ手**	家具や道具などで、手に持つ部分。
	土手に咲く花	embankment ／开在堤坝的花／ đê	電話の**相手**	other party ／电话的对方／ đối tượng
	片手で持つ	one hand ／用一只手拿／ một tay	**手際**がいい。	物事の処理のしかた。
	庭の木の**手入れ**をする	世話。		
	手作りのケーキをもらった。	（機械などでなく）自分の手で作ること。		
	話し**手**、聞き**手**、買い**手**、担い**手**	〜する人。		
	手製のバッグ	（買ったりもらったりしたものでなく）自分で作ること。		
	手始めに古い雑誌を捨てる	物事を始める最初。		
	手間のかかる料理	time and effort ／费事的料理／ công sức		
	傷の**手当**をする、残業**手当**、住宅**手当**	①病気やけがに対して、具体的な処理をすること。②決められた給料以外に支払われるお金。		
	申し込みの**手順**を説明する	process ／报名程序／ phương thức		
	手数をかける、**手数**料	物事をするのに必要な作業。		
	パーティーの会場を**手配**する	arrange for ／安排宴会会场／ sắp xếp, chuẩn bị		
	お**手元**の資料をご覧ください。	手の届く辺り、自分の周り。		
た	馬の**手綱**を引く	馬を引くためのひも。	ロープを**手繰**る	ひもなどを自分のほうに引き寄せる。
*じょうず	**上手**（な）	good ／擅长的／ giỏi		

重

ジュウ	荷物の**重量**を測る	重さ。	事故で**重傷**を負う	大きなけが。
	彼の意見を**重視**する	stress, take seriously ／重视他的意见／ coi trọng	地球の**重力**	gravity ／地球的重力／ trọng lực
	重罪になる	重い罪。	**重大**なミス	major ／重大的失误／ nghiêm trọng
	重要なお知らせ	important ／重要的通知／ quan trọng	**重責**を担う	重い責任。
	重点を置く	emphasis ／放在重点／ trọng điểm	会社の**重役**	top role ／公司的董事／ cán bộ
	厳重な警備、**厳重**な注意を与える	軽い扱いを許さず、厳しい態度で物事にあたること。		
	安全の**比重**を重くする	ほかと比べてどれくらい重点を置くか、ということ。		
	重厚な音楽	落ち着きや厚み、重みが感じられること。		
	重労働	体力を非常に使う仕事。		

41

チョウ	相手の意見を**尊重**する	respect／尊重对方的意见／tôn trọng	
	情報が**重複**して伝わる	同じもの、同じようなものが重なること。	
	貴重な意見 valuable／贵重的意见／quý báu	**慎重**な態度	careful, prudent／慎重的态度／cẩn thận
おも	**重々しい**足取り、**重々しい**空気	①見てすぐ重そうに感じられる様子。②雰囲気が重く息が詰まりそうな感じであること。	
	重荷になる	負担。	
	自由を**重んじる**	価値のあるものとして重要と考える。	
かさ	寒いので**重ね着**をした。	重ねて着ること。	
	重ね重ね注意をした。	繰り返して。	
	本を**重ねる**、予定が**重なる**	①物を重ねて置く。②用事などが同じ時間や日に重なる。	

練習問題・2

次の文の（　）に入れるのに最もよいものを、1・2・3・4から一つ選びましょう。

⇒答えは p.58

① うっかり予定を書くのを忘れ、同じ時間に予約が（　　　）してしまった。
　　1　比重　　　　2　二重　　　　3　重複　　　　4　重責

② 資料を集め終わり、やっと論文に（　　　）した。
　　1　着手　　　　2　手始め　　　3　手中　　　　4　拍手

③ この庭は（　　　）が行き届いていて、実に美しい。
　　1　手際　　　　2　手入れ　　　3　手間　　　　4　手口

④ （　　　）をかけずに簡単に作れる料理を紹介します。
　　1　片手　　　　2　手間　　　　3　手薄　　　　4　手中

⑤ 意見のある人は（　　　）してください。
　　1　挙手　　　　2　投手　　　　3　拍手　　　　4　着手

⑥ （　　　）が低いほど、安定感がある。
　　1　重力　　　　2　重心　　　　3　比重　　　　4　重量

⑦ 火事で（　　　）な資料が燃えてしまった。
　　1　尊重　　　　2　自重　　　　3　慎重　　　　4　貴重

⑧ 日本は礼儀を（　　　）社会といわれる。
　　1　重んじる　　2　重々しい　　3　重ね重ね　　4　重ねる

⑤ いろいろな読み方をする初級漢字

⑨ この大学は面接を（　　）している。
だいがく　めんせつ
　　1　自重　　　　　2　重視　　　　　3　重責　　　　　4　重要
　　　じちょう　　　　　　じゅうし　　　　　　じゅうせき　　　　　　じゅうよう

⑩ 液体を混ぜたとき、（　　）の軽いものは浮く。
えきたい　ま　　　　　　　　　　　かる
　　1　比重　　　　　2　重量　　　　　3　重心　　　　　4　重力
　　　ひじゅう　　　　　　じゅうりょう　　　　　じゅうしん　　　　　　じゅうりょく

✓ 覚えよう・3
おぼ

人

読み	例	意味	例	意味
ジン	知人の紹介で知り合う（ちじん／しょうかい／しあ）	acquaintance／熟人介绍认识／người quen	子供の人格形成（こども／じんかくけいせい）	personality／孩子人格的形成／phẩm cách, tính cách
	私個人の考え（わたし／こじん／かんが）	personal／我个人的想法／cá nhân	私は何人に見えますか。どの国の人。（わたし／なにじん／み／くに／ひと）	
	美人になりたい（びじん）	beautiful person／我想变漂亮／người đẹp	人生を楽しむ（じんせい／たの）	life／享受人生／cuộc đời
	人脈を広げる（じんみゃく／ひろ）	仕事などへの利用価値のある人と人とのつながり。（しごと／りようかち／ひと／ひと）		
	人徳がある（じんとく）	人に好かれ信頼されるにふさわしい、人間としての質の高さ。（ひと／す／しんらい／にんげん／しつ／たか）		
	人口の増加（じんこう／ぞうか）	population／人口的增加／nhân khẩu	人工の島（じんこう／しま）	man-made／人工岛／nhân tạo
	人材を集める（じんざい／あつ）	human resources／收集人才／nhân tài	人事に関すること（じんじ／かん）	personnel／关于人事／nhân sự
	人望がある（じんぼう）	周りから尊敬や信頼を受けること。（まわ／そんけい／しんらい／う）	人類の歴史（じんるい／れきし）	humanity／人类的历史／nhân loại
ニン	病人のような顔（びょうにん／かお）	病気の人。（びょうき／ひと）	本人かどうか確認する（ほんにん／かくにん）	a person him/herself／确认是不是本人／bản thân
	女性は何人いますか（じょせい／なんにん）	how many／女的有几个人／mấy người, bao nhiêu người	人情あふれる町（にんじょう／まち）	人に対する優しさや人としての感情。（ひと／たい／やさ／ひと／かんじょう）
	人間と自然（にんげん／しぜん）	humans／人类与自然／con người	保証人になる（ほしょうにん）	guarantor／当保证人／người bảo lãnh
	彼はもう、一人前の大工だ。（かれ／いちにんまえ／だいく）		一人の大人、または、ある職業を持つ者として（助けを必要としない）独立した存在であること。（ひとり／おとな／しょくぎょう／も／もの／たす／ひつよう／どくりつ／そんざい）	
ひと	人手が足りない。（ひとで／た）	働く人の数。（はたら／ひと／かず）	優しい人柄（やさ／ひとがら）	personality, character／温和的人品／phẩm cách, tính cách
	旅人（たびびと）	旅をする人。（たび／ひと）	村人（むらびと）	村の人。（むら／ひと）
	この辺りは夜は人気がない。（あた／よる／ひとけ）	人がいそうな気配。（ひと／けはい）		
	この辺りは人通りが少ない。（あた／ひとどお／すく）	人の行き来、往来。（ひと／い／き／おうらい）		
＊わこうど	若人（わこうど）	若い人。（わか／ひと）		
＊しろうと	素人（しろうと）			
＊なこうど	仲人（なこうど）	男女が結婚するように、二人の間で世話をする人。（だんじょ／けっこん／ふたり／あいだ／せわ／ひと）		
＊ふたり	二人（ふたり）	―		
＊おとな	大人（おとな）	adult／大人／người lớn		

43

生

ショウ	**一生**の思い出、カメの**一生**	lifetime ／终生的回忆、乌龟的一生／ một đời	
	生涯の仕事、**生涯**学習センター	lifetime ／一生的工作、终生学习中心／ suốt đời	
	仏教の教えに**殺生**をしてはいけないというのがある。	生きものを殺すこと。	
	出生率、**出生**の秘密	人が生まれること。	誤解が**生じる** — to yield, to arise ／产生误会／ nảy sinh
ジョウ	子どもの**誕生**日	生まれること。	
	養生して長生きしてください。／ゆっくり**養生**してください。	①日々の生活に注意して、健康に暮らすよう努めること。 ②病気を治すよう努めること。	
セイ	**衛生**環境	hygiene, sanitation ／卫生环境／ vệ sinh	
	生育環境	生きものが生まれ育つこと。	
	農業で**生計**を立てる — livelihood ／以农业谋生／ kiếm ăn		虫が大量に**発生**した。 — outbreak ／虫子大量出现／ phát sinh
	野生のゾウ — wild ／野生象／ hoang dã		自然との**共生** — 共に生きること。
	人生 — (human) life ／人生／ cuộc đời		**生物** — living creature ／生物／ sinh vật
	全員の**生存**を確認した。	死なずに生きていること。	
	生気が感じられない。	生き生きとした感じ、活気。	
	生鮮食品	(肉・魚・野菜などが)新鮮であること。	
	生命の誕生、**生命**保険	life ／生命的诞生、生命保险／ sinh mạng	
	生死を分ける瞬間	生と死。生きるか死ぬか。	
	半生を描いたドラマ	人生の半分、ある時までの人生、今までの人生。	
い	**生き生き**と話す	excitedly ／生动地说／ sống động	
	花を**生ける**	花びんなどに飾って見て楽しむために、花や枝などの形を整える。	
き	スカートの**生地**、ピザの**生地**	①加工して服などにする前の布。②熱を加えてパンやパスタなどにする前の状態のもの。	
なま	**生**野菜、**生**水、**生**もの	raw, untreated ／生蔬菜、生水、生东西／ sống	
	生放送 — live ／实况播放／ trực tuyến		**生意気**な子供 — brazen, impertinent ／傲慢的孩子／ kiêu ngạo
は	草/毛が**生える** — grow, sprout ／草/毛长出来／ lớn lên		ひげを**生やす** — grow ／留胡子／ nuôi
う	**生まれる** — to be born ／出生／ sinh		**生む／産む** — to give birth ／生／ sinh
お	犯人の**生い立ち**	どんな環境でどのように育ったかという過程。	

⑤ いろいろな読み方をする初級漢字

練習問題・3

次の文の（　）に入れるのに最もよいものを、1・2・3・4から一つ選びましょう。

⇒答えは p.58

① これは彼女の（　）を描いた映画です。
　　1　生命　　　　2　衛生　　　　3　一生　　　　4　発生

② アフリカで（　）動物を見る
　　1　密生　　　　2　野生　　　　3　生物　　　　4　生死

③ 6月の雨は米の（　）には必要だ
　　1　生命　　　　2　生存　　　　3　生育　　　　4　養生

④ 子どもが（　）なことを言うようになった。
　　1　生意気　　　2　生い立ち　　3　生気　　　　4　生き生き

⑤ きれいな花が（　）あった。
　　1　生やして　　2　生きて　　　3　生けて　　　4　生えて

⑥ ここに（　）のサインが必要です。
　　1　個人　　　　2　本人　　　　3　知人　　　　4　一人前

⑦ （　）の多いこんなところで事件が起きるとは……。
　　1　人手　　　　2　人情　　　　3　人通り　　　4　旅人

⑧ 都会より田舎のほうが（　）があるのかもしれない。
　　1　美人　　　　2　人格　　　　3　小人　　　　4　人情

⑨ 会の方針より、皆さん（　）の意見を聞いてみたい。
　　1　素人　　　　2　若人　　　　3　個人　　　　4　一人前

⑩ 彼はあれ以来、（　）が変わってしまったような気がする。
　　1　人格　　　　2　人生　　　　3　本人　　　　4　生地

✅ 覚えよう・4

大

ダイ

大臣（だいじん）	minister／大臣／bộ trưởng	大工（だいく）	carpenter／木匠／thợ mộc
範囲を拡大（かくだい）する	広くすること。	大成功（だいせいこう）	大きな成功（おおせいこう）。
広大（こうだい）な土地（とち）	広くて大きい様子（ようす）。	大脳（だいのう）の働（はたら）き	cerebrum／大脑的运动／đại não
大人物（だいじんぶつ）	偉大（いだい）な人物、スケールの大（おお）きな人物（じんぶつ）。	大体（だいたい）の予定（よてい）	general／大概的预定／đại khái
大胆（だいたん）な計画（けいかく）、大胆（だいたん）な行動（こうどう）	bold, audacious／大胆地计划、大胆地行动／táo bạo		
重大（じゅうだい）なミス、事（こと）の重大（じゅうだい）さ	large, major／重大的失误、事情的重大／nghiêm trọng		
最大（さいだい）の鳥（とり）、最大（さいだい）の失敗（しっぱい）	最（もっと）も大（おお）きいこと、とても大（おお）きいこと。		

タイ

大気（たいき）の状態（じょうたい）、大気圏（たいきけん）	地球（ちきゅう）の表面（ひょうめん）をおおう空気（くうき）の層（そう）。	大金（たいきん）が必要（ひつよう）になる	金額（きんがく）の大（おお）きなお金（かね）。
（世界（せかい））大戦（たいせん）に発展（はってん）する	大（おお）きな戦争（せんそう）。特（とく）に、第一次世界大戦（だいいちじせかいたいせん）と第二次世界大戦（だいにじせかいたいせん）などの世界大戦（せかいたいせん）。		
日曜（にちよう）の朝（あさ）は大抵（たいてい）家（いえ）にいます。	for the most part／星期天早上基本上都在家／hầu hết		
大量（たいりょう）のごみ、大量（たいりょう）の出血（しゅっけつ）	massive, large amounts／大量的垃圾、大量的出血／số lượng lớn		
大病（たいびょう）を患（わずら）ったことはない。	大（おお）きな病気（びょうき）。		
大局（たいきょく）を見（み）る	全体（ぜんたい）を大（おお）きくとらえての状況（じょうきょう）。		
大陸（たいりく）	continent／大陆／đại lục	大衆（たいしゅう）の人気（にんき）を得（え）る	the public／赢得大众欢迎／đại chúng
ハチの大群（たいぐん）	大（おお）きな群（む）れ。	大会（たいかい）を開（ひら）く	tournament／开大会／đại hội
AとBに大差（たいさ）はない。	大（おお）きな差（さ）、違（ちが）い。	大勢（たいせい）がわかる	大体（だいたい）の情勢（じょうせい）。

おお

大物（おおもの）政治家（せいじか）、大物（おおもの）ぶる	big-shot, important person／有名的大政治家、装出大人物的样子／lớn		
大荒（おおあ）れの天気（てんき）、大荒（おおあ）れの試合（しあい）	①ひどく荒（あ）れること。②予想（よそう）と違（ちが）って乱（みだ）れた展開（てんかい）・結果（けっか）になること。		
大雨（おおあめ）	大量（たいりょう）に降（ふ）る雨（あめ）。	大家（おおや）	アパートや貸（か）しビルなどの持（も）ち主（ぬし）。
大嘘（おおうそ）	ひどいうそ。	大勢（おおぜい）のカメラマン	たくさんの人数（にんずう）。
大地震（おおじしん）	大（おお）きな地震（じしん）。	大（おお）いに楽（たの）しむ	very much, greatly／好好享受／khá

目

モク

来日（らいにち）の目的（もくてき）は何（なん）ですか。	goal／来日本的目的是什么？／mục đích
彼（かれ）は今（いま）、注目（ちゅうもく）の選手（せんしゅ）だ。	noticed／他是现在最受瞩目的选手／đáng chú ý
オリンピックの新（あたら）しい種目（しゅもく）	event／奥运会的新项目／thể loại (thể thao)
ここから目測（もくそく）で10メートルぐらいです。	目（め）で見（み）て大体（だいたい）の推測（すいそく）をすること。

⑤ いろいろな読み方をする初級漢字

	目下、検討中です。(もっか、けんとうちゅう)	今、現在。(いま、げんざい)	本の目次(ほん、もくじ)	table of contents／书的目录／mục lục
	売上の目標(うりあげ、もくひょう)	target／销售额的目标／mục tiêu	費用の細目(ひよう、さいもく)	details／费用的细节／chi tiết
	賞品の目録(しょうひん、もくろく)	catalog／奖品目录／danh sách	検査の項目(けんさ、こうもく)	item／检查项目／hàng mục
ボク	まことに面目ない。(めんぼく)	世間に対する立場や名誉。(せけん、たいたちば、めいよ)	世間に合わせる顔。(せけん、あ、かお)	
め	定規の目盛り(じょうぎ、めもり)	scale／尺的刻度／vạch chia	目頭を押さえる(めがしら、お)	目の鼻側の端。(め、はながわ、はし)
	目薬をさす(めぐすり)	eye drops／上(点)眼药／thuốc nhỏ mắt	お金が目当て(かね、めあ)	目的。(もくてき)
	1つ目、2個目、3番目、4人目(め、め、ばんめ、にんめ)	※ 順番を表す語。(じゅんばん、あらわ、ご)		
	目星をつける(めぼし)	「こうだろう」という見込み。(みこ)		
ま	帽子を目深にかぶる(ぼうし、まぶか)	帽子などを目が隠れるくらい深くかぶる様子。(ぼうし、めかく、ふか、ようす)		

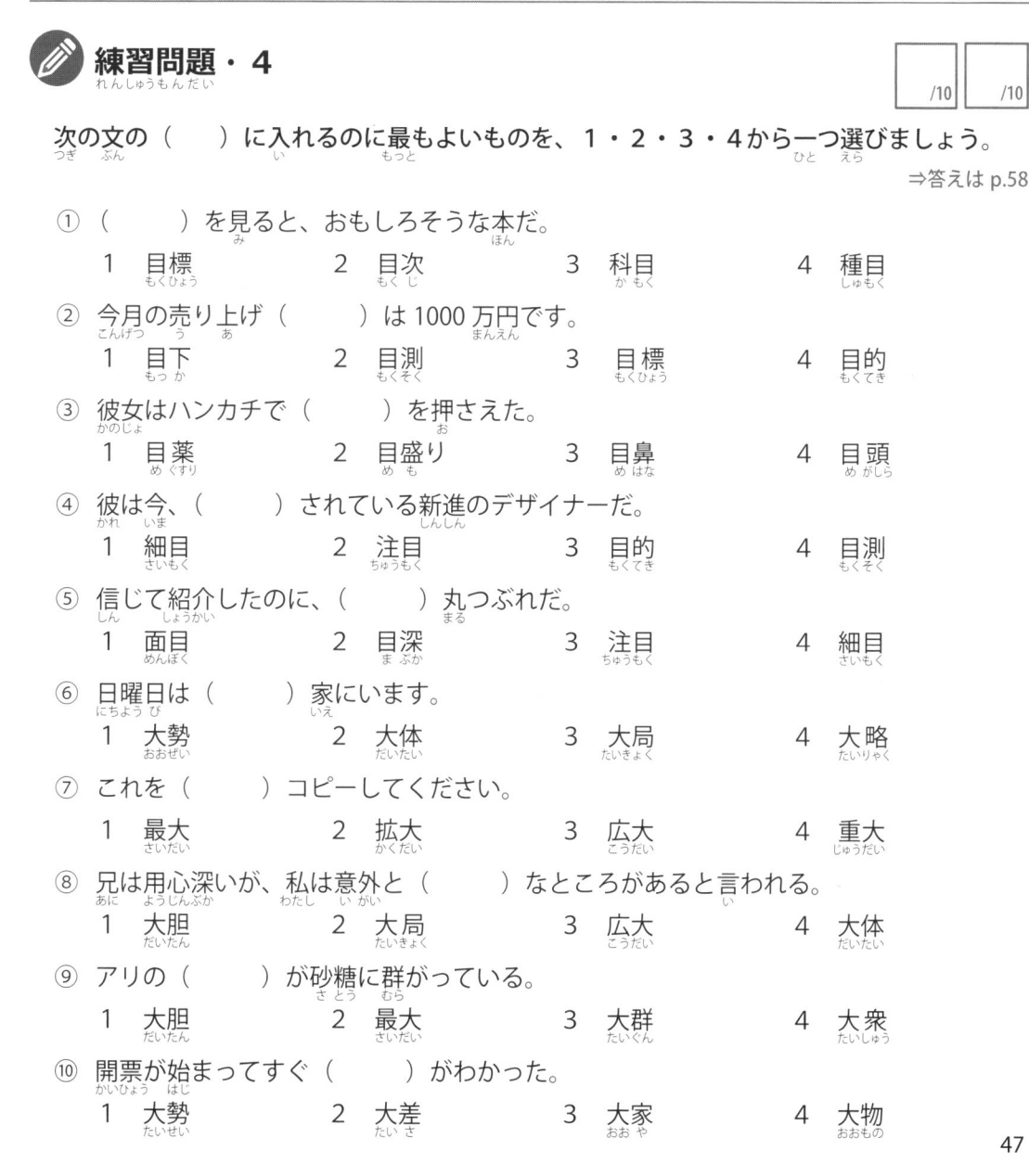

練習問題・4

/10   /10

次の文の（　　）に入れるのに最もよいものを、1・2・3・4から一つ選びましょう。

⇒答えは p.58

① （　　　）を見ると、おもしろそうな本だ。
　　1　目標　　　　　2　目次　　　　　3　科目　　　　　4　種目

② 今月の売り上げ（　　　）は1000万円です。
　　1　目下　　　　　2　目測　　　　　3　目標　　　　　4　目的

③ 彼女はハンカチで（　　　）を押さえた。
　　1　目薬　　　　　2　目盛り　　　　3　目鼻　　　　　4　目頭

④ 彼は今、（　　　）されている新進のデザイナーだ。
　　1　細目　　　　　2　注目　　　　　3　目的　　　　　4　目測

⑤ 信じて紹介したのに、（　　　）丸つぶれだ。
　　1　面目　　　　　2　目深　　　　　3　注目　　　　　4　細目

⑥ 日曜日は（　　　）家にいます。
　　1　大勢　　　　　2　大体　　　　　3　大局　　　　　4　大略

⑦ これを（　　　）コピーしてください。
　　1　最大　　　　　2　拡大　　　　　3　広大　　　　　4　重大

⑧ 兄は用心深いが、私は意外と（　　　）なところがあると言われる。
　　1　大胆　　　　　2　大局　　　　　3　広大　　　　　4　大体

⑨ アリの（　　　）が砂糖に群がっている。
　　1　大胆　　　　　2　最大　　　　　3　大群　　　　　4　大衆

⑩ 開票が始まってすぐ（　　　）がわかった。
　　1　大勢　　　　　2　大差　　　　　3　大家　　　　　4　大物

47

UNIT 6 読み方が同じ言葉

例題

次の文の（　　　）に入る最もよいものを1〜4から一つ選びましょう。

観光船は、（　　　）に向かってゆっくりと進んでいる。
　　1　火口　　　　2　加工　　　　3　河口　　　　4　下降

POINT

訓読みが複数ある漢字の場合は、どの品詞の言葉か（動詞か名詞か形容詞か、など）、動詞の場合は自動詞と他動詞どっちか、などをポイントに区別・整理しましょう。問題を解くときは、まず、送り仮名に注目しましょう。

正解：3

✓ 覚えよう・1

イギ	実行することに**意義**がある。	meaning ／有实行的意义。／ ý nghĩa
	決定に**異議**を唱える	違った意見・見方や議論、反対意見。
	同音**異義**語を覚える	異なる意味。
イドウ	車を**移動**させてください。	move ／请将车移开。／ di chuyển
	異動で9月から東京勤務になる。	transfer ／由于调动九月去东京工作。／ thay đổi về nhân sự
カイテイ	本を**改訂**する、**改訂**版	revise ／修订书、修订版／ sửa đổi
	料金を**改定**する、年金制度を**改定**する	今までのものを改めて、新しく定めること。
カイトウ	テストの**解答**用紙を配る	answer ／发考试卷子／ đáp án
	電話相談に**回答**する	質問や要求などに答えること。
	冷凍食品を**解凍**する	thaw, defrost ／解冻冷冻食品／ rã đông
カイホウ	休みの日に中庭を**開放**する	外に向かって開けて、自由に出入りができるようにすること。
	受験が終わって、心が**解放**された。	free ／考试完了，心可以放松了。／ giải phóng
	会報を発行する	bulletin ／发行会报／ báo của hội
	けが人を**介抱**する	けが人や病人などの世話をすること。
カテイ	成長する**過程**	process ／成长过程／ quá trình
	3年間の**課程**を修了した。	course ／学完三年的课程。／ chương trình

48

⑥ 読み方が同じ言葉

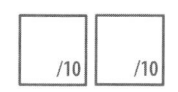

練習問題・1

次の文の（　）に入る最もよいものを　1～4から一つ選びましょう。

⇒答えは p.58

① 結果より努力する（　　）が大切です。
　　1　課程　　　　2　過程　　　　3　仮定　　　　4　家庭

② 判定に納得ができず裁判所に（　　）を申し立てた。
　　1　異義　　　　2　意義　　　　3　異議　　　　4　意気

③ 久しぶりに家事から（　　）され、のんびり温泉に入った。
　　1　開放　　　　2　解法　　　　3　快方　　　　4　解放

④ 答えは（　　）用紙に記入しなさい。
　　1　回答　　　　2　解答　　　　3　解凍　　　　4　解党

⑤ 法律を（　　）するのは容易なことではない。
　　1　開廷　　　　2　海底　　　　3　改定　　　　4　改訂

⑥ 年を取ってはじめて人生の（　　）を考えるようになった。
　　1　異議　　　　2　異義　　　　3　意議　　　　4　意義

⑦ 読者の質問に（　　）する。
　　1　解答　　　　2　解凍　　　　3　回答　　　　4　回凍

⑧ 道が込んでいるので、（　　）には車より電車のほうが早い。
　　1　異動　　　　2　異同　　　　3　移動　　　　4　移道

⑨ この本は初版から5回も（　　）している。
　　1　改訂　　　　2　改定　　　　3　回訂　　　　4　回定

⑩ 彼は今年、修士（　　）を修了した。
　　1　課程　　　　2　過程　　　　3　仮定　　　　4　家庭

✓ 覚えよう・2

カンシュウ	国によって**慣習**が違う。	customs ／不同的国家有不同的习惯。／ thói quen
	自国の勝利に**観衆**は沸いた。	spectators ／观众为本国取得胜利而欢呼。／ khán giả
	専門家に**監修**を依頼する	supervising ／请专家监修／ chủ biên
カンシン	宇宙への**関心**が高まる	interest ／对宇宙的关心增强了。／ quan tâm
	彼の努力には**感心**する。	admiration ／佩服他的努力／ cảm phục
キギョウ	**企業**の責任は大きい。	corporation ／企业的责任重大。／ doanh nghiệp
	起業する若者が増えた。	start a business ／创业的年轻人增多了。／ khởi nghiệp
キショウ	**希少**価値のある絵	scarcity ／很罕见的无价之画／ quý hiếm
	気象の変化、**気象**庁	大気（地球の表面をおおう空気の層）の状態や現象。
	彼は**気性**が荒い。／穏やかな**気性**	生まれた時から持っている性質。
	起床時間は7時と決められている。	ベッドやふとんから起き出ること。
キセイ	交通**規制**で道が込んでいる。	regulation ／由于交通管制道路拥堵。／ hạn chế
	既成概念にとらわれる	社会や世の中ですでに出来上がっていること。
	既製品を買う	商品としてすでに作られていること。
キョウチョウ	重要な部分を**強調**する	emphasis ／强调重要部分／ nhấn mạnh
	協調性のある人	cooperation ／有协调性的人／ hợp tác

⑥ 読み方が同じ言葉

練習問題・2

次の文の（　）に入れるのに最もよいものを、1・2・3・4から一つ選びましょう。

⇒答えは p.58

① 職場では（　　　）性が求められる。
　　1 協調　　　　2 強調　　　　3 協張　　　　4 狭張

② 昔は（　　　）服ではなく、母の手作りの服を着ていた。
　　1 規制　　　　2 既製　　　　3 既成　　　　4 帰省

③ 最近は社員に語学力を求める（　　　）が多い。
　　1 機業　　　　2 起業　　　　3 期業　　　　4 企業

④ （　　　）の拍手はしばらく鳴り止まなかった。
　　1 監修　　　　2 慣習　　　　3 観衆　　　　4 監衆

⑤ 先生は試験に出る所を（　　　）して教えてくれた。
　　1 協調　　　　2 強調　　　　3 協張　　　　4 強張

⑥ この種類の犬は（　　　）が激しい。
　　1 気性　　　　2 気象　　　　3 希少　　　　4 起床

⑦ 両親の手伝いをする（　　　）な子どもだ。
　　1 関心　　　　2 歓心　　　　3 寒心　　　　4 感心

⑧ 彼は日本の伝統文化に（　　　）を持っている。
　　1 関心　　　　2 感心　　　　3 寒心　　　　4 歓心

⑨ 大会期間中は、一部の区間で通行が（　　　）される。
　　1 既成　　　　2 既製　　　　3 規制　　　　4 帰省

⑩ 絶滅のおそれのある（　　　）動物は保護されるべきだ。
　　1 気性　　　　2 希少　　　　3 起床　　　　4 希性

✓ 覚えよう・3

ケイキ	あの会社は**景気**がよさそうだ。	state of business／那个公司效益好像不错。／ tình hình kinh tế	
	結婚を**契機**に禁煙した。	機会、きっかけ。	
ケイセイ	基本的な性格は幼少期に**形成**される。	一つのまとまった形になること。	
	形勢が逆転した。	変化する物事のその時の状態や勢力の関係。	
ケントウ	方法を**検討**する	investigate／考虑考虑方法／ xem xét	
	見当をつける、**見当**がつく	大体の方向、大体の予想、見込み。	
ケンメイ	**懸命**に走る、**懸命**の救助	intensely／拼命地走、竭尽全力的救助／ cần mẫn	
	賢明な選択	wise／聪明的选择／ thông minh	
コウイ	ご**厚意**に感謝します。	相手のためを思う気持ち。	
	彼もあなたに**好意**を抱いている。	①相手を好きだと思う気持ち。②相手に対する親しみの気持ち。	
コウエン	劇団の**公演**を見に行く	public performance／去看剧团的公演／ biểu diễn	
	政治家の**講演**を聴きに行く	speech／去听政治家的讲演／ thuyết trình	
	市の**後援**を受ける	イベントや計画を後ろから応援する立場から助けること。	

練習問題・3

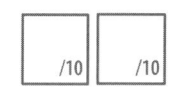

次の文の（　）に入れるのに最もよいものを、1・2・3・4から一つ選びましょう。

⇒答えは p.58

① 10年ぶりに（　　）が回復した。
　　1　景気　　　　2　経気　　　　3　敬気　　　　4　契気

② 人が（　　）に努力している姿は美しい。
　　1　件命　　　　2　懸命　　　　3　健命　　　　4　研命

③ せっかくですからご（　　）に甘えることにします。
　　1　好意　　　　2　行為　　　　3　厚意　　　　4　好為

④ 教授の（　　）会に申し込んだ。
　　1　公援　　　　2　講演　　　　3　公演　　　　4　講援

⑤ 就職を（　　）に貯金を始めた。
　　1　契期　　　　2　契記　　　　3　契季　　　　4　契機

⑥ 彼は（　　）が不利になると、黙って帰ってしまった。
　　1　形勢　　　　2　計勢　　　　3　経勢　　　　4　系勢

⑦ どのくらい売れるか（　　）をつけて注文する。
　　1　見討　　　　2　見投　　　　3　見答　　　　4　見当

⑧ 彼女の（　　）な判断によって、みんなの命が助かった。
　　1　健明　　　　2　険明　　　　3　懸明　　　　4　賢明

⑨ この国は（　　）外科の技術が進んでいる。
　　1　形制　　　　2　形成　　　　3　形製　　　　4　形正

⑩ この問題は（　　）する価値がある。
　　1　件討　　　　2　権討　　　　3　健討　　　　4　検討

✅ 覚えよう・4

シコウ	健康**志向**の強い人	意識がある対象に向かうこと、気持ちや考えがある方向を目指すこと。
	この商品はまだ**試行**段階だ。	trial ／这个商品还处于试行阶段。／ kiểm thử
	客の**嗜好**に合わせて料理を作る	好み。
	法律が**施行**される	enforce ／法律被实施／ thi hành
	工事の**施工**会社	工事を行うこと。
シュウリョウ	3年の課程を**修了**した。	complete ／学完了三年的课程／ kết thúc (chương trình khoá học)
	本日の運動会はすべて**終了**した。	finish ／今天运动会的(项目)都结束了。／ kết thúc
ショウ	**使用**許可を与える	usage ／允许使用／ sử dụng
	ヨーロッパ**仕様**の車	工業製品や建物などをつくるときに、形や大きさ、デザイン、機能など、どんな内容かを具体的に示すもの。
	私用で会社を休む	個人的な用事。
	新入社員の**試用**期間	trial ／新员工的试用期／ thử việc
ショウカイ	友達を**紹介**する	introduce ／介绍朋友／ giới thiệu
	契約内容を**照会**する	問い合わせて確かめること。
シンコウ	会議の**進行**を任せる	progression ／听任会议的进展／ tiến hành
	信仰の厚い人	faith ／信仰很强的人／ tín ngưỡng
	観光の**振興**を図る	promotion ／谋求观光业振兴／ phát triển
	新興都市、**新興**勢力	developing ／新兴都市、新兴势力／ mới nổi
	隣国に**侵攻**する	invasion ／侵犯邻国／ xâm nhập
シンジョウ	**心情**を理解する、**心情**を察する	心の中にある思いや感情。
	信条を曲げない	belief, faith ／坚持信念／ tín điều
	誠実さが**身上**だ。	その人が本来持っている価値や長所。

練習問題・4

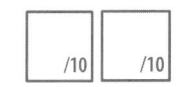

次の文の（　）に入れるのに最もよいものを、1・2・3・4から一つ選びましょう。

⇒答えは p.58

① 芸術の（　　　）に力を入れる。
　　1　侵攻　　　　2　信仰　　　　3　振興　　　　4　進行

② 郊外の（　　　）住宅地に土地を購入した。
　　1　新公　　　　2　新興　　　　3　新講　　　　4　新候

③ タバコやコーヒーなどの（　　　）品が対象になる。
　　1　施工　　　　2　試行　　　　3　嗜好　　　　4　思考

④ 社内のものを（　　　）に使ってはいけない。
　　1　試用　　　　2　私用　　　　3　使用　　　　4　仕様

⑤ 念のために取引の（　　　）をする。
　　1　照会　　　　2　照介　　　　3　紹介　　　　4　紹会

⑥ 病気の（　　　）を食い止める。
　　1　進攻　　　　2　親交　　　　3　進行　　　　4　侵攻

⑦ 今の（　　　）を素直に表す。
　　1　身上　　　　2　信条　　　　3　心情　　　　4　信情

⑧ 今はブランド（　　　）の時代ではない。
　　1　志向　　　　2　指向　　　　3　支向　　　　4　私向

⑨ これで記者会見は（　　　）します。
　　1　修了　　　　2　集了　　　　3　収了　　　　4　終了

⑩ この機械の（　　　）に際しては許可が必要です。
　　1　仕様　　　　2　使用　　　　3　私用　　　　4　試用

✓ 覚えよう・5

タイショウ	調査の**対象**、**対象**をよく見る	subject ／調査对象、看清对象／ đối tượng
	対照的な性格	contrast ／相反的性格／ tính tương phản
	左右**対称**のデザイン	symmetrical ／左右対称的设计／ đối xứng
ツイキュウ	利益を**追求**する	pursue ／追求利益／ trục
	責任を**追及**する	investigate, press ／追究责任／ truy cứu
	真理を**追究**する	investigate ／探索真理／ truy cứu, tìm kiếm
フジュン	天候**不順**が続く。	順調でないこと、順序がくるうこと、いつもの調子やパターンでないこと。
	参加の動機が**不純**だ。	impure, dishonest ／参加的动机不纯／ không chính đáng
フシン	経営**不振**、食欲**不振**	勢いが出ず、調子が上がらないこと。成績など状態が上がらないこと。
	不審な人物、**不審**に思う	疑わしいと思うこと、疑わしいと思えること。
ホショウ	権利を**保障**する、社会**保障**	それが損なわれることのないよう、責任を持って守り保つこと。
	品質を**保証**する、**保証**書	guarantee ／保证品质、保证书／ bảo đảm
	損害を**補償**する	compensate ／赔偿损失／ bồi thường
ヨウセイ	専門家を**養成**する	train, raise ／培养专业人员／ đào tạo
	協力を**要請**する	request, appeal ／请求协力／ yêu cầu

⑥ 読み方が同じ言葉

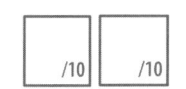

練習問題・5

次の文の（　）に入れるのに最もよいものを、1・2・3・4から一つ選びましょう。

⇒答えは p.58

① このアンケートの主な（　　）は 10 代の女性だ。
1　対象　　　　2　対照　　　　3　対称　　　　4　対商

② 日本語と中国語の（　　）研究をしている。
1　対象　　　　2　対照　　　　3　対称　　　　4　対省

③ 平和を（　　）するために活動している。
1　追求　　　　2　追及　　　　3　追究　　　　4　追給

④ この薬は食欲（　　）によく効く。
1　不進　　　　2　不心　　　　3　不信　　　　4　不振

⑤ 彼の行動には（　　）な点があった。
1　不振　　　　2　不審　　　　3　不信　　　　4　不真

⑥ 失敗の原因を（　　）することが大切だ。
1　追究　　　　2　追及　　　　3　追求　　　　4　追給

⑦ このパソコンのメーカー（　　）期間は 10 年です。
1　保障　　　　2　保証　　　　3　補償　　　　4　補証

⑧ この事故による（　　）金の額は、まだ決まっていない。
1　補償　　　　2　保証　　　　3　保障　　　　4　補証

⑨ 被害は大きく、水や食料の緊急輸送が（　　）された。
1　用請　　　　2　容請　　　　3　陽性　　　　4　要請

⑩ ここは看護士を（　　）する学校だ。
1　養成　　　　2　養制　　　　3　養製　　　　4　養政

基礎編　練習問題の答え

UNIT 1 伸ばす音・伸ばさない音

✏ 練習問題・1
① 1　② 2　③ 1　④ 2　⑤ 3
⑥ 4　⑦ 1　⑧ 1　⑨ 3　⑩ 3

✏ 練習問題・2
① 4　② 3　③ 2　④ 1　⑤ 4
⑥ 3　⑦ 1　⑧ 2　⑨ 4　⑩ 2

UNIT 2 詰まる音・詰まらない音

✏ 練習問題・1
① 4　② 4　③ 1　④ 2　⑤ 3
⑥ 1　⑦ 2　⑧ 3　⑨ 4　⑩ 4
⑪ 2　⑫ 3　⑬ 2　⑭ 3　⑮ 3
⑯ 3　⑰ 4　⑱ 2　⑲ 2　⑳ 3

✏ 練習問題・2
① 4　② 3　③ 4　④ 3　⑤ 1
⑥ 2　⑦ 3　⑧ 3　⑨ 2　⑩ 4
⑪ 2　⑫ 4　⑬ 4　⑭ 2　⑮ 2
⑯ 2　⑰ 1　⑱ 4　⑲ 4　⑳ 4

UNIT 3 清音・濁音・半濁音

✏ 練習問題・1
① 4　② 2、1　③ 2　④ 2
⑤ 4　⑥ 3　⑦ 4　⑧ 3　⑨ 2

✏ 練習問題・2
① 2　② 3　③ 1　④ 3　⑤ 4
⑥ 2　⑦ 3　⑧ 1　⑨ 3　⑩ 1

UNIT 4 漢字の訓読みに注意したい言葉

✏ 練習問題・1
① 2　② 2　③ 1　④ 3　⑤ 2　⑥ 2
⑦ 4　⑧ 1　⑨ 2　⑩ 1　⑪ 3　⑫ 4

✏ 練習問題・2
① 1　② 2　③ 3　④ 3　⑤ 1　⑥ 3
⑦ 4　⑧ 3　⑨ 3　⑩ 3　⑪ 2　⑫ 2

✏ 練習問題・3
① 1　② 4　③ 3　④ 1　⑤ 1　⑥ 1
⑦ 2　⑧ 1　⑨ 4　⑩ 2　⑪ 1　⑫ 1

✏ 練習問題・4
① 2　② 4　③ 3　④ 2　⑤ 2　⑥ 4
⑦ 1　⑧ 1　⑨ 2　⑩ 2　⑪ 1　⑫ 3

UNIT 5 いろいろな読み方をする初級漢字

✏ 練習問題・1
① 1　② 2　③ 3　④ 4　⑤ 2
⑥ 1　⑦ 2　⑧ 2　⑨ 2　⑩ 4

✏ 練習問題・2
① 3　② 1　③ 2　④ 2　⑤ 1
⑥ 2　⑦ 4　⑧ 1　⑨ 2　⑩ 1

✏ 練習問題・3
① 3　② 2　③ 3　④ 1　⑤ 3
⑥ 2　⑦ 3　⑧ 4　⑨ 3　⑩ 1

✏ 練習問題・4
① 2　② 3　③ 4　④ 2　⑤ 1
⑥ 2　⑦ 2　⑧ 1　⑨ 3　⑩ 1

UNIT 6 読み方が同じ言葉

✏ 練習問題・1
① 2　② 3　③ 4　④ 2　⑤ 3
⑥ 4　⑦ 3　⑧ 3　⑨ 1　⑩ 1

✏ 練習問題・2
① 1　② 2　③ 4　④ 3　⑤ 2
⑥ 1　⑦ 4　⑧ 1　⑨ 3　⑩ 2

✏ 練習問題・3
① 1　② 2　③ 3　④ 2　⑤ 4
⑥ 1　⑦ 4　⑧ 4　⑨ 2　⑩ 4

✏ 練習問題・4
① 3　② 2　③ 3　④ 2　⑤ 1
⑥ 3　⑦ 3　⑧ 1　⑨ 4　⑩ 2

✏ 練習問題・5
① 1　② 2　③ 1　④ 4　⑤ 2
⑥ 2　⑦ 2　⑧ 1　⑨ 4　⑩ 1

PART 2
対策編

第1章
対策準備

UNIT 1 漢字の訓読みに注意したい言葉

UNIT 2 いろいろな意味を持つ言葉

UNIT 3 形が似ている言葉

UNIT4 意味が似ている言葉

UNIT 5 一字で言葉になるもの

UNIT 6 前に付く語・後ろに付く語

UNIT 7 特別な読み方の言葉

UNIT 8 「たとえ」の表現

語彙力アップチェックリスト

EXERCISEの答え（対策準備）

復習＆発展ドリル

「復習＆発展ドリル」の答え

第1章 対策準備

UNIT 1 漢字の訓読みに注意したい言葉

> **例題**
> 次の文の＿＿を付けた言葉はどのように読みますか。1・2・3・4から一つ選びましょう。
> 体を鍛えようと、ジムに通うことにした。
>   1　かまえ　　　2　ととのえ　　　3　きたえ　　　4　たくわえ
>
> **POINT**
> 同じ音（読み）の言葉は、出題のポイントの一つになります。一つ一つの漢字に注意しながら、意味の違いを確認しましょう。
> 　　　　　　　　　　　　　　　　　　　　　　　　　　　　　　正解：3

欺	欺く（あざむ）	うそを言ってだます。	▶詐欺（さぎ）
	▶敵を欺く（てき あざむ）		
焦	焦る（あせ）	to be impatient, to be flustered／焦急、着急／hốt hoảng	▶焦点（しょうてん）
	焦げる（こ）	to burn／糊、焦／cháy	
	▶焦って失敗する、焦げ臭い匂い（あせ しっぱい こ くさ にお）		
宛	宛てる（あ）	to address to／指名／gửi đến	▶宛名（あてな）
	▶先生に宛てて賀状を書く（せんせい あ がじょう か）		
操	操る（あやつ）	自分の思い通りに使う。（じぶん おも どお つか）	▶体操、操作、操縦（たいそう そうさ そうじゅう）
	▶お金で人を操る、外国語を操る（かね ひと あやつ がいこくご あやつ）		
危	危ぶむ（あや）	よくない結果にならないかと心配する。（けっか しんぱい）	▶危険（な）、危機、危害（きけん きき きがい）
	危うい（あや）	危険が迫っている。心配だ。（きけん せま しんぱい）	
	危ない（あぶ）	dangerous／危险／nguy hiểm	
	▶開催を危ぶむ、危うい状態（かいさい あや あや じょうたい）		
歩	歩む（あゆ）	歩く、人生を送る、物事が進行する。（ある じんせい おく ものごと しんこう）	▶散歩、歩道、歩行、初歩、進歩、譲歩、歩合（制）（さんぽ ほどう ほこう しょほ しんぽ じょうほ ぶあい せい）
	歩く（ある）	to walk／行走／đi bộ	
	▶人生を歩む（じんせい あゆ）		
予	予め（あらかじ）	beforehand, in advance／预先、事先／trước, sẵn sàng	▶予定、予約、予想、予測、予報、予告、予防、予習、予感、予期、予断、予算、予備、猶予（よてい よやく よそう よそく よほう よこく よぼう よしゅう よかん よき よだん よさん よび ゆうよ）
	▶予め連絡しておく（あらかじ れんらく）		

① 漢字の訓読みに注意したい言葉

営	営む（いとな）	怠（おこた）らずに行（おこな）う、経営（けいえい）する。	▶営業中（えいぎょうちゅう）、経営（けいえい）、運営（うんえい）、国営（こくえい）、市営（しえい）、自営（じえい）、営利（えいり）
	▶家庭（かてい）を営（いとな）む、酒屋（さかや）を営（いとな）む		
挑	挑む（いど）	挑戦（ちょうせん）する。	▶挑戦（ちょうせん）、挑発（ちょうはつ）
	▶記録（きろく）に挑（いど）む		
負	負う（お）	引き受ける。	▶負担（ふたん）、負傷（ふしょう）、負債（ふさい）、自負（じふ）、勝負（しょうぶ）
	負ける（ま）	to lose ／輸／ thua	
	負かす（ま）	to defeat ／打敗、贏／ thắng	
	▶責任（せきにん）を負（お）う		
怠	怠ける（なま）	to neglect ／偷懶、懈怠／ lười biếng	▶怠慢（たいまん）
	怠る（おこた）	するべきことをしないでおく。怠（なま）ける、さぼる。	
	▶仕事（しごと）を怠（なま）ける、確認（かくにん）を怠（おこた）る		
自	自ら（みずか）	自分（じぶん）から、自分自身（じぶんじしん）で。	▶自分（じぶん）、自由（じゆう）、自身（じしん）、自信（じしん）、自慢（じまん）、自己（じこ）、自覚（じかく）、自我（じが）、自主的（じしゅてき）、自治（じち）、自負（じふ）、自立（じりつ）、自力（じりき）、自動（じどう）、自在（じざい）、自然（しぜん）、自立（じりつ）、自殺（じさつ）、独自（どくじ）、各自（かくじ）
	自ずから（おの）	自然（しぜん）に。	
	▶自（みずか）ら行動（こうどう）を起（お）こす、自（おの）ずから答（こた）えが出（で）る		

EXERCISE 1

下線部の読み方として最もよいものを1～4から一つ選びましょう。

⇒答えは p.164

1 謝恩会の計画を立てる前に、予め先生のスケジュールを伺っておこう。
 1 はじめ   2 あらかじめ   3 よめ   4 はやめ

2 両親は駅前でビジネスマン相手の旅館を営んでいる。
 1 はげんで   2 たしなんで   3 いどんで   4 いとなんで

3 最後のチェックを怠ったために、初めからやり直すことになった。
 1 なまった   2 おこった   3 おこたった   4 さぼった

4 結婚して約40年、共に助け合いながら、一緒に人生を歩んできました。
 1 あゆんで   2 あるんで   3 あんで   4 すすんで

5 明日、無事に開会式を迎えられるのか、天候が危ぶまれている。
 1 あぶまれて   2 あやぶまれて   3 しのぶまれて   4 しぶまれて

6 友人に欺かれ、彼は大金を失なった。
 1 そむかれ   2 ひかれ   3 あざむかれ   4 かしずかれ

7 自分が会社を支配していると思っていたが、実は彼らに操られていた。
 1 にぎられて   2 はかられて   3 くられて   4 あやつられて

8 無理だと言われても、自分の限界まで挑みたい。
 1 はさみたい   2 いどみたい   3 はずみたい   4 はげみたい

9 私の成功は、先生のご指導に負うところが大きいです。
 1 せおう   2 あう   3 まかなう   4 おう

10 だれのせいで計画が失敗したか、自ずとわかることだ。
 1 みず   2 おのず   3 ならず   4 すかさず

11 あなた宛てに請求書が届いていたみたいだけど、見たの？
 1 はて   2 さて   3 あて   4 かつて

12 いまから焦っても遅いよ。運命を天に任せるべきだと思うよ。
 1 あせって   2 はしって   3 まって   4 はかって

① 漢字の訓読みに注意したい言葉

省 かえり	省みる かえり	①過ぎたことを思い起こす。②自分のしたことをもう一度考える、反省する。	
	省く はぶ	to omit ／省略／lược bỏ	▶省庁、省エネ、反省 しょうちょう しょう はんせい
	▶自分自身を省みる、助詞を省く じぶんじしん かえり じょし はぶ		
揚	掲げる かか	to hoist, to print ／挙起／giương	▶掲示板、掲載、掲示 けいじばん けいさい けいじ
	▶国旗を掲げる こっき かか		
構 かま	構える かま	①整った形に作り上げる、組み立てて作る。②次の動きに備えて、ある姿勢をとる。	
	構う かま	相手にする、かかわる。	▶構成、構想、構造、機構 こうせい こうそう こうぞう きこう
	▶家を構える、どっしり構える、どうぞお構いなく いえ かま かま かま		
築	築く きず	土や石などを積み上げて作る。	▶建築、構築 けんちく こうちく
	▶堤防を築く ていぼう きず		
志 こころざし	志 こころざし	人生の目標の一つとして、こうしようと心に決めたこと。	
	志す こころざ	目標を立てて目指す。	▶志望校、志向、意志 しぼうこう しこう いし
	▶志を持って留学する、政治家を志す こころざし も りゅうがく せいじか こころざ		
試	試みる こころ	to attempt ／試行、嘗試／thử	▶試食、試行、入試 ししょく しこう にゅうし
	試す ため	to try ／嘗試／thử	
	▶新しい方法を試みる、何度試しても失敗する あたら ほうほう こころ なんど ため しっぱい		
遮	遮る さえぎ	to block ／遮／che	▶遮断 しゃだん
	▶視界を遮る、木立が日を遮る しかい さえぎ こだち ひ さえぎ		
栄 さか	栄える さか	to prosper ／繁栄／hưng thịnh	▶栄養、栄光、繁栄、光栄 えいよう えいこう はんえい こうえい
	栄える は	光を受けて照り輝く、立派に見える。	
	▶町が栄える、ドレスの色が栄える、栄えある賞 まち さか いろ は は しょう		
授	授ける さず	目上の者が目下の者に特別に与える。	▶授与、教授、伝授 じゅよ きょうじゅ でんじゅ
	授かる さず	目上の人から大切なものを与えられる。	
	▶1級の位を授ける、子どもが授かる きゅう くらい さず さず		
悟	悟る さと	迷いが去って、物事の本当の意味を知る。	▶覚悟 かくご
	▶実力不足を悟る じつりょくぶそく さと		
裁	裁く さば	to judge ／审判、裁判／xét xử	▶裁判、裁量、制裁、仲裁 さいばん さいりょう せいさい ちゅうさい
	裁つ た	紙や布を切る。	
	▶公平に裁く、生地をはさみで裁つ こうへい さば きじ た		
強 つよ	強い つよ	strong, powerful ／強／mạnh	▶強力(な)、強制、強化、強行、強調、補強、強引(な)、強盗 きょうりょく きょうせい きょうか きょうこう きょうちょう ほきょう ごういん ごうとう
	強いる し	無理にさせる、強制する。	
	▶風が強い、無理な姿勢を強いる、酒を強いる かぜ つよ むり しせい し さけ し		

63

EXERCISE 2

下線部の読み方として最もよいものを1～4から一つ選びましょう。

⇒答えは p.164

1 紅葉した木々の葉が寺の白い壁に栄えて、とても美しかった。
    1 あえて   2 えいえて   3 さかえて   4 はえて

2 他人を責める前に自らを省みることも必要だ。
    1 せいみる   2 こころみる   3 かえりみる   4 かんがみる

3 彼女が天から授かった才能は、それだけではなかった。
    1 あずかった   2 さずかった   3 もうかった   4 うかった

4 悪天候のせいで、救助活動は困難を強いられていた。
    1 しいられて   2 もちいられて   3 つよいられて   4 つけいられて

5 国が環境に配慮して省エネルギー政策を掲げても一人一人の覚悟がなければ実現しない。
    1 あげて   2 かかげて   3 さげて   4 ささげて

6 周りの人に悟られないように、そっと席を立った。
    1 わかられない   2 あやまられない   3 さとられない   4 みつけられない

7 川沿いに築かれた堤防の上には桜並木が続いていた。
    1 のぞかれた   2 きずかれた   3 つらぬかれた   4 どつかれた

8 弟はミュージカル俳優になる道を志してアメリカに渡った。
    1 めざして   2 おしとおして   3 ふりかざして   4 こころざして

9 試験はまだまだ先だとのんびり構えていると、後で大変なことになるよ。
    1 となえて   2 とらえて   3 こたえて   4 かまえて

10 難しい相手だからと一度も交渉を試みずにあきらめてはだめだ
    1 ためしてみず   2 かえりみず   3 こころみず   4 のぞみみず

11 あなたはすぐに他人の話を遮る癖がある。
    1 とめる   2 さえぎる   3 ことわる   4 よこぎる

12 人を裁くことは難しい。両者それぞれに言い分があるものだ。
    1 みちびく   2 まねく   3 さばく   4 たたく

① 漢字の訓読みに注意したい言葉

済	済む	物事が完了する、必要とされていたことが十分に行われる。	
	済ます	①あることをし終える。②それでよいことにする。	決済、経済、返済、救済
	▶掃除が済む、朝はコーヒーだけで済ます		
急	急ぐ	to hurry／急忙／vội vã	急行、急用、急(な)、急激(な)、急速(な)、至急、緊急、救急(車)、性急(な)
	急く	早くしなければと焦る、あわてる。	
	▶事を急ぐ、客に急かされる		
損	損なう	傷をつける、だめにする、悪い状態にする。	
	損ねる	傷をつける、だめにする、悪い状態にする（特に人の気持ちや気分について）。	
	▶信頼を損なう、機嫌を損ねる		損害、損失、損得
背	背	身長、背中。	▶背後、背景
	背く	決められたことや人の意向・命令などに従わない。	
	背ける	あるものに対して背中を見せる姿勢・態度をとる。	
	▶背を向ける、命令に背く、目を背ける		
反	反る	to warp／翘、翘曲／vênh	反対、反抗、反発、反感、反論、反戦、反骨、反撃、反応、反映、反省、反面、反則
	反らす	to bend／向后仰／cho vênh	
	▶木のドアが反る、背中を反らす		
絶	絶つ	つながっているものを切る、続いていた物事をやめる。	絶滅、絶品、絶景、絶好、絶大、気絶、断絶、拒絶、壮絶(な)
	絶える	続いていた物事が途中で切れる。	
	絶やす	続いてきたものをなくならせてしまう。	
	▶連絡を絶つ、息が絶える、燃料を絶やす		
携	携える	手に持つ、身につけて持つ、手に取る、手を取って連れて行く。	
	携わる	（仕事をする者として）ある物事に関係する。	▶携帯
	▶同じ目的のために手を携える、医療に携わる		
漂	漂う	to drift／飘荡／trôi nổi, bay lơ lửng	▶漂流
	▶海に漂う、煙が漂う		
断	断る	to reject／回绝／từ chối	断定、断然、断固、断念、断片、横断、縦断、判断、診断、決断、英断
	断つ	つながっているものを切る、続いていた物事をやめる。	
	▶依頼を断る、関係を断つ		
保	保つ	ある状態が変わらず続くようにする。	▶保管、保存、保温、保護、保証、保障、保険、保健、保育、保留、確保
	▶関係を保つ		
費	費やす	to spend／浪费／mất	
	費える	持っていたものが使われてひどく減る、むだに使われる。	
	▶何時間も費やす、財産が費える		▶費用、経費、出費

PART ❶ 基礎編

PART ❷ 対策編

対策準備

実戦練習

PART ❸ 模擬試験

EXERCISE 3

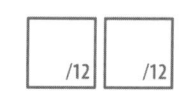

下線部の読み方として最もよいものを1～4から一つ選びましょう。

⇒答えは p.164

1 たった1回のミスで何年もかかって築き上げてきた信頼を損ねてしまった。
　　1　すねて　　2　はねて　　3　そこねて　　4　そんねて

2 旅行業に携わって10年、世界のほとんどの地域に行ったことがある。
　　1　かかわって　2　とらわって　3　うごきまわって　4　たずさわって

3 兄は親の意向に背いて、店を継がず、普通の会社に就職した。
　　1　そむいて　　2　むいて　　3　せむいて　　4　しむいて

4 旅行中は連絡を絶やさないようにしてください。
　　1　ふやさない　2　たやさない　3　ついやさない　4　ひやさない

5 一つ違いの兄とはどうも反りが合わない。
　　1　そり　　2　のり　　3　はり　　4　きり

6 満開の公園から桜の香りが漂ってきた。
　　1　ただよって　2　ひるがえって　3　ひろがって　4　よみがえって

7 これだけのことをしてしまったのだから、ただ謝るだけでは済まないだろう。
　　1　かまない　2　すまない　3　りきまない　4　おしまない

8 子どもの大学合格を願って、母は好物のコーヒーを断っている。
　　1　きって　　2　とって　　3　たって　　4　わって

9 この本を書くためにどれだけの年月を費やしてきたことか。
　　1　もやして　2　ついやして　3　ふやして　4　はやして

10 飛行機は一定の高度を保ったまま静かに飛び続けた。
　　1　たもった　2　もった　　3　ほうった　　4　めぐり

11 残り時間が少なくなり、気は急くのだが答えがわからない。
　　1　あく　　2　きく　　3　つく　　4　せく

12 あまりの悲惨な事故のニュースに思わず目を背けた。
　　1　むけた　　2　しりぞけた　3　そむけた　　4　せけた

① 漢字の訓読みに注意したい言葉

唱	唱(とな)える	①声に出して言う。②人より先に言い出す。③主張する。	合唱(がっしょう)、提唱(ていしょう)、復唱(ふくしょう)、暗唱(あんしょう)
	▶新(あたら)しい学説(がくせつ)を唱(とな)える、異(い)を唱(とな)える		
嘆	嘆(なげ)く	to grieve ／叹息、叹气／ than thở	感嘆(かんたん)、嘆願(たんがん)
	嘆(なげ)かわしい	sad, deplorable ／痛心、可悲／ đáng than thở	
	▶嘆(なげ)き悲(かな)しむ、嘆(なげ)かわしいことだ		
賑	賑(にぎ)わう	to thrive, to be crowded ／热闹、旺盛／ náo nhiệt	
	賑(にぎ)やか(な)	lively, bustling ／热闹、繁华／ náo nhiệt	
	▶賑(にぎ)わっている店(みせ)、賑(にぎ)やかなクラス		
担	担(にな)う	to take on ／挑、担负／ gánh vác	担任(たんにん)、担架(たんか)、分担(ぶんたん)、負担(ふたん)
	担(かつ)ぐ	肩(かた)の上(うえ)に物(もの)を乗(の)せて持(も)つ。	
	▶役割(やくわり)を担(にな)う、荷物(にもつ)を担(かつ)ぐ		
粘	粘(ねば)る	① sticky, ② hold out ／①粘、发粘 ②不放弃、坚持／① dính, ② kiên trì	粘土(ねんど)
	▶粘(ねば)り気(け)がある、粘(ねば)って交渉(こうしょう)する		
練	練(ね)る	to refine, to polish ／搅拌、推敲／ hoạch định	練習(れんしゅう)、未練(みれん)、訓練(くんれん)
	▶計画(けいかく)を練(ね)る		
逃	逃(のが)れる	to escape ／跑掉／ trốn chạy	逃亡(とうぼう)、逃避(とうひ)
	逃(に)げる	to run away ／逃跑、逃走／ tránh, thoát khỏi	
	逃(のが)す	to let get away ／失掉、错过／ bỏ lỡ	
	逃(に)がす	to set free ／放跑掉／ thả	
	▶ピンチを逃(のが)れる、チャンスを逃(のが)す、犯人(はんにん)に逃(に)げる、獲(と)った魚(さかな)を逃(に)がす		
臨	臨(のぞ)む	それを目(め)の前(まえ)にする、それに直面(ちょくめん)する。	臨場感(りんじょうかん)、臨終(りんじゅう)、臨時(りんじ)
	▶海(うみ)に臨(のぞ)むホテル、試験(しけん)に臨(のぞ)む		
図	図(はか)る	実現(じつげん)するように計画(けいかく)したり努力(どりょく)したりする。	図形(ずけい)、図鑑(ずかん)、構図(こうず)、図書(としょ)、意図(いと)
	▶売上(うりあげ)の拡大(かくだい)を図(はか)る		
励	励(はげ)ます	元気(げんき)や勇気(ゆうき)を出(だ)すように力(ちから)づける。	励行(れいこう)、激励(げきれい)、奨励(しょうれい)
	励(はげ)む	やる気(き)を持(も)って物事(ものごと)をする、頑張(がんば)る。	
	▶先生(せんせい)に励(はげ)まされる、ピアノの練習(れんしゅう)に励(はげ)む		
化	化(ば)ける	to be transformed ／化成、变成／ biến thành	化学(かがく)、変化(へんか)、悪化(あっか)、化石(かせき)、強化(きょうか)、化粧(けしょう)
	▶教科書代(きょうかしょだい)がゲーム代(だい)に化(ば)ける		
弾	弾(たま)	bullet ／子弹／ viên đạn	弾力(だんりょく)、爆弾(ばくだん)
	弾(はず)む	to become lively ／愉快／ nảy	
	弾(ひ)く	to play (an instrument) ／弹／ chơi, đánh (đàn)	
	▶鉄砲(てっぽう)の弾(たま)が当(あ)たる、心(こころ)が弾(はず)む、ギターを弾(ひ)く		

EXERCISE 4

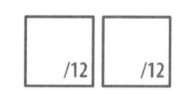

下線部の読み方として最もよいものを1～4から一つ選びましょう。

⇒答えは p.164

1 喫茶店で朝からコーヒー1杯で4時間も粘っていた。
 1　ねばって 2　はいって 3　すわって 4　はいって

2 練りに練ったアイデアだったが、部長に却下された。
 1　よりによった 2　ねりにねった 3　とりにとった 4　こりにこった

3 「大丈夫」と3回唱えてから、壇上に上がった。
 1　かぞえて 2　ほえて 3　たえて 4　となえて

4 皆さんの励ましがあったからこそ、ここまで来ることができました。
 1　なやまし 2　へこまし 3　はげまし 4　きしまし

5 親にもらった学費が彼女とのデート代に化けてしまった。
 1　とけて 2　ばけて 3　しりぞけて 4　かけて

6 胸を弾ませながら、入学式に出席した。
 1　しずませ 2　すずませ 3　ゆがませ 4　はずませ

7 担当者は事態の収拾を図ろうとしたが、状況はさらにひどくなった
 1　とろう 2　はかろう 3　あずかろう 4　たすかろう

8 いつもは静かな神社の境内も、祭りの夜は多くの人で賑わっていた。
 1　にぎわって 2　あじわって 3　そなわって 4　くわわって

9 災害に襲われて家も田畑も失って、老人は嘆き悲しんだ。
 1　なげき 2　なき 3　うごき 4　ひき

10 この町の将来を担うのは、ここにいる子供たちです。
 1　うらなう 2　そこなう 3　うしなう 4　になう

11 どんなに反省しても罪を逃れることはできない。
 1　たれる 2　のがれる 3　ふれる 4　こわれる

12 十分な準備をして、試験に臨むことができた。
 1　いどむ 2　はげむ 3　のぞむ 4　へこむ

① 漢字の訓読みに注意したい言葉

果	果たす(はたす)	物事を最後までやり終える。	果実(かじつ)、成果(せいか)、結果(けっか)、果物(くだもの)
	果てる(はてる)	続いていた物事が終わりになる。	
	果て(はて)	終わること、物事の終わり。	
	▶約束を果たす、果てることのない戦い、地の果て		
阻	阻む(はばむ)	to prevent／阻止／ngăn trở	阻止(そし)、阻害(そがい)
	▶悪天候が行く手を阻む		
腫	腫れる(はれる)	to become swollen／肿／sưng	腫瘍(しゅよう)
	腫らす(はらす)	to swell／肿胀／sưng	
	▶足首が腫れている、眼を腫らすほど泣く		
控	控える(ひかえる)	①自分が出る時に備えてすぐ近くの場所で待つ。②やめておく。③なるべく抑える。④（ある時・場所を）目の前にしている。	控除(こうじょ)、控訴(こうそ)
	▶控えの選手、外出を控える、甘い物を控える、結婚式を明日に控える		
率	率いる(ひきいる)	to lead／率领／dẫn đầu	率先(そっせん)、軽率(けいそつ)、統率(とうそつ)、比率(ひりつ)、確率(かくりつ)
	▶15人の学生を率いる		
浸	浸す(ひたす)	物を液体の中につける。	浸水(しんすい)、浸透(しんとう)
	浸る(ひたる)	①水などの中に入る。②ある心の状態に入る。	
	浸かる(つかる)	物が液体の中に入る。	
	▶しょうゆに浸す、思い出に浸る、車が水に浸かる		
膨	膨れる(ふくれる)	to bulge／涨／phồng	膨張(ぼうちょう)、膨大(な)(ぼうだい)
	膨らむ(ふくらむ)	to become inflated／膨胀／phồng	
	▶腹が膨れる、パンが膨らむ		
経	経る(へる)	月日が過ぎる、時間がたつ。	経験(けいけん)、経営(けいえい)、経済(けいざい)、経緯(けいい)、経過(けいか)、神経(しんけい)、経典(きょうてん)
	▶長い年月を経る		
満	満たす(みたす)	to satisfy／填满／làm đầy	満足(まんぞく)、満月(まんげつ)、満員(まんいん)、充満(じゅうまん)、不満(ふまん)、円満(な)(えんまん)
	満ちる(みちる)	to become full／满／đầy	
	▶腹を満たす、潮が満ちる		
導	導く(みちびく)	to lead to／导致、引导／dẫn đến	導入(どうにゅう)、指導(しどう)、主導(しゅどう)、誘導(ゆうどう)
	▶成功に導く		
設	設ける(もうける)	ある目的のために用意する、つくる。	設置(せっち)、設定(せってい)、設立(せつりつ)、設備(せつび)、建設(けんせつ)、施設(しせつ)、仮設(かせつ)
	▶基準を設ける		
用	用いる(もちいる)	使う、役立てる。	用意(ようい)、用事(ようじ)、用心(ようじん)、用法(ようほう)、作用(さよう)、使用(しよう)、専用(せんよう)、共用(きょうよう)、私用(しよう)、採用(さいよう)、雇用(こよう)、無用(むよう)
	▶薬を用いる		

EXERCISE 5

下線部の読み方として最もよいものを1～4から一つ選びましょう。

⇒答えは p.164

1. 彼らの技術と情熱が計画を成功に導いたと言える。
   1　たなびいた　　2　ひびいた　　3　むくいた　　4　みちびいた

2. 悪天候が救助隊の活動を阻んでいた。
   1　くんで　　2　たのんで　　3　はばんで　　4　しのんで

3. 何年もの時を経ても、その家は今も大切に住まわれていた。
   1　みちて　　2　へて　　3　かつて　　4　すぎて

4. 医者に大好きな酒を控えるように言われた。
   1　たくわえる　　2　ひかえる　　3　あつらえる　　4　たたえる

5. プロジェクトの成功を祝おうと、部長が一席設けてくれることになった。
   1　たすけて　　2　もうけて　　3　つけて　　4　かけて

6. 彼はたった100名の兵を率いて1万の大軍に勝利し、英雄となった。
   1　もちいて　　2　そむいて　　3　たたいて　　4　ひきいて

7. 歯を抜いたので頬が腫れている。
   1　はれて　　2　とれて　　3　ふくれて　　4　たれて

8. 昔の人は月の満ち欠けを見て、農作業の時期を判断していそうだ。
   1　まちかけ　　2　もちかけ　　3　みちかけ　　4　おちかけ

9. 山の水に足を浸してみて、あまりの冷たさに驚いた。
   1　もどして　　2　ひたして　　3　たして　　4　みたして

10. 茂った野菜の葉が日陰を作って温度を下げる役割を果たすのです。
    1　みたす　　2　はたす　　3　かたす　　4　わたす

11. この状態は、記号を用いて次のように表すことができる。
    1　もちいて　　2　ひきいて　　3　したいて　　4　むくいて

12. その子はまだ小さかったので、自分で風船を膨らませることができなかった。
    1　はらませる　　2　あからませる　　3　たくらませる　　4　ふくらませる

① 漢字の訓読みに注意したい言葉

病	病 やまい	病気。	病む や	病気になる。	▶病的、病歴、看病、 臆病、仮病、疾病
	▶心を病んでしまう人が増えている。				
和	和む なご	気持ちが穏やかになり、落ち着く。			▶和解、和食、和室、和風、平和、温和(な)、調和、和尚
	和やか なご	人々の気持ちが溶け合って穏やかな様子。			
	和らぐ やわ	激しさが消えて穏やかな感じになる、緊張がゆるんだり痛みが弱まったりする。			
	和らげる やわ	穏やかになるようにする。			
	▶心が和む、和やかな雰囲気、痛みが和らぐ				
委	委ねる ゆだ	to entrust ／交付、委托／giao phó			▶委託、委員、委任
	▶判断を委ねる				
結	結ぶ むす	① to tie ② to create a relationship ③ to link two places ／①系 ②缔结 ③连接／① buộc, ② tạo ra mối quan hệ, ③ nối hai địa điểm			▶結成、結合、結局、団結、完結
	結う ゆ				
	▶ひもを結ぶ、条約を結ぶ、東京とモスクワを結ぶ、髪を結う				
装	装う よそお	①人が見て、そう見えるようにする。②きれいな服をきちんと着て姿を整える。			▶装飾、装置、装備、服装、内装、衣装
	▶知人を装って電話する、無関心を装う、スーツで装う				
沸	沸く わ	to get excited ／开、沸腾／sôi, hứng khởi	沸かす わ	to boil ／烧开／đun	▶沸騰
	▶観客が沸く、湯を沸かす				
患	患う わずら	病気になる。			▶患者、患部、疾患
	▶難病を患う				
仰	仰ぐ あお	上を向く、上の方を見る。			▶仰天、仰々しい、信仰
	▶空を仰ぐ				
明	明かり あ	light ／月光、光／ánh sáng	明るい あか	bright ／明亮／sáng	▶明快(な)、明瞭(な)、照明、判明、証明、明朝
	明ける あ	ある時間・期間が過ぎて次の状態になる。			
	明くる あ	夜・月・年が明けて、次の期間に入る。			
	明かす あ	夜を明かして次の朝を迎える。			
	明らか あき	(な) clear, obvious ／明显、分明／rõ ràng			
要	要 かなめ	最も大切な部分。	要る い	必要になる。	▶要因、要求、主要、需要、所要時間、要する
	▶チームの要、時間が要る				
承	承る うけたまわ	①*謹んで受ける。②謹んで聞く。*謹んで：敬意を持って			▶承知、承諾、継承、了承
	▶用件を承る				
敬	敬う うやま	尊敬する。			▶敬称、敬遠、敬意、失敬(な)、尊敬
	▶目上を敬う				

PART ❶ 基礎編

PART ❷ 対策編

対策準備

実戦練習

PART ❸ 模擬試験

71

EXERCISE 6

下線部の読み方として最もよいものを1～4から一つ選びましょう。

⇒答えはp.164

1 相撲取りは現代でも「ちょんまげ」という独特の髪の結い方をする。
 1 もちいかた 2 ゆいかた 3 かこいかた 4 おいかた

2 薬を飲んだので、痛みが和らいできた。
 1 ゆらいで 2 うすらいで 3 やすらいで 4 やわらいで

3 内心とても心配だったが、平静を装った。
 1 こもった 2 つくった 3 よそおった 4 ちかった

4 電車の振動に身を委ねているうちに寝てしまっていた。
 1 ゆだねて 2 たばねて 3 かさねて 4 まねて

5 一流選手のプレーに観客は大いに沸いた。
 1 わいた 2 ひいた 3 わめいた 4 ふいた

6 祖父は大きな病気を患うことなく、100歳ちょうどでこの世を去った。
 1 みまう 2 そこなう 3 わずらう 4 かなう

7 最後の挑戦に失敗した選手は思わず天を仰いだ。
 1 あえいだ 2 あおいだ 3 そよいだ 4 かいだ

8 友達は「これを話すのはあなただけ」と言って、秘密を明かしてくれた。
 1 あかして 2 まかして 3 めかして 4 とかして

9 一度の失敗をいつまでも気に病むことはない。
 1 こむ 2 もむ 3 やむ 4 とむ

10 お電話、わたくし、鈴木が承りました。
 1 わかりました 2 きわまりました
 3 かかわりました 4 うけたまわりました

11 兄は先生のことを人生の師として敬っていた。
 1 のたまわって 2 ふるまって 3 うやまって 4 あつかって

12 電気自動車はガソリンが要らないので、空気を汚すことがない。
 1 のらない 2 そらない 3 とらない 4 いらない

第1章 対策準備

UNIT 2 いろいろな意味を持つ言葉

> **例題**
>
> 次の文の（　　）に入れるのに最もよいものを、1・2・3・4から一つ選びなさい。
>
> 彼の強引なやり方は、周囲の反感を（　　　）。
> 　1　あげた　　　　2　もらった　　　　3　売った　　　　4　買った
>
> **♪ POINT**
>
> よく使われる言葉ほど、一緒に使われる言葉に応じて、さまざまな意味を持ちます。基本的なものを整理しておきましょう。この場合の「買う」は「よくない結果を招く」などの意味です。
>
> 正解：4

1 動詞

上がる		
	①高い方へ動く	2階に上がる、エレベーターで上がる
	②高い所に移る	（海から）陸に上がる、（人の）家に上がる
	③上に進む	小学校に上がる
	④程度が高くなる	気温が上がる、評価が上がる
	⑤良くなる	腕が上がる（＝上達する）、調子が上がる
	⑥いい結果が出る	成果が上がる、実績が上がる
	⑦現れる、起こる	証拠が上がる、反対の声が上がる
	⑧完成する	原稿が上がる
	⑨終わる	雨が上がる、仕事が上がる
	⑩「食べる・飲む」の尊敬語	どうぞお上がりください。
	⑪「行く・尋ねる」の謙譲語	お話を伺いに上がります。

当たる		
	①ぶつかる	壁に当たる
	②狙ったとおりの所に行く	5回投げてやっと当たった。
	③想像したとおりの結果になる	予想が当たる
	④運よく、いい結果を得る	くじに当たる、楽な仕事にあたる
	⑤適当ではない、それに相当しない	その非難はあたらない。／驚くにはあたらない。
	⑥企画が好評を得る	この商品は見事に当たった。
	⑦光や雨、風がおよぶ	日に当たって温まる、風に当たる
	⑧怒りや不満を関係のない人に向ける	親に叱られて弟に当たる
	⑨取り組む、役割を担う	任務に当たる、診察に当たった医師

73

	⑩体に害のある物を食べてお腹をこわす	何か食べ物に**当たった**ようだ。
	⑪該当する、対応する	遠い親戚に**あたる**人
	⑫調べたり聞いたりする対象にする	いろいろな資料に**あたって**調べる
	⑬そのときを迎えて	会の始めに**あたり**、ご挨拶申し上げます
改める あらた	①今までと違ったものにする	態度を**改める**、方針を**改める**
	②別の機会にする	日を**改めて**参ります。／では、また**改めます**。
	③確かめる、調べる	切符を**改めさせて**いただきます。
打つ う	①強く叩く	ボールを**打つ**
	②勢いよくぶつける	壁に頭を**打った**。
	③キーを叩く、文字を入力する	文字を**打つ**、メールを**打つ**、電報を**打つ**
	④しっかりと中に入れる	注射を**打つ**、釘を**打つ**
	⑤強い感動を与える	彼女の話に胸を**打たれた**。
	⑥手段を行う	何か手を**打たない**といけない。
	⑦音を立てる	時計が2時を**打った**。
写る うつ	①写真に姿・形が現れる	端に立つと写真に**写らない**よ。
	②別の紙に字が再現される	下の紙に字（の跡）が**写る**
映る うつ	①鏡やガラスなどに姿・形が見える	鏡に**映った**自分の姿
	②スクリーンに映像などが現れる	テレビがきれいに**映る**
	③印象を与える	ほかの人の目にどう**映っている**か
	④似合う	赤いスカーフがよく**映っている**
移る うつ	①場所などが変わる	席を**移る**、2階に**移る**、新しいチームに**移る**
	②伝わる	服に匂いが**移る**
	③伝染する	風邪が**うつる**

② いろいろな意味を持つ言葉

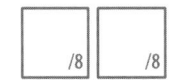

EXERCISE 1

次の文の（　）に入れるのに最もよいものを、1・2・3・4から一つ選びなさい。

⇒答えはp.164

① このフランス語に（　）いい日本語がない。
　　1　当たる　　　2　移る　　　3　打たれる　　　4　改められる

② 日を（　）、またご挨拶に伺います。
　　1　当たって　　2　打って　　3　改めて　　　4　移して

③ 最近仕事がうまくいかず、ついつい友達に（　）しまった。
　　1　当たって　　2　打って　　3　移って　　　4　写って

④ 彼女の勇気ある行動と情熱に胸を（　）。
　　1　上げられた　2　当てられた　3　打たれた　　4　写された

⑤ 湖に（　）美しい山の姿に、思わずシャッターを切った。
　　1　上がった　　2　改めた　　　3　打たれた　　4　映った

⑥ 新しい政権に（　）しばらくの間、国内には混乱が続いた。
　　1　上がって　　2　当たって　　3　打たれて　　4　移って

⑦ 落ち着いたらご挨拶に（　）つもりです。
　　1　打つ　　　　2　上がる　　　3　当たる　　　4　移る

⑧ ゴールが決まると、スタンドから大歓声が（　）。
　　1　飛んだ　　　2　鳴った　　　3　上がった　　4　打たれた

送る（おくる）	①物や情報などを送る	荷物を送る、メールを送る、信号を送る
	②役割を与えて人を行かせる	専門家を送る
	③見送る、人を届ける	空港まで送る、タクシーで送る
	④過ごす	ここで生涯を送る
	⑤送りがなを付ける	「恐ろしい」は「ろ」から送る
押す（おす）	①動かそうと力を加える	ドアを押す、車を押す、ボタンを押す
	②相手より優勢である	押しているが、同点のままだ。
	③強引に押し進める	無理を押して来てくれた。
	④時間が予定を過ぎている	だいぶ時間が押している。
推す（おす）	推薦する	彼を代表に推す
落ちる（おちる）	①重みで下に落ちる	葉っぱが落ちる
	②日が沈む	日が落ちる
	③付いていたものが取れる	汚れが落ちる、色が落ちる
	④程度や価値、技術のレベルなどが下がる	売上/スピードが落ちる、味が落ちる、腕が落ちる
	⑤そこにあるべきものがない状態になる	リストから名前が落ちる、情報が落ちる
	⑥不合格になる	試験に落ちる
折れる（おれる）	①物に力が加わって切れる	木の枝が折れる、足の骨が折れる
	②平たい物が鋭く曲がる	紙の端が折れる
	③曲がって進む	この道を左に折れると駅がある。
	④相手の意見を受け入れる	最後には相手が折れて、話がまとまった。
掛かる（かかる）※多くはひらがな書き	①上の部分を固定して高い所に置く	壁にかかっている絵、カーテンがかかっている
	②ほかのものの上に乗る・重なる	水/ほこりがかかる、山に雲がかかる、ミルクのかかったイチゴ
	③一面を覆う	霧がかかる
	④ものに捕えられる	網にかかる、わなにかかる、相手の足がかかる、暗示にかかる
	⑤作用が及ぶ	声/誘いがかかる、電話がかかる、圧力/期待がかかる
	⑥（機械などが）ONになる、機能し始める	エンジンがかかる、ラジオがかかる、音楽がかかる、鍵がかかる
	⑦影響が及ぶ	迷惑がかかる、疑いがかかる
	⑧（時間・費用・手間）が必要とされる	1週間かかる、1万円かかる、税金がかかる、手がかかる
	⑨対象の範囲とする	保険がかかっている
	⑩事をし始める	仕事にかかる、準備にかかる

	⑪ 処置を任せる	医者にかかる
	⑫ ～しそうになる、ちょうど～する	死にかかる、通りがかる
懸かる ※普通はひらがな書き	① 重要なことが関係する	優勝がかかった試合、名誉がかかる
	② うかぶ	虹がかかる
係る ※普通はひらがな書き	修飾する	前の語にかかる
(罹る) ※漢字は使われない	病気がうつる	インフルエンザにかかる

EXERCISE 2

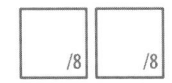

次の文の（　　）に入れるのに最もよいものを、1・2・3・4から一つ選びなさい。

⇒答えは p.164

1　引退後は、自然の中でゆっくりと日々を（　　）。
　　1　送りたい　　　2　押したい　　　3　折れたい　　　4　かかりたい

2　彼らには、優勝候補として大きな期待が（　　）いる。
　　1　送られて　　　2　押されて　　　3　落ちて　　　4　かかって

3　彼女の熱意にとうとう（　　）、親は留学を許すことにした。
　　1　送られて　　　2　任されて　　　3　折れて　　　4　かかって

4　週が明けたら仕事に（　　）つもりだ。
　　1　送る　　　2　落ちる　　　3　折れる　　　4　かかる

5　時間が（　　）いますので、簡単に一言ずつお願いします。
　　1　送って　　　2　押して　　　3　落ちて　　　4　縮んで

6　その喫茶店に入ると、懐かしい曲が（　　）いた。
　　1　送られて　　　2　押されて　　　3　折れて　　　4　かかって

7　事故現場に調査団が（　　）ことになった。
　　1　送られる　　　2　押される　　　3　推される　　　4　かかる

8　店長が代わってから味が少し（　　）ように思う。
　　1　送られた　　　2　押された　　　3　落ちた　　　4　折れた

傾く (かたむく)	①物が斜めになる	看板がちょっと右に**傾いて**いる。
	②太陽が沈む	日が**傾いて**きた。
	③調子・状態が悪くなる	経営が**傾く**
	④気持ちがその方に寄る	賛成に**傾く**、心が彼女に**傾く**
枯れる (かれる)	①植物が死ぬ	葉が**枯れる**、花が**枯れる**
	②水分がなくなる	のどが**枯れて**声が出ない。
	③なくなる	アイデアが**枯れる**
	④元気や活力がない	引退して、父はすっかり**枯れた**感じになってしまった。
	⑤長い経験を経て、人や技術に深みが出る	**枯れた**演技
利く (きく)	機能を十分果たす	この犬は特に鼻が**利く**。／年のせいか、無理が**利か**なくなった。
効く (きく)	効果がある	この薬はよく**効く**。
切れる (きれる)	①別々になる	糸が**切れる**
	②なくなる	薬が**切れる**、在庫が**切れる**
	③関係が終わりになる	彼とはもう関係が**切れた**。
	④続いていたものが途中で終わる	電話が**切れる**、人の流れが**切れる**
	⑤時間や期間が有効でなくなる	パスポートが**切れる**、時間**切れ**の引き分け
	⑥突然、感情を爆発させる	**切れ**やすいタイプ ※「キレる」と書くことが多い。
	⑦鋭い	頭が**切れる**
	⑧(振り落すなどして)水分がなくなる	水が**切れる**
	⑨範囲からそれる、外れる	ボールが少し右に**切れる**
腐る (くさる)	①食べ物などがいたむ	牛乳が**腐る**
	②木や金属がぼろぼろになる	屋根の一部が**腐って**いる。
	③素直な心が失われ、ダメになる	彼は性格が**腐って**いる。
	④思いどおりにいかず、やる気を失う	こんなことで**腐ら**ないで。さあ、元気出して。
崩す (くずす)	①まとまった形のものをこわし、元の形をなくす	山を**崩す**
	②整った形や状態を乱す	姿勢を**崩す**、表情を**崩す**
	③安定した状態を乱し、悪くする	調子を**崩す**
	④字の形を簡単にする	字を**崩して**書く
	⑤お金を細かくする	一万円札を**崩して**ください。
応える (こたえる)	①働きかけへの反応	期待に**応えられる**よう頑張ります。
	②問いかけへの返事	呼びかけに笑顔で**応える**
	③刺激を強く感じる	寒さが**こたえる**

② いろいろな意味を持つ言葉

こたえる (堪える)	①耐える	こたえられない痛み
	②〈否定形で〉抵抗できない、この上なく素晴らしい	こたえられないおいしさ
沈む	①深いほうへ行く	船が沈む
	②太陽が下へ移動し見えなくなる	日が沈む
	③元気がなくなる	悲しみに沈む、沈んだ気持ち

EXERCISE 3

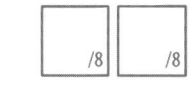

次の文の（　）に入れるのに最もよいものを、1・2・3・4から一つ選びなさい。

⇒答えはp.164

1　このテレビは古い型なので、修理が（　　）と言われた。
　　1　傾かない　　2　利かない　　3　応えられない　　4　切れない

2　ファンの声援に笑顔で（　　）姿が好感を呼んでいる。
　　1　傾く　　2　応える　　3　崩す　　4　利く

3　年をとって夏の暑さが（　　）ようになった。
　　1　利く　　2　こたえる　　3　枯れる　　4　切れる

4　天候の変化に体調を（　　）人が増えている。
　　1　枯らす　　2　切らす　　3　崩す　　4　腐らせる

5　大声で応援したので声が（　　）しまった。
　　1　傾いて　　2　枯れて　　3　切れて　　4　腐って

6　今、話題の場所だけあって、人の流れが（　　）。
　　1　枯れない　　2　切れない　　3　沈まない　　4　崩れない

7　まだ迷っているが、賛成のほうに少し（　　）つつある。
　　1　傾き　　2　切れ　　3　崩れ　　4　応え

8　もう少しでシャンプーが（　　）。買いに行かないと。
　　1　沈む　　2　枯れる　　3　切れる　　4　腐る

出す(だ)	①中から外へ移す	犬を小屋から出す
	②ある目的のために人をどこかに行かせる	弟を使いに出す
	③出発させる	船を出す
	④物を送る	手紙を出す、荷物を出す
	⑤作品などを送る	作品を出す、展示会に出す
	⑥代金を払う、提供する	飲み物代は私が出す、交通費を出す、資金を出す
	⑦持っているものを外に出す、発揮する	力を出す、元気を出す、魅力を出す
	⑧発表する、公表する	本を出す、名前を出す
	⑨新たに展開する	支店を出す、広告を出す
	⑩声や表情に表す	声を出す、感情を出す
	⑪成果や結果を示す	結果を出す、答えを出す
	⑫伝える、告知する	命令を出す、指示を出す
	⑬〜はじめる	話し出す、笑い出す
通じる(つう)	①あるところまで届く	道が通じる
	②通信ができる	電話が通じる
	③理解される	言葉が通じる、意味が通じる
	④よく知っている	法律に通じている、世界情勢に通じておく
	⑤つながりがある	業界に通じている、内部の人間と通じている
	⑥〜の間ずっと	一年を通じて変わらない
	⑦〜を経由して	先生を通じて依頼する
付く(つ) ※ひらがなで書く場合も多い。	①ある物とある物が離れない状態になる	インクが付く、ほこりが付く
	②跡が残る	傷が付く
	③主なものにさらに別のものが加わる	おまけが付く、条件が付く
	④能力が得られる	身に付く
	⑤新しい要素が加わる	まだ味が付いていない、勢いが付く
	⑥離れずそばにいる	看護師が付く、ガイドが付く
	⑦後に続く	先生について行く
	⑧立場をとる	賛成の側に付く
	⑨感覚に捉えられる	気が付いたこと、目に付く広告
	⑩名前や値段が与えられる	名前が付く、値段が付く
点く(つ) ※普通はひらがな。	①電気がONになる	電気がつく、明かりがつく、テレビがつく
	②火が起こる	火がつく
つく	結論が出る	勝負がつく、決心がつく、話がつく

② いろいろな意味を持つ言葉

詰める		
	①入れ物に物をいっぱい入れる	弁当を**詰める**
	②穴やすき間に物を入れる	虫歯を**詰める**
	③空いている部分を縮める	席を**詰める**（**詰めて**座る）
	④長さを短くする	スカートの丈を**詰める**
	⑤使うお金を少なくする	経費を**詰める**
	⑥十分に検討して内容を固める	内容を**詰める**、話を**詰める**
	⑦ずっとそこにいて備える	会社に**詰める**
	⑧ずっと続ける	通い**詰める**
	⑨逃げ道がない状態にする	追い**詰める**
	⑩一面に置く	小石を敷き**詰める**

EXERCISE 4

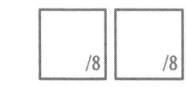

/8　　/8

次の文の（　　）に入れるのに最もよいものを、1・2・3・4から一つ選びなさい。

⇒答えは p.164

1. 日本に来たばかりのころは、言葉が（　　）ので困った。
   1　付かない　　2　詰めない　　3　出せない　　4　通じない

2. 何度か手紙を（　　）けど、彼女からの返事はない。
   1　付けた　　2　詰めた　　3　出した　　4　通じた

3. 家族と話し合って、やっと決心が（　　）。
   1　ついた　　2　詰められた　　3　出せた　　4　通じた

4. 予算があまりないので、経費を（　　）よう上司に言われた。
   1　付ける　　2　詰める　　3　出す　　4　通じる

5. 発表の前にもう少し話を（　　）必要がある。
   1　付く　　2　詰める　　3　出す　　4　通じる

6. 誰が指示を（　　）のか、指揮系統をはっきりしてほしい。
   1　付ける　　2　詰める　　3　出す　　4　通じる

7. 初めて行くところだけど、ガイドが（　　）なら安心だ。
   1　付く　　2　出す　　3　詰める　　4　通じる

8. 努力だけでなく、結果を（　　）ようにと、部長に言われた。
   1　付く　　2　出す　　3　詰める　　4　通じる

出る	①中から外へ移動する	庭へ出る、街へ出る
	②新たな場に身を置く	旅に出る、都会に出る、社会に出る、修業に出る
	③卒業する	大学を出て就職する
	④ある場所に行き着く	この道を真っ直ぐ行くと大通りに出る
	⑤そこを離れる、そこを出発する	家を出る、電車が出る
	⑥隠れていた物が表に現われる	月が出る、涙が出る、本音が出る
	⑦ある場所・状況に臨む	授業に出る、会議に出る、電話に出る
	⑧具体的な行動を起こす	選挙に出る、人前に出る
	⑨広く人に知られるようになる	昨日のことが新聞に出ている、本が出る
	⑩発生する	虫が出る、スリが出る、被害が出る
	⑪資源がある	石油が出る、温泉が出る
	⑫新しい意見や考えが現れる	意見が出る、異論が出る
	⑬結果が得られる	答えが出る、結論が出る、成果が出る
	⑭与えられる	許可が出る
	⑮意欲が起きる	元気が出る、やる気が出る
	⑯病気の症状が現れる	熱が出る、咳が出る
	⑰ある態度をとる	強い態度に出る
	⑱提供される	デザートが出る、賞金が出る
	⑲売れる	この商品はよく出る
飛ばす	①飛ぶようにする	風船を飛ばす
	②スピードを出す	車を飛ばして病院へ急いだ
	③途中を抜かす	飛ばして読む
	④中心から離れた所に転勤させる	支店に飛ばされる
伸びる	①成長して長くなる	背が伸びる、ひげが伸びる
	②長さが長くなる	３メートルまで伸びるはしご
	③まっすぐになる	アイロンをかけるとしわが伸びる
	④薄く広がる	よく伸びるクリーム
	⑤程度が高くなる、発展する	売り上げが伸びる、輸出が伸びる、記録が伸びる
	⑥弾力がなくなる	ゴムが伸びる
延びる	①時間の長さが長くなる	寿命が延びる
	②予定より時間が長くなる	会議が延びる
	③時期が先になる	期限が延びる

② いろいろな意味を持つ言葉

乗る	①何かの上に上がる	いすに**乗って**棚の本を取る
	②何かの上に置かれる	お皿に**乗った**ケーキ
	③乗り物の上に乗る、乗り物を使う	バイクに**乗る**、船に**乗る**
	④調子や動きに合う	音楽に**乗る**、波に**乗る**
	⑤風や波に運ばれる	風に**乗って**運ばれる、電波に**乗る**
	⑥相手になる、相手の話に応じる	相談に**乗る**、誘いに**乗る**、儲け話に**乗る**
	⑦調子がいい、気分がいい	気分が**乗る**、調子に**乗る**
	⑧十分につく	脂の**乗った**魚、化粧の**乗り**がいい
載る	掲載される、本などに書かれる	新聞に**載る**、リストに名前が**載る**

EXERCISE 5

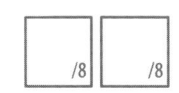

次の文の（　）に入れるのに最もよいものを、1・2・3・4から一つ選びなさい。

⇒答えは p.164

1 資料が配られたが、時間がなかったので（　）読んだ。
 1　出て　　2　飛ばして　　3　伸ばして　　4　乗って

2 ここのところ、かなり頑張って勉強したので、成績が（　）。
 1　出た　　2　飛ばした　　3　伸びた　　4　乗った

3 風に（　）どこからともなく花の香りが流れてきた。
 1　出て　　2　飛んで　　3　伸びて　　4　乗って

4 まさか、彼があんな強い態度に（　）とは思わなかった。
 1　出る　　2　飛ぶ　　3　伸びる　　4　乗る

5 趣味で撮った富士山の写真を新聞に（　）もらったことがある。
 1　出させて　　2　飛ばして　　3　伸ばして　　4　載せて

6 甘い誘いに（　）自分がばかだった。
 1　出た　　2　飛んだ　　3　伸びた　　4　乗った

7 10日に帰る予定だったが、1日（　）11日になった。
 1　出て　　2　飛んで　　3　延びて　　4　乗って

8 酒に酔っていたせいか、ついつい本音が（　）しまった。
 1　出て　　2　飛んで　　3　伸びて　　4　乗って

入る（はい）	①外から中に移る	部屋に入る
	②その中に収められる	かばんの中に10個入る
	③一部として含まれる	ワサビが入っている、模様が入る
	④ある状態が生じる	用事が入る、ひびが入る
	⑤組織の一員になる	大学に入る、グループに入る
	⑥制度に加わる	保険に入る
	⑦自分のところに来る、得る	給料が入る、情報が入る、商品が入る
	⑧感覚でとらえる	視界に入る、耳に入る
	⑨理解する	頭に入る
	⑩気持ちが高まる	力が入る、気合が入る
	⑪ある時期になる	梅雨に入る、旅行シーズンに入る
引く（ひ）	①手を使って自分の方に寄せる	ドアを手前に引く
	②手を取って連れて行く	子供の手を引く
	③自分についてくるように動かす	馬を引いて歩く
	④物を自分の方に寄せる、動かす	いすを引く、あごを引く
	⑤選んで取る	くじを引く
	⑥体に引き寄せる	風邪を引く
	⑦人の注意・感心を寄せる	目を引く広告、関心を引く
	⑧数をマイナスする	9から5を引く、1000円引く、2割引く
	⑨言葉を探して調べる	辞書を引く
	⑩線を書く	線を引く
	⑪ルートを作って通るようにする	路線を引く、水を引いてくる、ガスを引く
	⑫一面に広げて延ばす	フライパンに油を引く
	⑬張り広げる	カーテンを引く
	⑭なくなる、消える	薬で熱が引いた。
退く（しりぞ）	①後ろの方に体を動かす	一歩後ろに退く
	②職や地位を辞める	経営から身を退く
回る（まわ）	①円を描くように動く、回転する	風車が回る
	②ある物の周りを円を描くように動く	太陽の周りを回る
	③順に訪ねる、あちこちに行く	挨拶に回る、観光地を回る
	④ある時刻を過ぎる	5時を回ったところだ。
	⑤及ぶ、順に移る	連絡が回る、仕事/チャンスが回って来る、当番/負担が回って来る
	⑥全体に行き渡る	社会にお金が回る、薬/酔いが回る
	⑦まっすぐ行けない場所に移る	玄関に回る
	⑧（「～まわる」の形で）あちこち～する	走り回る、探し回る

② いろいろな意味を持つ言葉

持つ		
	①手に取る	傘を**持つ**
	②身につける	財布を**持つ**、鍵を**持つ**
	③所有する、自分のものにする、ある立場になる	家を**持つ**、家庭を**持つ**、部下を**持つ**
	④担当する	仕事を**持つ**、役割を**持つ**
	⑤性質や能力がある	才能を**持つ**、技術を**持つ**、資格を**持つ**、実績を**持つ**、欠点を**持つ**
	⑥引き受ける、負担する	費用を**持つ**、責任を**持つ**
	⑦心に抱く	不満を**持つ**、希望を**持つ**、意見を**持つ**
	⑧機会を設ける、ある状態になる	話し合いを**持つ**、交流を**持つ**、関係を**持つ**、課題を**持つ**
	⑨その状態を保ち続ける	（食べ物が）1週間は**持つ**、（機械などが）10年**持つ**

EXERCISE 6

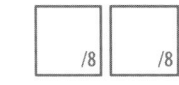

次の文の（　　）に入れるのに最もよいものを、1・2・3・4から一つ選びなさい。

⇒答えは p.164

① ぶつけたところを氷で冷やしたら、少し腫れが（　　）。
1　入った　　　2　ひいた　　　3　回った　　　4　持った

② 社長は今日は一日中、新年の挨拶に（　　）いる。
1　入って　　　2　引いて　　　3　回って　　　4　持って

③ 名刺交換のあと、さっそく交渉に（　　）。
1　入った　　　2　引いた　　　3　回った　　　4　持った

④ このエアコンは、しっかり手入れをすれば、10年は（　　）と言われた。
1　入る　　　　2　引く　　　　3　回る　　　　4　持つ

⑤ 車でお越しの方は、駐車場から正面玄関に（　　）お入りください。
1　入って　　　2　引いて　　　3　回って　　　4　持って

⑥ あの子はうそ泣きをして、周囲の同情を（　　）。
1　入った　　　2　引いた　　　3　回った　　　4　持った

⑦ ここの支払いは私が（　　）。
1　入ります　　2　引きます　　3　回ります　　4　持ちます

⑧ お金が（　　）ら、おいしいものを食べに行こう。
1　入った　　　2　引いた　　　3　回った　　　4　持った

焼く	①火をつけて燃やす	ごみを焼く
	②火を当てて中まで熱を通す	魚を焼く
	③火で熱を加えてものを作る	クッキーを焼く、お皿を焼く
	④日光に当たって肌の色を黒くする	体を焼く
	⑤あれこれ気を使う	世話を焼く、手を焼く
妬く	嫉妬する	仲のいい二人を見てヤキモチを妬く
呼ぶ	①声をかける	名前を呼ぶ、大声で呼ぶ
	②（自分のところに）人を来させる	医者を呼ぶ、タクシーを呼ぶ、助けを呼ぶ
	③人を招く	夕食に呼ぶ
	④名前をつける、呼び方を示す	クロと呼ぶ、「愛ちゃん」と呼ぶ
	⑤世間が言う・評価する	天才と呼ばれた人、名作と呼ばれるもの
	⑥ある状態を引き起こす	混乱を呼ぶ、関心を呼ぶ、人気を呼ぶ
読む	①書かれているものを見て理解する	本を読む
	②書かれているものを声に出して言う	読んで聞かせる
	③文字を発音する	この字は何と読むんですか。
	④隠れているものを推測したり予測したりする	相手の心を読む、先を読む、時代を読む、行間を読む
詠む	詩や歌の作品を作る、声に出して読む	俳句を詠む
割る	①力を加えて二つ以上に分ける	卵を割る、氷を割る
	②いくつかの部分に分ける	人数で割る、全体を3つに割る
	③不注意などで物を壊してしまう	皿を割る、コップを割る
	④割り算する	8割る2は4
	⑤押し分ける	列に割り込む
	⑥ほかのものを混ぜて薄くする	ウィスキーを水で割る
	⑦ある基準より低くなる	1万円を割る、定員を割る
	⑧隠さず示す	腹を割って話す

EXERCISE 7

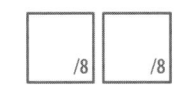

次の文の（　）に入れるのに最もよいものを、1・2・3・4から一つ選びなさい。

⇒答えは p.164

① 大臣の二転三転する発言は、さらなる混乱を（　　）。
　　1　焼いた　　　　2　呼んだ　　　　3　読んだ　　　　4　割った

② 議論に熱くなった二人はけんかになったが、田中さんが（　　）入った。
　　1　焼いて　　　　2　妬いて　　　　3　呼んで　　　　4　割って

③ 彼の自分勝手な行動にはみんな手を（　　）いる。
　　1　焼いて　　　　2　呼んで　　　　3　読んで　　　　4　割って

④ ちょうどその頃から、名作と（　　）小説に親しむようになった。
　　1　焼かれる　　　2　呼ばれる　　　3　読まれる　　　4　割られる

⑤ これは私が初めて（　　）皿です。
　　1　焼いた　　　　2　妬いた　　　　3　呼んだ　　　　4　編んだ

⑥ このままだと応募者が募集人数を（　　）おそれがある。
　　1　焼く　　　　　2　呼ぶ　　　　　3　読む　　　　　4　割る

⑦ 第1回目の投票で何票ぐらいの支持を得られるか、全く（　　）。
　　1　焼けない　　　2　呼べない　　　3　読めない　　　4　割れない

⑧ 腹を（　　）話せば、理解してもらえるはずだ。
　　1　焼いて　　　　2　呼んで　　　　3　読んで　　　　4　割って

② 形容詞(けいようし)

明るい(あかるい)	①光が十分で物がよく見える	明るい部屋
	②希望が持てる	明るい未来
	③(気持ちや雰囲気が)晴れた天気のような感じ	明るい性格、明るい職場
	④よく知っている、詳しい	地理に明るい人と旅行する
薄い(うすい)	①厚みがない	薄いセーター、薄い紙
	②色や味が弱い	薄いコーヒー
	③濃度や密度が低い	最近髪が薄くなってきた。
	④程度が弱い	印象の薄い人
	⑤可能性が低い	可能性は薄い
固い(かたい)	①簡単に動かせない	戸が固くて開かない。
	②気持ちが変わらない	固い決心をして日本に来た。
堅い(かたい)	①簡単に揺れ動いたり、崩れたりしない	堅い人間、堅い職業、守りは堅い
	②確実	勝利は堅い、60点以上は堅い
硬い(かたい)	①変形しにくい	硬い素材、硬くなったパン
	②緊張している	硬い表情
暗い(くらい)	①光が少なくて物がよく見えない	暗い部屋
	②(気持ちや雰囲気が)沈んだような感じ	暗い性格、暗い表情
	③希望が持てない	見通しが暗い
	④よく知らない	この辺の地理に暗い、事情に暗い
黒い(くろい)	①墨の色	黒いくつ
	②褐色の肌	日に焼けてだいぶ黒くなった。
	③汚れている	袖口が黒くなっている。
	④悪い、よくない	彼には黒い噂が絶えない。
強い(つよい)	①力や技術がほかよりすぐれている	強いチーム、力が強い
	②気持ちがしっかりしている	気が強い、強い意志
	③マイナスの条件や外部からの力に負けない	寒さに強い、熱に強い、酒に強い、不況に強い
	④程度が高い、増す	強く押す、強く書く、強い風、強いお酒、強い関心、傾向が強い、訛りが強い
	⑤固い、ゆるくない	強く締める
	⑥厳しい	強く言う、強く否定する、強い調子で
	⑦働き・効果が大きい	匂いが強い、影響が強い
丸い(まるい)	①円の形をしている	丸い顔、丸い月、目を丸くする(=驚く)
	②球の形をしている	地球は丸い

	③輪になる	丸くなって話す
	④尖っていない、四角くない	先が丸くなっている、角が丸くなっている
	⑤（まっすぐでなく）丸い感じになる	背中が丸くなっている、丸くなって寝る
	⑥穏やかである	年をとって人間が丸くなる
若い	①年齢がまだ少ない、10代や20代	若い女性、若い頃
	②まだまだこれから成長や発展をする	若い木、若い会社
	③年齢を感じさせない、元気で若々しい	気持ちが若い
	④経験が少なく未熟	若い議員
	⑤ほかの人と比べて年齢が下	私より三つ若い
	⑥番号や数が小さい	番号の若い順に並べる

EXERCISE 8

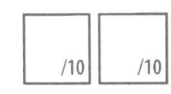

次の文の（　　）に入れるのに最もよいものを、1・2・3・4から一つ選びなさい。

⇒答えは p.164

1　彼、どうしたんだろう。（　　）表情をしていた。
　　1　薄い　　　　2　暗い　　　　3　細い　　　　4　弱い

2　説得を試みたが、彼女の決意は（　　）、止めることができなかった。
　　1　熱く　　　　2　固く　　　　3　強く　　　　4　激しく

3　80歳なのにパソコン教室に通い始めるなんて、（　　）ですね。
　　1　明るい　　　2　暗い　　　　3　強い　　　　4　若い

4　社長は昔は本当に怖かったけど、年をとったせいか、だいぶ（　　）なった。
　　1　薄く　　　　2　細く　　　　3　固く　　　　4　丸く

5　この素材は、軽くて熱に（　　）という特徴がある。
　　1　強い　　　　2　細い　　　　3　丸い　　　　4　若い

6　彼はこの辺の地理に（　　）。
　　1　明るい　　　2　薄い　　　　3　細い　　　　4　丸い

7　あの議員には（　　）噂が絶えない。
　　1　硬い　　　　2　軽い　　　　3　黒い　　　　4　暗い

8　名刺交換はしたけど、印象が（　　）て、その人のことはよく覚えていない。
　　1　明るく　　　2　暗く　　　　3　薄く　　　　4　濃く

9　量は少なかったけど、（　　）お酒だったから、すぐに酔ってしまった。
　　1　硬い　　　　2　強い　　　　3　激しい　　　4　厳しい

10　親は、私に（　　）職業に就いてほしいみたいです。
　　1　偉い　　　　2　賢い　　　　3　堅い　　　　4　強い

3 名詞

足、脚	①足の全体	脚（足）が細い
	②足首より下の部分	足を踏まれる
	③足の裏	足を拭いてから家に入る
	④机やいすなどを支える部分	テーブルの脚
	⑤歩くこと	足を速める、足で回って注文をとる
	⑥行くこと、来ること	客の足が止まる、練習に足が向かない
	⑦行動の範囲	ちょっと足を伸ばしてみよう
	⑧交通手段	地下鉄が市民の足となっている。
	⑨腐るまでの期間	豆腐は足が早いから気をつけて。
頭	①首から上の部分	頭を下げる
	②髪の毛のある部分	頭を壁にぶつける
	③髪の毛	頭を洗う、頭が白くなる
	④脳（の働き）	頭がいい、頭に入れる、頭を使う、頭が固い
	⑤一番最初	頭から読み直す、7月の頭に発表する
	⑥一番上の部分	鼻の頭、ペンの頭の部分
穴	①むこうに突き抜ける穴	針の穴、ボタンの穴、靴下の穴、壁の穴
	②掘ってできた穴、深く凹んでできた穴	巣穴、ほら穴、落とし穴、道にできた穴
	③空気を通す穴、物を通す穴	鼻の穴、鍵穴
	④不足が生じる	予定に穴が空く、彼が抜けた穴をみんなで埋める
	⑤欠点	相手チームにも穴がある
	⑥人が注目していない良い場所	穴場のデート場所
内	①内部、外でなく中のほう	胸の内を語る、4つのうち1つが正解、箱の内側
	②その期間・時間の中	今のうちに掃除しておこう。
	③同じものに含まれる	これも仕事のうちに入る。
家	①自分の家族、家庭	家にはメガネをかけた人はいません。
	②自分の家	家はそんなに広くないです。
	③家	立派なお家ですね。
うち	①自分の会社・職場	うち（の会社）もあまり残業をしなくなりました。
	②自分の仲間	うちの学校、うちのチーム

EXERCISE 9

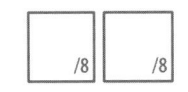

次の文の（　）に入れるのに最もよいものを、1・2・3・4から一つ選びなさい。

1. さあ、もう一度（　　）から練習してみよう。
   1 足　　　2 頭　　　3 穴　　　4 内

2. 今回の事故は景気回復のムードに（　　）を落としかねない。
   1 足　　　2 穴　　　3 影　　　4 気

3. 10年ぶりに先生に会ったら、（　　）がすっかり白くなっていた。
   1 脚　　　2 頭　　　3 顔　　　4 影

4. 彼女は（　　）が強いから、上司とぶつかることもあるだろう。
   1 影　　　2 柄　　　3 気　　　4 気力

5. 最後に彼女が言ったことが、どうも（　　）にかかる。
   1 頭　　　2 気　　　3 内　　　4 穴

6. （　　）の社員は、私を含め、危機感がちょっと足りないのかもしれない。
   1 うち　　2 自ら　　3 自分　　4 手前

7. 紹介してくれた先生の（　　）を立てる意味でも、その人に会わなければならない。
   1 顔　　　3 頭　　　3 人柄　　4 気分

8. 右腕の（　　）が赤く腫れている。
   1 内側　　2 中側　　3 内面　　4 中面

顔 かお	①（目・鼻・口などの）顔	顔を洗う
	②見た目	きれいな顔
	③表情	険しい顔をする、困った顔をする
	④メンバー	全員の顔がそろう
	⑤世間に与える印象	上司の顔をつぶさないようにする
	⑥力を持つ	彼はこの世界では顔役だ。
	⑦代表する	彼女は市の顔としてPR活動をしている。
影 かげ	①（光の当たらない部分にできる黒い）影	自分の影に驚く
	②存在感	彼は本当に影が薄いね。
陰 かげ	①日の当たらない場所	陰を歩く、木陰で休む
	②ものの後ろ	恥ずかしがって親の陰に隠れる
	③表に出ない	組織を陰で操る
	④暗い部分	彼女にはどこか陰がある。
	⑤恩恵（「おかげ」の形で）	先生のおかげで合格できました。
	⑥要因（「おかげ」の形で）	彼のおかげで助かった。／彼のおかげで大変なことになった。
柄 がら	①模様	上品な柄、花柄、柄の入ったシャツ
	②体の大きさ	大柄な人、小柄な人
	③人の性質や性格	彼は人柄がいい。／こんな高級な店は柄に合わない。
	④地域の性質	柄の悪い地区、教育熱心な土地柄
気 き	①息	気が詰まる緊張感だ
	②意識	気を失う
	③性質・性格	気のいいおじいさん、気が強い、気が弱い
	④意欲、活力	やる気が出る、元気
	⑤気持ち	本気、気分、気軽に、気味が悪い、その気になる、気が変わる
	⑥意志、精神力	気力、気迫
	⑦注意、集中力	気をつける、気が張る、気が散る
	⑧配慮	気を遣う、気を配る、気が利く
	⑨心配	気になる、気にする、気にかかる
	⑩神経	気に障る、気が休まる
	⑪興味・関心	気を引く、人気
	⑫その場の状態	熱気、活気、雰囲気、気配
	⑬空気	天気、気候、大気、気圧、蒸気、気流
	⑭媒体	電気、磁気

② いろいろな意味を持つ言葉

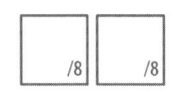

EXERCISE 10

次の文の（　）に入れるのに最もよいものを、1・2・3・4から一つ選びなさい。

⇒答えは p.164

1　スーツにネクタイなんて、彼の（　　）じゃない。
　　1　口　　　　2　内　　　　3　気　　　　4　柄

2　現地まで（　　）がなく困っていたら、車で迎えに来てくれた。
　　1　足　　　　2　穴　　　　3　柄　　　　4　気

3　（　　）ながら応援していますので、頑張ってください。
　　1　内　　　　2　陰　　　　3　下手　　　　4　地味

4　社長の機嫌がいい（　　）に話すのがいい。
　　1　うち　　　　2　かげ　　　　3　気　　　　4　中

5　チームの中心だった彼が抜けた（　　）は大きかった。
　　1　頭　　　　2　穴　　　　3　跡　　　　4　影

6　人気も実力も申し分なく、彼はもう、チームの（　　）と言っていいだろう。
　　1　顔　　　　2　頭　　　　3　柄　　　　4　陰

7　増税とか子供の教育費とか、出費は増えるばかりで、（　　）が痛い。
　　1　頭　　　　2　足　　　　3　柄　　　　4　気

8　ああいう（　　）の悪い連中とは付き合わないほうがいい。
　　1　影　　　　2　柄　　　　3　気　　　　4　気配

口（くち）	①人の口	口を大きく開ける
	②出入りするところ	改札口
	③容器の出し入れするところ	かばんの口
	④（仕事を得て）落ち着くところ	仕事の口、働き口
	⑤味覚	口に合わない
	⑥具体的に言葉にして言うこと、話すこと	口がうまい、口が悪い、口にする、口数が少ない
先（さき）	①細長い物の端	鉛筆の先がとがっている。
	②一番前	客は先を争って店内に入った。
	③方向、前方の場所	この先を左に曲がってください。
	④対象	送り先、行った先、問い合わせ先、相手先
	⑤今後、将来	先のことを考えると気が重くなる。
	⑥以前	先にお知らせした通りで、変更なしです。
	⑦順番が前	お先にどうぞ。
消化（する）（しょうか）	①体内で吸収する	消化のいい食べ物
	②知識を理解する	今日の講義は難しくて消化しきれない。
	③仕事を完了する	彼はどんどん仕事を消化していった
尻（しり）	①体の（お）尻	ズボンの尻の部分が破れた。
	②最後	尻から数えたほうが早い。
	③容器の底	鍋の尻を拭いてから火にかける
筋（すじ）	①筋肉、筋肉と骨をつなぐ部分	足の筋を痛める
	②植物などの細く硬い部分（繊維）	これ、筋が硬くて食べにくい。
	③細い線	一筋の光
	④血のつながり	侍の血筋
	⑤素質	この子は筋がいいから、すぐ上手になりますよ。
	⑥物事の正しいやり方・考え方	彼の意見には筋が通っている。／関係者に筋を通す
	⑦物語や話の流れ	話の筋はこうです。
	⑧それに関係するところ・方面	これは、その筋から聞いた話だ。

② いろいろな意味を持つ言葉

EXERCISE 11

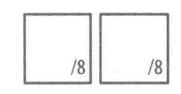

次の文の（　）に入れるのに最もよいものを、1・2・3・4から一つ選びなさい。

⇒答えは p.164

1 15分くらい聞いて、ようやく話の（　　）が見えてきた。
　　1　口　　　　　2　先　　　　　3　筋　　　　　4　種

2 プリンターの調子が悪く、何本か変な（　　）が入る。
　　1　先　　　　　2　セット　　　3　筋　　　　　4　種

3 思ったより手間のかかる仕事で、まだ半分も（　　）していない。
　　1　消化　　　　2　消火　　　　3　消費　　　　4　消防

4 そのことで彼を責めるのは（　　）が違うと思う。
　　1　先　　　　　2　種　　　　　3　筋　　　　　4　線

5 この（　　）をしばらく行くと、駅に出ます。
　　1　口　　　　　2　先　　　　　3　尻　　　　　4　線

6 お（　　）の時間が決まっているので、ゆっくりはできない。
　　1　口　　　　　2　先　　　　　3　筋　　　　　4　尻

7 かばんの（　　）が開いていたことに全然気づかなかった。
　　1　口　　　　　2　尻　　　　　3　先　　　　　4　線

8 彼は（　　）ではそう言っているけど、本心は違うと思う。
　　1　口　　　　　2　目　　　　　3　内　　　　　4　影

スタイル	①姿、体型	あの人は**スタイル**がいい。
	②服装	どんな**スタイル**にも合う靴
	③様式	全員で決めるのが、うちの会社の**スタイル**です。
	④文章の形式・特徴	報告書の**スタイル**／文章の**スタイル**を真似る
セット	①ひとそろい	ランチ**セット**のメニュー。
	②整えておく	テーブルの上にナイフとフォークを**セット**する
	③機械が動くよう準備をする	めざまし時計を6時に**セット**する
	④舞台などの装置	これはドラマの撮影用の**セット**です。
	⑤髪型を整える	出かける前に髪を**セット**する
線	①細いあと	ノートに**線**を引く
	②交通機関のルート	何**線**で行くのが早いですか。／国内**線**
	③物事を進める方法や手順	この**線**で進めましょう。
	④レベル	彼の企画はいい**線**行っていると思う。
	⑤印象	彼は**線**が細い
外	①囲まれていない部分	**外**にちょっとはみ出ている。
	②表面	感情を**外**に出す
	③建物や車などから出たところ	**外**は暑い。
	④家や職場と違うところ、今いる部屋から出たところ	昼は**外**で食べよう。
	⑤関係ないところ、人	**外**の意見は無視すればいい。
種	①植物の種	畑に**種**をまく
	②原因、元になるもの	とにかく、息子が心配の**種**です。
	③話の材料	話の**種**になる
	④料理の材料	すしの**種** ※ネタともいい、ネタのほうがよく使われる。
	⑤手品の仕掛け	**種**明かしをしよう
時	①時間	**時**がたつのは早い。
	②時代	**時**とともに考え方も変わる。
	③時期	若い**時**はいろいろなことにチャレンジするべきだ。
	④今、その時	それは**時**の政府が決めたことだった。
	⑤チャンス	**時**が来るのを待つしかない。
	⑥場合	困った**時**はいつでも相談してください。

② いろいろな意味を持つ言葉

EXERCISE 12

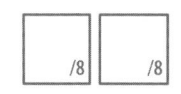

次の文の（　　）に入れるのに最もよいものを、1・2・3・4から一つ選びなさい。

⇒答えは p.164

1 テーブルといすを（　　）で買うと、少し割引になる。
　　1　種（たね）　　　2　線（せん）　　　3　セット　　　4　スタイル

2 ここではちょっとまずいので、（　　）で話しましょう。
　　1　先（さき）　　　2　外（そと）　　　3　尻（しり）　　　4　筋（すじ）

3 話の（　　）に、駅ビルに新しくできた雑貨店をのぞいてみた。
　　1　口（くち）　　　2　筋（すじ）　　　3　線（せん）　　　4　種（たね）

4 （　　）が変われば、人の意識も変わるだろう。
　　1　先（さき）　　　2　時（とき）　　　3　筋（すじ）　　　4　セット

5 先週話し合った（　　）でこの計画を進めてください。
　　1　口（くち）　　　2　筋（すじ）　　　3　スタイル　　　4　線（せん）

6 同じ作家でも、作品によって文章の（　　）が違う。
　　1　口（くち）　　　2　筋（すじ）　　　3　スタイル　　　4　線（せん）

7 このドラマの主人公としては、彼は（　　）が細すぎる。
　　1　口（くち）　　　2　尻（しり）　　　3　筋（すじ）　　　4　線（せん）

8 置き場所がないのが悩みの（　　）です。
　　1　種（たね）　　　2　線（せん）　　　3　先（さき）　　　4　口（くち）

中 なか	①囲まれたところの内側、内部	店の中に入る
	②外側に対して内側	部屋の中は28度だ。
	③二つのものの間	パンを切って中にハムをはさむ
	④外から見えない奥のほう	山の中に家がある。
	⑤ある範囲のうち	応募者の中から抽選する
	⑥ある状態が続いているとき	雨の中を歩く
一口 ひとくち	①一度に口に入れてしまう	一口で食べる
	②軽く食べたり飲んだりする	一口いかがですか。
	③短く話す	一口では言えない。※「一言」とも言う。
	④寄付などの単位	一口3万円から受け付ける
前 まえ	①普通の状態で顔が向く方向	ちゃんと前を向いて歩きなさい。
	②続いているものの中で初めの部分	前から3番目の席、前の方の席
	③建物などの正面、表の方、その手前	郵便局の前の店、改札の前で会う
	④誰かのいるところ	子供の前では話せない。
	⑤順序が先	前の月、前のページ、前の会議、前の市長
	⑥過去、昔	前から知っている、前に話したこと
	⑦ある事柄より先、ある時点より前	発表の前、開店前、私が生まれる前、30分前
	⑧そこのすぐそば	駅前の銀行、公園前のバス停
	⑨人数に応じる分量	5人前のすし
道 みち	①道路、人や車が通るところ	広い道、山道
	②行き方	道を尋ねる
	③距離	道が遠い
	④人として守るべき行動のルール	道を誤る
	⑤方法	助かる道はないそうだ。
	⑥進路	それぞれの道で活躍する、プロへの道
山 やま	①山	山に登る
	②たくさん積み重なったもの	机の上は書類の山だ。
	③多いこと、多いもの	仕事が山のようにある。／宿題の山
	④最も大変な部分、最も重要な部分	仕事が山を越える／助かるかどうかは今日、明日が山だそうだ。
	⑤運よく当たることを期待した予想	テストの山が当たる

EXERCISE 13

次の文の（　）に入れるのに最もよいものを、1・2・3・4から一つ選びなさい。

⇒答えは p.164

1 そのことは本の（　）で繰り返し述べられていた。
　　1　間（あいだ）　　2　内（うち）　　3　中（なか）　　4　面（めん）

2 500人以上の（　）から、たった一人しか選ばれないそうだ。
　　1　前（まえ）　　2　間（あいだ）　　3　中（なか）　　4　上（うえ）

3 この病気にかかったら、助かる（　）はないそうだ。
　　1　山（やま）　　2　道（みち）　　3　島（しま）　　4　船（ふね）

4 この寄付は（　）1000円からの受け付けになる。
　　1　一口（ひとくち）　　2　一息（ひといき）　　3　一筋（ひとすじ）　　4　一組（ひとくみ）

5 卒業してそれぞれ別の（　）に進みますが、ここで学んだ日々は決して忘れません。
　　1　口（くち）　　2　先（さき）　　3　場（ば）　　4　道（みち）

6 本日は雨の（　）をお越しくださいまして、誠にありがとうございます。
　　1　内（うち）　　2　中（なか）　　3　時（とき）　　4　道（みち）

7 彼女とは（　）にどこかで会ったことがある。
　　1　先（さき）　　2　時（とき）　　3　前（まえ）　　4　昔（むかし）

8 仕事は今週が（　）で、これを過ぎたら、だいぶ楽になる。
　　1　穴（あな）　　2　頭（あたま）　　3　山（やま）　　4　谷（たに）

9 彼の部屋はいつもゴミの（　）だ。
　　1　海（うみ）　　2　山（やま）　　3　城（しろ）　　4　玉（たま）

10 この電車の一番（　）は、女性専用車両になっている。
　　1　頭（あたま）　　2　先（さき）　　3　上（うえ）　　4　前（まえ）

第1章 対策準備

UNIT 3 形が似ている言葉

例題

次の文の（　　）に入れるのに最もよいものを、1・2・3・4から一つ選びましょう。

親が子を思う心は、いつの（　　）も変わらない。

1　時間　　　　2　時期　　　　3　時点　　　　4　時代

POINT

同じ漢字を含む言葉の場合、意味が似ているものも多いです。比較しながら整理しておきましょう。

正解：4

意	**意思**表示をする	何かをしようとする考えや思い。	**意志**を固める	これをしよう、これはしないと積極的に持つ気持ち。
	意向を尊重する	intention／意向、意愿／ý muốn	異性を**意識**する	awareness／意识到、注意到／để ý
	作者の**意図**	intentions／意图／ý đồ	**意地**になる	obstinate／固执／tâm địa
	好意を持つ	相手を好きだと思う気持ち。	**厚意**に感謝する	相手のために思う気持ち。
	故意にぶつかる	intention／故意／cố ý	意見に**同意**する	賛成すること。
一	**一目**会いたい。	一度、一回でいいから。	**一見**良さそうだ。	見た感じは、見ただけでは。
	会いたい**一心**で	その気持ちだけ。	**一応**聞いてみる	tentatively／姑且、总之／để cho chắc chắn
	一概に言えない。	as a rule／一概／不能一概而论／nói chung	**一同**納得した。	そこにいる全員。
	一気に駆け上る	勢いよく一度に。	**一挙**に解決する	全部を一度に。
	一面麦畑だ。	その辺りすべて。	**一切**認めない	どれも皆〜ない。
	一律徴収する	すべて同じように。		
引	60歳で**引退**する	retire／引退／về hưu	**索引**を引く	index／索引／chỉ mục
	月の**引力**	attraction／引力／sức hút	**割引**セール	discount／减价／giảm giá
	論文を**引用**する	cite／引用／trích dẫn		
援	学費を**援助**する	困っている人に力を貸すこと。	味方を**応援**する	assist／声援、支持／cổ vũ
	救援に向かう	困難や危険から助けること。	イベントを**後援**する	応援する立場から助けること。
	活動を**支援**する	力を貸して支えること。		
果	**結果**を知らせる	outcome／结果／kết quả	**成果**を上げる	results／成果／thành quả
	効果を得る	effect／效果／hiệu quả	**果実**になる	fruit／果实／quả

EXERCISE 1

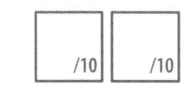

次の文の（　　）に入れるのに最もよいものを、1・2・3・4から一つ選びましょう。

⇒答えは p.164

1. この家は（　　）地震の影響を受けていないようだが、実は全体が傾いている。
   1 一目　　　2 一見　　　3 一心　　　4 一応

2. 毎日少しずつするより、だれかに手伝ってもらって（　　）に片付けたほうがいいよ。
   1 一同　　　2 一律　　　3 一挙　　　4 一心

3. 締め切りを過ぎたレポートの提出は、（　　）認められませんので、注意してください。
   1 一概　　　2 一気　　　3 一面　　　4 一切

4. 被災地に急ぎ（　　）物資を届けなければならない。
   1 後援　　　2 応援　　　3 援助　　　4 援護

5. 長年の研究の（　　）が認められ、企業と組んで商品化することになった。
   1 効果　　　2 結果　　　3 因果　　　4 成果

6. 会社に提案したが、（　　）が十分に理解されなかったようだ。
   1 意地　　　2 意図　　　3 意識　　　4 意志

7. （　　）に倒れたとして、逆に反則をとられた。
   1 同意　　　2 大意　　　3 留意　　　4 故意

8. このたびは推薦状を書いていただきまして、ご（　　）に感謝いたします。
   1 熱意　　　2 厚意　　　3 好意　　　4 真意

9. 何も考えないとうまくできるのに、（　　）すると急にできなくなってしまう。
   1 意向　　　2 意識　　　3 意志　　　4 意地

10. 論文を（　　）した場合は、出典を明示しなければならない。
    1 引率　　　2 索引　　　3 引用　　　4 引責

改	選挙制度を**改革**する せんきょせいど かいかく		駅の**改札** えき かいさつ	
	法律を**改正**する ほうりつ かいせい		車を**改造**する くるま かいぞう	
	本を**改訂**する ほん かいてい		料金を**改定**する りょうきん かいてい	
活	**活動**の範囲を広げる かつどう はんい ひろ	activities／活动／hoạt động	例 夜に**活動**する動物／趣味の**活動** よる かつどう どうぶつ しゅみ かつどう	
	資料を**活用**する しりょう かつよう	utilize／活用／sử dụng, tận dụng	**活発**な男の子 かっぱつ おとこ こ	
	活気のある街 かっき まち	active／活气／sinh động	**活力**を与える かつりょく あた	vitality／活力／sinh khí
	世界で**活躍**する せかい かつやく	efforts／活跃／hoạt động		
感①	技術の高さに**感心**する ぎじゅつ たか かんしん	admire／佩服／cảm phục	プレゼントに**感激**する かんげき	moved deeply／感激／cảm kích
	協力に**感謝**する きょうりょく かんしゃ	thank／感谢／cảm tạ	美しい景色に**感動**する うつく けしき かんどう	moved／感动／xúc động
感②	皮膚の**感覚** ひふ かんかく	feeling／感觉／cảm giác	ウイルスに**感染**する かんせん	infect／感染／truyền nhiễm
	冷たい**感触** つめ かんしょく	touch／感觉／xúc giác		
義	スポーツの**意義** いぎ	meaning／意义／ý nghĩa	例 成功する可能性は低いが、やる**意義**はある。 せいこう かのうせい ひく いぎ	
	幸せの**定義** しあわ ていぎ	definition／定义／định nghĩa	**義務**を果たす ぎむ は	duty／义务／nghĩa vụ
	義理を感じる ぎり かん	obligation／人情、义气／tình nghĩa	例 彼には昔世話になった**義理**がある。 かれ むかしせわ ぎり	
	義理の父／**義父** ぎり ちち ぎふ	in-law／非真正的／bố chồng/vợ		
	正義のために せいぎ	justice／正义／chính nghĩa	例 **正義**感が強い彼は、黙っていられなかった。 せいぎ かん つよ かれ だま	
議	**議題** ぎだい	topic of discussion／议题／chủ đề thảo luận	**議論**(する) ぎろん	to debate／议论／thảo luận
	二国間で**協議**する にこくかん きょうぎ	conference／协议／đàm phán, hội nghị	**抗議**(する) こうぎ	protest, object／抗议／kháng nghị, phản đối
	決議を行う けつぎ おこな	resolution／决议／nghị quyết	例 この計画は5年前に国連で**決議**されたものです。 けいかく ねんまえ こくれん けつぎ	
経	事故の**経緯**を説明する じこ けいい せつめい		**経過**を報告する けいか ほうこく	
	バンコク**経由**ローマ行き けいゆ い		指導者としての**経歴** しどうしゃ けいれき	
	ウイルスが感染した**経路** かんせん けいろ			
決	結婚を**決意**する けっこん けつい	decide to marry／决定结婚／quyết tâm kết hôn	価格を**決定**する かかく けってい	decide on a price／定价格／quyết định giá cả
	決心を変える けっしん か	to change one's determination／改变决心 (改变注意)／thay đổi quyết tâm	問題を**解決**する もんだい かいけつ	resolve a problem／解决问题／giải quyết vấn đề

EXERCISE 2

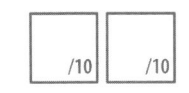

次の文の（　　）に入れるのに最もよいものを、1・2・3・4から一つ選びましょう。

⇒答えは p.165

1. 彼はテレビドラマだけでなく、映画にも（　　）の場を広げている。
    1　活躍　　　　2　義務　　　　3　検索　　　　4　交際

2. 高速道路料金が（　　）されることになり、夏の旅行計画に影響が出そうだ。
    1　改良　　　　2　改定　　　　3　改正　　　　4　改訂

3. まだ小学生なのに、大人のようにきちんとあいさつができるので（　　）した。
    1　感心　　　　2　感動　　　　3　感謝　　　　4　感激

4. あまりの寒さに、指先の（　　）がまったくなくなってしまった。
    1　感触　　　　2　感服　　　　3　感覚　　　　4　感動

5. 彼女は兄の奥さんで、（　　）の姉です。
    1　義務　　　　2　義理　　　　3　偽り　　　　4　にせ

6. 時間が来ましたので、（　　）を行いたいと思います。賛成の方は挙手をお願いします。
    1　議論　　　　2　議題　　　　3　抗議　　　　4　決議

7. 留学を（　　）したのは、兄の強い勧めがあったからです。
    1　解決　　　　2　判断　　　　3　決意　　　　4　覚悟

8. 手術後の（　　）は順調だということで、ほっとした。
    1　経緯　　　　2　経過　　　　3　経歴　　　　4　経路

9. 子どものころから（　　）で、よく男の子に間違えられました。
    1　活動　　　　2　活気　　　　3　活発　　　　4　活力

10. 安い中古マンションを買って、部屋を（　　）して住む人が増えているらしい。
    1　改造　　　　2　改定　　　　3　改革　　　　4　改変

検	血液検査(けつえきけんさ)	test／检查／kiểm tra
	商品を点検(てんけん)する	inspection／检点／kiểm tra
	ネットで検索(けんさく)する	search／检索／tìm kiếm, truy tìm
	可能性を検討(けんとう)する	investigate／探讨／thảo luận
交	A国と交易(こうえき)がある。	互いに物の交換や売り買いをすること。
	交際(こうさい)を断る、交際の範囲(はんい)	international／交际／mối quan hệ
	金額の交渉(こうしょう)をする	negotiation／交涉／đàm phán
	市民の交流(こうりゅう)	(cultural) exchange／交流／giao lưu
構	二部で構成(こうせい)する	composition／构成／cấu tạo
	機構(きこう)改革	organization／机构／cơ quan, tổ chức
	機械の構造(こうぞう)	construction／构造／cấu tạo
	将来の構想(こうそう)	plans／构想／kế hoạch
行	危険な行為(こうい)	activity／行为／hành vi
	一人で行動(こうどう)する	action／行动／hàng động
	計画を実行(じっこう)する	execute／实行／thực hành, thực hiện
	条例を施行(しこう)する	implement／实行、实施／thi hành
講	講義(こうぎ)を聴く	lecture／讲课／bài giảng, giờ học
	科学をテーマに講演(こうえん)する	lecture／演讲／thuyết trình
	講座(こうざ)を開く	course／讲座／bài giảng, giờ học
	大学で聴講(ちょうこう)する	講義を聞くこと。
作	工作(こうさく)用の道具	construction, work／制作／thủ công
	機械を製作(せいさく)する	製品を作ること。
	番組を制作(せいさく)する	作品を作ること。
	書類を作成(さくせい)する	書類やデータなどを作ること。
	高所で作業(さぎょう)する	仕事、仕事をすること。
	全身に作用(さよう)する	act, effect／作用／tác dụng
	発作(ほっさ)が起きる	spasm／发作／cơn (bệnh)
資	資格(しかく)を得る	qualification／资格／bằng cấp, chứng chỉ
	豊富な資源(しげん)	resource／资源／tài nguyên
	資料(しりょう)を作る	materials, document／资料／tài liệu
	資産(しさん)を増やす	assets／资产／tài sản
	資本(しほん)を集める	capital／资本／vốn
示	絵を展示(てんじ)する	exhibit／展览／trưng bày
	裏面に表示(ひょうじ)する	display／表示／biểu thị
	案内を掲示(けいじ)する	note, post／揭示、张贴／thông báo
	的確に指示(しじ)する	indicate／指示／chỉ thị

EXERCISE 3

次の文の（　）に入れるのに最もよいものを、1・2・3・4から一つ選びましょう。

1. 学生たちの企画で学校紹介の動画を（　　）した。
   1　工作　　　2　製作　　　3　制作　　　4　動作

2. 薬の（　　）で眠くなるので、車の運転などはしないようにしてください。
   1　作成　　　2　作業　　　3　作用　　　4　発作

3. 結婚式の式場をどこにするか、条件を見比べて（　　）している。
   1　検査　　　2　点検　　　3　検索　　　4　検討

4. 天然（　　）に恵まれない日本では、自ずと加工技術が発達した。
   1　資源　　　2　資料　　　3　資産　　　4　資本

5. 就職のためには、何か（　　）を取っておいたほうが有利なようだ。
   1　資格　　　2　権利　　　3　能力　　　4　機能

6. この問題をめぐる二国間の（　　）は、ようやく一つの成果を得ることができた。
   1　交易　　　2　交際　　　3　交渉　　　4　交流

7. 前のモニターに番号が（　　）されたら、受付までお越しください。
   1　展示　　　2　掲示　　　3　表示　　　4　指示

8. イタリア語の勉強を始めた妹は、毎朝、ラジオ（　　）を聴いている。
   1　講義　　　2　講演　　　3　講座　　　4　聴講

9. 歴史的建造物があるこの町を世界遺産に登録申請しようという（　　）があるらしい。
   1　構成　　　2　機構　　　3　構造　　　4　構想

10. 音楽を聴きながらや、傘を差しながらの自転車に乗る（　　）は、法律違反になる。
    1　行為　　　2　行動　　　3　実行　　　4　行い

事	事業を起こす	business ／起业、事业／ sự nghiệp, dự án	特記事項	item ／事项／ hạng mục
	事情を説明する	circumstances ／事情的情况／ sự tình	深刻な事態	situation ／事态／ tình trạng
	物事を進める	things ／事物、事情／ sự việc	事件を解決する	incident ／事件／ vụ án
識	他人を意識する	awareness ／意识到／ để ý		
	人の動きを認識する	recognize ／了解、知道／ nhận thức		
	豊かな知識	knowledge ／知识／ tri thức, kiến thức		
	道路標識を確認する	sign, marker ／标志／ biển báo		
	常識がない	common sense ／常识／ thường thức		
質	電気の性質	nature, property ／性质／ tính chất		
	質素な生活	飾ったりぜいたくしたりしない様子。		
	素質がある	あるものになるのに必要な能力や性質		
	物事の本質を知る	true nature ／本质／ bản chất		
	化学物質、物質の変化	material ／物质／ vật chất		
実	過去の実績	achievements, accomplishments ／实际成绩／ thành tích thực tế		
	健康法を実践する	practice ／实践／ thực tiễn		
	セールを実施する	計画など決めたことを実際に行うこと。		
	被害の実態	true state ／实际情况／ trạng thái thực tế		
	真実を確かめる	truth ／真实／ sự thật		
	実物と同じ大きさ	real thing, original ／实物／ hiện vật		
	夢を実現する	realize ／实现／ thực hiện		
修	時計を修理する	repair ／修理／ sửa chữa		
	内容の一部を修正する	correct ／改正／ đính chính		
	全課程を修了する	complete (a course) ／选修完、学完／ kết thúc (khoá học)		
	海外で研修する	train ／研修／ thực tập		
順	手順を示す	process ／程序、顺序／ phương thức		
	順位を確定する	order ／名次／ thứ tự sắp xếp		
	順調な回復	favorable ／顺利／ thuận lợi		
	順番を待つ	in order ／按顺序／ thứ tự, lượt		
	デザインの順序	sequence ／顺序／ trình tự		
助	学費を援助する	困っている人に力を貸すこと。		
	高齢者の介助をする	老人や病人の生活を世話すること。		
	作業を補助する	足りないところを補い助けること。		
	遭難者を救助する	危険な状態から助けること。		

③ 形が似ている言葉

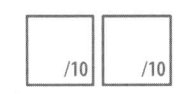

EXERCISE 4

次の文の（　）に入れるのに最もよいものを、1・2・3・4から一つ選びましょう。

⇒答えは p.166

1. 書き間違えた場合は、（　　　）液を使わず、二本線で消して直してください。
   1 修理　　　2 修正　　　3 修復　　　4 修繕

2. ネットショッピングより（　　　）を見て買う方が好きだ。
   1 真実　　　2 実態　　　3 実物　　　4 実質

3. パンを焼きたいと思っているが、作り方の（　　　）がよくわからない。
   1 手順　　　2 順位　　　3 順番　　　4 順調

4. バスは満席で、（　　　）いすも使わなければならなかった。
   1 援助　　　2 介助　　　3 補助　　　4 救助

5. もう小学生なんだから、自分で（　　　）の判断ができるでしょう。
   1 事情　　　2 事態　　　3 物事　　　4 事項

6. 祖父はテレビで見た健康法をすぐに（　　　）したがるので、家は健康器具だらけだ。
   1 実践　　　2 実施　　　3 実現　　　4 実演

7. 家の近くで車に傷をつけられるという（　　　）が続いていて、心配だ。
   1 事故　　　2 事件　　　3 悪事　　　4 惨事

8. 私の（　　　）不足で、女性の参加者がこんなに多いとは思いもしませんでした。
   1 認識　　　2 知識　　　3 標識　　　4 常識

9. 子どものころからテニスの（　　　）があると言われてきた。
   1 素質　　　2 性質　　　3 本質　　　4 実質

10. 大学院での研究の（　　　）を買われて、今の会社に就職できた。
    1 功績　　　2 実績　　　3 業績　　　4 成績

除	対象から**除外**する	関係ないとしてはずすこと。		
	ゴミを**除去**する	じゃまなもの、余計なものとして取り去ること。		
	書き込みを**削除**する	erase ／删除／ xoá bỏ		
	反対意見を**排除**する	不要なもの、認めないものとして取り除くこと。		
	試験を**免除**する	exemption ／免除／ miễn		
情	**情勢**を分析する	analyze ／分析／ phân tích		
	夏の**情緒**を感じる	あるものを感じさせる雰囲気や味わい。		
	情熱を持つ	passion ／热情、激情／ tình cảm nồng nàn		
	家庭の**事情**	situation ／事情／ sự tình		
	被害者の**心情**	sentiment, emotions ／心情／ tâm trạng		
進	式の**進行**	progress ／进行／ tiến hành	**進路**を決める	course, route ／今后的去向／ lộ trình
	科学の**進歩**	progress ／进步／ tiến bộ	高齢化の**進展**	development ／进展／ tiến triển
信	**信仰**の自由	faith, belief ／信仰／ tín ngưỡng		
	信念を持つ	それが正しい考え・行いと固く信じる心。		
	人を**信用**する	trust ／相信／ tin tưởng		
	友を**信頼**する	trust ／信赖／ tin cậy		
	成功を**確信**する	固く信じて疑わないこと。		
成	**成果**を上げる	あることをして得られたよい結果。 results ／成果／ thành quả		
	実験に**成功**する	accomplish ／成功／ thành công		
	目標を**達成**する	achieve ／达成／ thành đạt		
	作品を**完成**する	complete ／完成／ hoàn thành		
	集団を**形成**する	一つのまとまった形になること。		
	写真を**合成**する	compose, composite ／合成／ hợp thành		
正	**正常**な範囲	normalcy ／正常／ chuẩn, bình thường		
	正確に測る	accurate ／正确／ chính xác		
	正式に表明する	正しい方法・手続		
	正規の商品	正式に決められていること。		
	公正に判断する	fair ／公正／ công bằng		
設	橋を**設計**する	design, plan ／设计／ thiết kế		
	販売機を**設置**する	ある目的に役立てるものを適当なところに用意したり作ったりすること。		
	規則を**設ける**	ある目的のために用意したり作ったりすること。		
	設備を整える	equipment ／设备／ thiết bị		
	会社を**設立**する	組織や制度などを新たに作ること。		
	施設を利用する	facility ／设施／ cơ sở (nơi thực hiện các hoạt động)		

EXERCISE 5

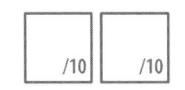

次の文の（　）に入れるのに最もよいものを、1・2・3・4から一つ選びましょう。

⇒答えは p.166

1　行方がわからなくなっていた犯人の立ち寄り先がわかり、捜査は大きく（　　）した。
　　1　進行　　　　2　進歩　　　　3　進路　　　　4　進展

2　研究を始めて20年、この難病に苦しむ人を救う薬の販売にこぎつけ、悲願（　　）だ。
　　1　達成　　　　2　完成　　　　3　形成　　　　4　合成

3　彼女は弱い人の立場に立って考えるという（　　）を持っている。
　　1　信仰　　　　2　信念　　　　3　信用　　　　4　確信

4　この空気清浄機は、空気中の花粉やウイルスをほぼ完全に（　　）する。
　　1　除外　　　　2　除去　　　　3　削除　　　　4　排除

5　神戸は古くから開けた港町として発展し、異国（　　）あふれる町だ。
　　1　情緒　　　　2　情熱　　　　3　情勢　　　　4　事情

6　このメールを見て、我が社の情報を他社に漏らしたのは課長だと（　　）した。
　　1　自信　　　　2　威信　　　　3　誤信　　　　4　確信

7　新しい練習方法を取り入れた（　　）が現れ、試合での選手の動きはまったく違っていた。
　　1　成果　　　　2　果実　　　　3　結果　　　　4　因果

8　省エネのため、エアコンの温度は夏は28度、冬は20度に（　　）することが求められている。
　　1　設計　　　　2　設定　　　　3　設立　　　　4　設置

9　この機関は、経済活動が、私的な利益の独占にならず、（　　）に行われているかどうかを審査する。
　　1　公正　　　　2　公平　　　　3　公的　　　　4　公認

10　区役所に届けを出し、これで二人は（　　）に結婚したことになる。
　　1　正常　　　　2　正確　　　　3　正式　　　　4　正規

想	死後を**想像**する	imagine ／想像／ tưởng tượng		
	宇宙都市を**空想**する	非現実的なことを想像すること。		
	現代**思想**	thought, philosophy ／思想／ tư tưởng		
	幻想的な風景	illusion, phantasm ／幻想／ ảo tưởng		
	理想の家	ideal ／理想／ lí tưởng		
	豊かな**発想**	idea ／设想、想法／ ý tưởng		
	「日本」から**連想**するもの	associate (ideas) ／联想／ liên tưởng		
	勝者を**予想**する	predict ／予想／ dự đoán		
装	レーダーを**装備**する	必要なものを取り付けること。		
	花で**装飾**する	飾りを付けること。		
	安全**装置**	ある目的に合わせて機械などを備えつけること。		
	和服で**盛装**する	dress up ／盛装／ ăn mặc diện		
対	問い合わせに**対応**する	相手に応じた態度・行動をとること。		
	対策を立てる	counter-measure ／对策／ đối sách		
	電話に**応対**する	相手になり、話を聞いたり質問に答えたりすること。		
	問題に**対処**する	ある事柄に対して適当に取り扱うこと。		
	ライバルに**対抗**する	oppose ／对抗／ chống đối		
調①	魚を**調理**する	prepare, cook ／烹调／ nấu ăn	マイクを**調整**する	adjust ／调整／ điều chỉnh
	温度を**調節**する	regulate, adjust ／调节／ điều tiết	市場を**調査**する	investigate ／调查／ điều tra
調②	**好調**なチーム	favorable, promising ／顺当、顺利／ trạng thái tốt	**順調**なスタート	favorable ／顺利／ thuận lợi
	単調な話	dull ／单调／ đơn điệu	体の**不調**	poor condition ／不健康／ trạng thái không tốt
通①	地下**通路**	passage ／通道／ đường đi, lối đi	**通行**料金	toll ／通行／ đi lại
	通信手段	communications ／通信／ truyền thông	**通訳**なしで話す	interpret, interpreter ／翻译／ phiên dịch
	通貨の安定	currency ／通货／ tiền tệ		
通②	世界に**通用**する	circulate, to work ／通用／ thông dụng	**普通**のやり方	regular, normal ／普遍／ bình thường
	金を**融通**する	lend, finance ／融通／ sắp xếp điều kiện	**通常**業務	regular ／通常／ bình thường
	経済に**精通**する	versed in ／精通／ thông thạo		
手	**手軽**な料理	簡単な、手間のかからないこと。		
	手頃な値段	手を出しやすい、ちょうどいいこと。		
	手近なもの	身近にあること。		
	手際がいい	物事の処理のしかた、その技術。		
	手順を確かめる	物事をする順序。		
	車を**手配**する	arrange for ／安排／ bố trí		

EXERCISE 6

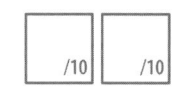

次の文の（　　）に入れるのに最もよいものを、1・2・3・4から一つ選びましょう。

⇒答えは p.167

1. 列車のガタゴトという（　　）なリズムを聴いているうちに、いつしか眠りこんでいた。
   1 好調　　2 順調　　3 単調　　4 不調

2. 苦情係にはまず、相手の話を十分に聞くという（　　）の基本が求められる。
   1 応接　　2 応答　　3 応対　　4 応援

3. 山に登るときは、それなりの（　　）が必要だ。
   1 装備　　2 装飾　　3 装置　　4 盛装

4. アルバイトで（　　）を頼まれたが、とても早口の人だったので大変だった。
   1 翻訳　　2 案内　　3 通訳　　4 ガイド

5. 仕事が忙しすぎて、スケジュールの（　　）が大変だ。
   1 調節　　2 調査　　3 調整　　4 調理

6. 固定概念にとらわれず、柔軟な（　　）をする人が科学を進化させるのだろう。
   1 予想　　2 連想　　3 発想　　4 空想

7. 一面の白い雲の中から古い塔だけが朝日を受けて顔を出し、まるで（　　）の世界にいるようだ。
   1 理想　　2 空想　　3 想像　　4 幻想

8. この少女はいずれ世界に（　　）する歌手になるだろう。
   1 精通　　2 融通　　3 通用　　4 通常

9. カウンター席から見る料理人の動きは、とても素早く、（　　）が良かった。
   1 手ごろ　　2 手軽　　3 手配　　4 手際

10. あの先生は難しい理論も（　　）ものを例にしてわかりやすく説明してくれる。
    1 近所の　　2 手近な　　3 間近い　　4 ほど近い

定	価格を**決定**する かかく けってい	decide ／決定／ quyết định	壁に**固定**する かべ こてい	fix ／固定／ cố định
	勝敗を**判定**する しょうはい はんてい	judge ／判断／ quyết định, đánh giá	座席を**指定**する ざせき してい	specify ／指定／ chỉ định
	現状を**肯定**する げんじょう こうてい	affirm ／肯定／ khẳng định	日時を**確定**する にちじ かくてい	decide upon ／确定／ xác định
	所定の場所 しょてい ばしょ	決められていること。 き		
提	問題を**提起**する もんだい ていき	raise, file ／提出／ đưa ra (vấn đề)		
	土地を**提供**する とち ていきょう	offer, tender ／提供／ cung cấp		
	他社と**提携**する たしゃ ていけい	cooperate, work together ／合作／ hợp tác		
	条件を**提示**する じょうけん ていじ	exhibit, present ／提出、出示／ đưa ra		
	書類を**提出**する しょるい ていしゅつ	submit ／提交／ nộp		
適	法律を**適用**する ほうりつ てきよう	apply ／适用、应用／ áp dụng		
	環境に**適応**する かんきょう てきおう	adopt ／适应／ thích ứng		
	適度に運動する てきど うんどう	ちょうどよい程度。 ていど		
	適当に選ぶ てきとう えら	①ある性質や要求などにちょうどよく合うこと。　②深く考えない、いい加減な様子。 せいしつ ようきゅう あ かげん ようす		
	適切な判断 てきせつ はんだん	その場合によく当てはまっていること。 ばあい あ		
投	学会誌に**投稿**する がっかいし とうこう	contribute, post ／投稿／ đăng bài		
	株に**投資**する かぶ とうし	invest ／投资／ đầu tư		
	新聞に**投書**する しんぶん とうしょ	letter to the editor ／投稿／ đăng bài		
	市長選挙に**投票**する しちょうせんきょ とうひょう	vote ／投票／ bỏ phiếu		
取(り)	危険物を**取り扱う** きけんぶつ と あつか	to handle ／处理／ xử lí		
	事件を**取り上げる** じけん と あ	①話題やテーマにする。②強い立場から相手が持っている物を取る。 わだい つよ たちば あいて も もの と		
	問題に**取り組む** もんだい と く	to tackle ／致力解决／ chuyên tâm		
	交通違反を**取り締まる** こうつういはん と し	to crack down on ／管制／ trừng phạt		
能	**本能**で動く ほんのう うご	instinct ／本能／ bản năng		
	便利な**機能** べんり きのう	function, feature ／机能／ chức năng		
	人工**知能** じんこう ちのう	knowledge ／智能／ trí năng		
	才能がある さいのう	talent ／才能／ tài năng		
	技能を高める ぎのう たか	ability ／机能／ kĩ năng		
	能力を発揮する のうりょく はっき	ability, faculty ／能力／ năng lực		
配	机を**配置**する つくえ はいち	arrange ／摆设、布置／ bố trí		
	資料を**配布**する しりょう はいふ	distribute ／分发／ phân phát		
	食糧を**配給**する しょくりょう はいきゅう	品物などを量を決めてそれぞれに配ること。 しなもの りょう き くば		
	利益を**分配**する りえき ぶんぱい	関係する人に分けて配ること。 かんけい ひと わ くば		
	国を**支配**する くに しはい	rule, control ／统治／ chi phối		

EXERCISE 7

次の文の（　）に入れるのに最もよいものを、1・2・3・4から一つ選びましょう。

⇒答えは p.167

1. 運動場を利用したい人は窓口かインターネットで（　　）の手続きをしてください。
    1　指定　　　　2　所定　　　　3　決定　　　　4　確定

2. 自分自身を（　　）することで、人は生きていける。
    1　同意　　　　2　肯定　　　　3　賛成　　　　4　賛同

3. ハイキングの行き先は会員の（　　）によって、決めることにします。
    1　投稿　　　　2　投資　　　　3　投書　　　　4　投票

4. このような事件が起きる度にマスコミは大きく（　　）が、一週間もすれば、触れもしなくなる。
    1　受け取る　　2　取り上げる　3　取り組む　　4　取り締まる

5. この大会では、金属加工やデザイン、調理、建築などの仕事に関する（　　）を競います。
    1　技能　　　　2　知能　　　　3　本能　　　　4　機能

6. 救急車が来る前に周囲が（　　）な処置をすることで、人の命が救われることがある。
    1　適度　　　　2　適応　　　　3　適用　　　　4　適切

7. 期限を過ぎて（　　）されたレポートは、いかなる理由があっても受け付けない。
    1　提起　　　　2　提供　　　　3　提示　　　　4　提出

8. 適切な人材の（　　）は、会社運営の基本だ。
    1　配置　　　　2　設置　　　　3　安置　　　　4　位置

9. 利益の（　　）といっても、社員よりまず株主が優先される。
    1　配布　　　　2　配給　　　　3　分配　　　　4　支配

10. 図書館が市民に場所を（　　）してくれるおかげで、私たちの音楽サークルは活動を続けられる。
    1　提示　　　　2　提起　　　　3　提供　　　　4　提携

発	火災の**発生** _{かさい　はっせい}	outbreak ／发生／ phát sinh	
	実力を**発揮**する _{じつりょく　はっき}	exhibit, demonstrate ／发挥／ phát huy	
	植物の**発芽**と成長 _{しょくぶつ　はつが　せいちょう}	germination ／发芽／ nảy mầm	
	発作で倒れる _{ほっさ　たお}	spasm, fit ／发作／ cơn (bệnh)	
判	合否を**判定**する _{ごうひ　はんてい}	judge, decide ／判断／ quyết định, đánh giá	
	判決を下す _{はんけつ　くだ}	judgment ／判决／ phán quyết	
	政府を**批判**する _{せいふ　ひはん}	criticize ／批判／ phê phán	
	評判のいい店 _{ひょうばん　みせ}	reputation ／口碑／ có tiếng, bình luận	
不	**不況**に強い商品 _{ふきょう　つよ　しょうひん}	recession, depression ／萧条、不景气／ suy thoái kinh tế	
	天候**不順** _{てんこう　ふじゅん}	順調でないこと。普通と順序やパターンが違うこと。 _{じゅんちょう　　　ふつう　じゅんじょ　　　　　　　　ちが}	
	経営**不振** _{けいえい　ふしん}	勢い・調子が出ない、状態が上がらないこと。 _{いきお　ちょうし　で　　　じょうたい　あ}	
	不審に思う _{ふしん　おも}	疑わしく思うこと。疑わしく思えること。 _{うたが　　　　おも　　　　　うたが　　　　　おも}	
	不調のチーム _{ふちょう}	調子がよくないこと。 _{ちょうし}	
復	**復活**を目指す _{ふっかつ　めざ}	revival ／复活／ phục hưng	
	体力の**回復** _{たいりょく　かいふく}	recovery ／恢复／ phục hồi	
	道路の**復旧** _{どうろ　ふっきゅう}	壊れたり、だめになったりしたものを元の状態にすること。 _{こわ　　　　　　　　　　　　　　　　　　　　もと　じょうたい}	
	災害からの**復興** _{さいがい　ふっこう}	一度衰えたものが再び盛んな状態になること。 _{いちどおとろ　　　　　ふたた　さか　じょうたい}	
物	**物質**の構造、**物質**的な豊かさ _{ぶっしつ　こうぞう　ぶっしつてき　ゆた}	material, substantive ／物质／ vật chất	
	飛行**物体** _{ひこうぶったい}	body ／物体／ vật thể	
	農**産物**、副**産物** _{のうさんぶつ　ふくさんぶつ}	生産されたもの。 _{せいさん}	
	物資の供給 _{ぶっし　きょうきゅう}	人間の生活や活動に必要な品物や資源など。 _{にんげん　せいかつ　かつどう　ひつよう　しなもの　しげん}	
補	台風に備えて窓を**補強**する _{たいふう　そな　まど　ほきょう}	reinforce ／加强／ gia cố	
	食べ物を**補充**する _{た　もの　ほじゅう}	replenish ／补充／ bổ sung	
	講師の**補助**をする _{こうし　ほじょ}	足りないところを補い助けること。 _{た　　　　　　　　　おぎな　たす}	
	説明に**補足**する _{せつめい　ほそく}	supplement ／补充、补足／ bổ sung	
無	時間を**無駄**にする _{じかん　むだ}	waste ／浪费／ lãng phí, vô ích	
	無効のメールアドレス _{むこう}	invalid ／无效／ vô hiệu	
	無理な要求 _{むり　ようきゅう}	impossible ／无理／ vô lí	
	遠慮は**無用**。 _{えんりょ　むよう}	役に立たないこと、いらないこと。 _{やく　た}	

EXERCISE 8

次の文の（　　）に入れるのに最もよいものを、1・2・3・4から一つ選びましょう。

1. 彼女は一度病気で引退を余儀なくされたが、リハビリを経て再び歌手として（　　）を果たした。
   1. 回復　　2. 復旧　　3. 復興　　4. 復活

2. 彼は新しい会社に移って、能力を存分に（　　）する環境を得た。
   1. 提示　　2. 展覧　　3. 露出　　4. 発揮

3. どんな有名店でも、一度のミスで（　　）を落としてしまうことがある。
   1. 評判　　2. 好評　　3. 栄光　　4. 信望

4. このところ体調が優れず、食欲（　　）の状態が続いている。
   1. 不順　　2. 不振　　3. 不調　　4. 不審

5. 近所に住んでいる友達がしょっちゅう（　　）話をしに来て、勉強の邪魔をする。
   1. 無理　　2. 無用　　3. 無益　　4. 無駄

6. わたしたちの住んでいる市には新婚世帯向けに家賃を（　　）する制度がある。
   1. 補強　　2. 補充　　3. 補助　　4. 補足

7. 今では考えられないこのような教育も、時代の（　　）といえるだろう。
   1. 成果　　2. 産物　　3. 結晶　　4. 収穫

8. 交通が遮断されてしまったので、必要な（　　）がなかなか届かない。
   1. 物質　　2. 物体　　3. 物資　　4. 現物

9. 審判の（　　）に不服を言うことはフェアプレーの精神に反する。
   1. 鑑定　　2. 確定　　3. 判定　　4. 査定

10. マラソン大会に出場した彼は、ゴール直後に心臓の（　　）で倒れ、病院に運ばれた。
    1. 攻撃　　2. 激発　　3. 発作　　4. 襲来

優	優位に立つ（ゆうい た）	相手より位置や立場がいい、上であること。	
	優越感を抱く（ゆうえつかん いだ）	ほかよりすぐれていること。	
	大企業を優遇する（だいきぎょう ゆうぐう）	大切に扱うこと、ほかよりもよく扱うこと。	
	優勢を保つ（ゆうせい たも）	勢いや状況が相手よりいいこと。	
	子どもを優先する（こ ゆうせん）	prioritize／优先／ưu tiên	
	優劣をつける（ゆうれつ）	merits, superiority or inferiority／优劣／sự khá hơn và sự kém hơn	
容	感染者を収容する（かんせんしゃ しゅうよう）	accommodate／收容／giam giữ, chứa	
	寛容な態度（かんよう たいど）	tolerant／宽容／khoan dung	
	ミスを許容する（きょよう）	permit, pardon／容许／chấp nhận	
	容量を超える（ようりょう こ）	capacity／容量／dung lượng	
様	様子を見る（ようす み）	appearance／状况／bộ dạng, tình hình	
	大混雑の様相（だいこんざつ ようそう）	物事の様子。	
	仕様を変更する（しよう へんこう）	製品や建物などを作るときに決められる形・大きさ・作り方など。	
	複雑な模様（ふくざつ もよう）	pattern／花纹、图案、情况／hoa văn	
用	法律を運用する（ほうりつ うんよう）	それが持つ機能を生かして用いること。	
	胃に作用する（い さよう）	effect, action／影响／tác dụng	
	生活に応用する（せいかつ おうよう）	apply／利用、应用／ứng dụng	
	パンで代用する（だいよう）	substitute／代替／thay thế	
	私用で使う（しよう つか）	personal use／私用／việc riêng	
	使用の目的（しよう もくてき）	usage／使用／sử dụng	
要	要因を探る（よういん さぐ）	cause, factor／要因／nhân tố	
	商品の三つの要素（しょうひん みっ ようそ）	component, element／要素／yếu tố	
	要点をまとめる（ようてん）	main points／要点／yếu điểm	
	要領が悪い（ようりょう わる）	物事をうまく行う方法や手段。	
利	利益を上げる（りえき あ）	profit／利益／lợi ích	
	利子を付ける（りし つ）	interest／利息／lời lãi	
	早起きの利点（はやお りてん）	advantage／好处／ưu điểm	
	利害関係（りがいかんけい）	interests, stakes／利害／lợi hại	
理	カメラの原理（げんり）	principles, theory／原理／nguyên lí, nguyên tắc	真理を追究する（しんり ついきゅう） truth／真理／chân lí
	数学の定理（すうがく ていり）	theorem／定理／định lí	論理的に考える（ろんり かんが） logic／理论上／logic, có lí
	理論を確立する（りろん かくりつ）	theory／理论／lí luận, lí thuyết	理性を失う（りせい うしな） reason／理性／lí tính
	理屈を言う（りくつ い）	theory, reason／道理／logic, lí do	

EXERCISE 9

次の文の（　　）に入れるのに最もよいものを、1・2・3・4から一つ選びましょう。

⇒答えは p.168

1. 元気な若者が（　　）席に座るもんじゃない。
    1　優位　　　　2　優越　　　　3　優遇　　　　4　優先

2. 資産の（　　）のためと言って、結局は資産をだまし取るといった詐欺が増えている。
    1　運用　　　　2　応用　　　　3　私用　　　　4　使用

3. この商品がヒットしたおかげで、会社は莫大な（　　）を上げた。
    1　利益　　　　2　利子　　　　3　利害　　　　4　利点

4. 彼は人に注意されても、いつも（　　）ばかり言って反省をしない。
    1　理論　　　　2　理屈　　　　3　一理　　　　4　理性

5. どうして雷が起きるのか、その（　　）を知りたい。
    1　原理　　　　2　真理　　　　3　定理　　　　4　論理

6. 生クリームがなければ、牛乳とバターで（　　）できます。
    1　多用　　　　2　作用　　　　3　試用　　　　4　代用

7. 迷子の子供にいろいろ聞いたけど、泣くばかりで（　　）を得なかった。
    1　要因　　　　2　要素　　　　3　要点　　　　4　要領

8. 子供たちの歌や絵に（　　）をつけることには反対だ。
    1　高低　　　　2　愛憎　　　　3　利害　　　　4　優劣

9. いかに温厚な田中先生でも、彼のあの態度は（　　）の範囲を超えていたのだろう。
    1　収容　　　　2　寛容　　　　3　許容　　　　4　容赦

10. 天気は午後から崩れ、夕方には雨が降る（　　）だ。
    1　様子　　　　2　様相　　　　3　仕様　　　　4　模様

第1章 対策準備

UNIT 4 意味が似ている言葉

> **例題**
>
> 次の文の（　　）に入れるのにのに最もよいものを、1・2・3・4から一つ選びましょう。
>
> 熱があるので、（　　）運動はしないでください。
>
> 1　すごい　　　　2　強い　　　　3　激しい　　　　4　厳しい
>
> **POINT**
>
> 意味が似ている言葉は語彙の問題によく出ますので、基本的なものを覚えておきましょう。
>
> 正解：3

曖昧な態度	vague, ambiguous／曖昧／mập mờ	大いに楽しむ	大変、非常に、十分だと思うまで。
あやふやな気持ち	態度や発言などがはっきりしない様子。	大層迷惑をかけた	大変、ひどく。
ぼんやりとした記憶	物の形や色がはっきりしない様子。	うんと甘える	たくさん、すごく。
漠然とした不安	vague, obscure／说不出的／không rõ ràng	たっぷり水をやる	あふれるほど十分に、たくさん。
不確かな情報	unreliable, uncertain／不确切的／không chắc chắn	机の角	corner／角／góc
経済的な援助	困っている人に力を貸すこと。	ノートの端	edge, margin／边儿／mép
救助チームの派遣	危険な状態から助けること。	ペンの先	tip／尖儿／đầu
ファンの応援	support／声援／cổ vũ	部屋の隅	corner／角落／góc
活動を支援する	力を貸して支えること。	めがねの縁	rim／框／viền
失敗して落ち込む	to feel sad, to feel depressed／低沉／suy sụp	穏やかな気候	ある土地での一年を通じた大気の状態。
期待が外れてがっかりする	to feel disappointed／失望／chán nản	天候が回復する	ある短い期間の天気の状態。
困難にくじけない	stay strong／不气馁／không ngã lòng	今日の天気	weather／天气／thời tiết
結果に失望する	to feel despair／失望／thất vọng	気象条件	大気の状態・現象。
残念な結果に落胆する	to feel discouraged／灰心／buồn nản	気楽な仕事	comfortable／轻松／an nhàn
栄養が偏る	unbalanced／偏／mất cân bằng	いいかげんな態度	haphazard, irresponsible／草率／mơ hồ
看板が傾く	slant／倾斜／nghiêng	適当な返事	（悪い意味で使うとき）やり方などがいいかげんな様子。
右に寄る	move toward／靠／nghiêng về bên phải	雑な仕上げ	crude, sloppy／粗糙／thô kệch
顔を歪める	bend, warp／歪／méo		

④ 意味が似ている言葉

極めて珍しい	extremely／极其／vô cùng
いたって普通	きわめて、非常に。 ※意味を強める言葉。
めっきり寒くなる	状態の変化がはっきり感じられる様子。
やけに詳しい	理由はわからないが、程度が激しすぎる様子。
ひどく落ち込む	いい悪いは関係なく、程度が激しい様子。

くどい言い訳	同じようなことが繰り返されたり多すぎたりして、うんざりする。
しつこい勧誘	persistent／缠人／lằng nhằng
うるさい音楽、 うるさい上司	音が大きすぎて不快だ。注文や文句が多くて面倒な感じ。
やかましい店 やかましい音	音や声が騒がしい。

EXERCISE 1 ✏️

次の文の（　）に入れるのに最もよいものを、1・2・3・4から一つ選びましょう。

⇒答えは p.168

1. 最初はその仏像を怖いと思ったが、そばに（　　　）よく見てみると、優しい顔をしていた。
   1　持ち寄って　　2　立ち寄って　　3　寄って　　4　詰め寄って

2. おとうさん、今日はこの子を（　　　）ほめてやってください。一人でお使いに行ったのよ。
   1　大層　　2　うんと　　3　さかんに　　4　精一杯

3. 落としたメガネを拾って顔を上げたとき、テーブルの（　　　）で頭を打ってしまった。
   1　底　　2　先　　3　はずれ　　4　角

4. （　　　）そうになったときはいつも、応援してくれている両親の言葉を思い出すことにしている。
   1　こぼし　　2　くじけ　　3　たおれ　　4　かたむき

5. （　　　）なあ。何度頼まれてもできないものはできないんだ。
   1　やかましい　　2　がまんづよい　　3　はげしい　　4　しつこい

6. 今日の仕事はこの辺で（　　　）に切り上げて、一杯飲みに行きませんか。
   1　適切に　　2　適度に　　3　適正に　　4　適当に

7. 彼の表現は（　　　）で、結局、賛成か、反対か、よくわからない。
   1　あいまい　　2　確か　　3　たっぷり　　4　雑

8. 祖父は（　　　）健康です。
   1　あろうことか　　2　いたって　　3　驚いたことに　　4　めっきり

9. （　　　）の回復を待って、雨風がやんでから小屋を出よう。
   1　気候　　2　天候　　3　時候　　4　兆候

10. 祖父の経済的な（　　　）がなければ、大学に進学できていなかった。
    1　お手伝い　　2　援助　　3　救助　　4　助成

動物に芸を仕込む	trick ／技艺／ sự biểu diễn		快い響き	pleasant ／愉快／ dễ chịu
卓越した技能	あることをするための技術的な能力。		さわやかな汗	refreshing ／爽快／ sảng khoái
確かな腕	専門的な技術。		さっぱりした髪型	不快感や引っかかっている部分が消え、気持ちがいいこと。
技が光る	あることをするときの一定の動作や方法、特に高い技術。		すっきりした部屋	余計なものやはっきりしないものがなく、気持ちがいいこと。
技術が高い	technique ／技术／ kĩ thuật		すがすがしい朝の空気	さわやかで気持ちがいいこと。
手術後の経過	①ある時間の物事の進行・状態。②時間が過ぎていくこと。		しばしば起こる	何度も、よく。※比較的、客観的な言い方。
トンネルを通過する	通り過ぎること。		度々見かける	何度も。※よくないことに使われることも多い。
成長の過程	process ／过程／ quá trình			
曲の展開	development ／展开／ triển khai		しきりに話しかけてくる	繰り返し何度も。
時代の変遷	移り変わり。		重ねてお詫びする	もう一度、再び。※一回では済まないという気持ちからの強調の意味もある。
欠点が目立つ	不十分なところ、足りないところ。			
短所を隠す	劣っているところ。		しょっちゅういなくなる	常に、いつも。※あきれた気持ちを含む。
欠陥を見つける	正しく機能できなくなるような、欠けて足りないもの。			
不備な点がある	必要なものを十分に備えていないこと。		子供の自慢をする	brag, boast ／自夸／ khoe khoang
プラスチックの原料	物を作るもとになるもの。		自分に自信を持つ	confidence ／自信／ tự tin
お菓子の材料	物を作るとき、そのもとにするもの（ある程度、具体的な形になっているもの）。		自尊心が傷つく	self-respect ／自尊心／ lòng tự trọng
			大人の自覚がない	recognition ／觉悟、觉悟／ tự ý thức
かばんの素材	もとになる材料。特に芸術作品に使われる材料。		情熱を燃やす	passion ／激情／ tình cảm nồng nàn
			愛情を注ぐ	love ／爱情／ ái tình
光の三要素	elements, components ／要素／ yếu tố		衝動にかられる	impulse ／冲动／ rung động
薬の成分	ingredients ／成分／ thành phần		熱意に打たれる	zeal ／热情、热忱／ lòng nhiệt tình
広い心	heart, mind ／心／ tấm lòng		助言を求める	advice ／建议／ lời khuyên
健全な精神	spirit ／精神／ tinh thần		忠告を守る	warning, advice ／忠告／ lời khuyên
永遠の魂	soul ／灵魂／ tâm hồn		勧告に従う	advice ／劝告／ khuyến cáo
やる気を出す	気持ち。		指導にあたる	guidance ／指导／ chỉ đạo, hướng dẫn

EXERCISE 2

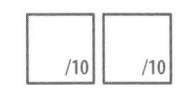

次の文の（　　）に入れるのに最もよいものを、1・2・3・4から一つ選びましょう。

⇒答えは p.169

1. 夫の料理の（　　）はプロ並だが、仕事が忙しいのでなかなか作ってくれない。
   1　手　　　　　　2　ゆび　　　　　3　ひじ　　　　　4　腕

2. 山登りで使う雨具には、水は通さず蒸気は通すという（　　）が適している。
   1　材料　　　　　2　原料　　　　　3　素材　　　　　4　成分

3. 男は、誰かを待っているのか（　　）喫茶店の入口の方を見ていた。
   1　大いに　　　　2　うんと　　　　3　しげしげと　　4　しきりに

4. 祖父は、孫が水泳大会で1位になったことが自慢の（　　）だ。
   1　葉　　　　　　2　花　　　　　　3　枝　　　　　　4　種

5. このテーブルは買って半年しかたっていないのに、足が取れたので（　　）商品だと思う。
   1　欠点　　　　　2　欠陥　　　　　3　欠損　　　　　4　欠乏

6. 娘は高校3年生の受験生だというのにまるでやる（　　）がなくて心配だ。
   1　心　　　　　　2　精神　　　　　3　魂　　　　　　4　気

7. 医者から本気でタバコをやめないと命の保証はできないと（　　）された。
   1　助言　　　　　2　忠告　　　　　3　勧告　　　　　4　指導

8. 海外旅行中に美しい景色に感動して、大きな絵を（　　）買いしてしまった。
   1　突発　　　　　2　はずみ　　　　3　衝動　　　　　4　気まぐれ

9. 徹夜で報告書を完成させ、朝、会社を出たときは（　　）気分だった。
   1　まがまがしい　2　わかわかしい　3　ういういしい　4　すがすがしい

10. 若者の結婚に対する考え方も時代とともに（　　）するものだ。
    1　変更　　　　　2　変遷　　　　　3　変異　　　　　4　変動

書物を整理する しょもつ　せいり	本や、文字や図などが書かれたもの。	外出をためらう がいしゅつ	to hesitate ／犹豫／ ngần ngừ
書籍を購入する しょせき　こうにゅう	本。 ※雑誌と区別して言う場合もある。 ざっし　くべつ　い　ばあい	突然の誘いにとまどう とつぜん　さそ	to be bewildered ／困惑／ lúng túng
		素材にこだわる そざい	to be particular, to be picky ／素材、材料／ kén chọn
文書を保管する ぶんしょ　ほかん	文字で書かれたもの、書類。 もじ　か　　　しょるい	歯の治療 は　ちりょう	treatment ／治疗／ điều trị
文章を理解する ぶんしょう　りかい	sentence ／理解／ văn chương	診察の受付 しんさつ　うけつけ	病気の有無や状態を判断するために体を調べたり質問したりすること。 びょうき　うむ　じょうたい　はんだん　　　からだ　しら　　　しつもん
速やかに移動する すみ　　　　いどう	時間をおかずにすぐ行う様子。 じかん　　　　　　おこな　よう　す		
さっと拭き取る ふ　と	動作が素早い様子。 どうさ　すばや　ようす	心と体の休養 こころ　からだ　きゅうよう	仕事などを休んで、気力や体力を取り戻すこと。 しごと　　　やす　　　きりょく　たいりょく　と　もど
迅速に処理する じんそく　しょり	行動や対応などが非常に速いこと。 こうどう　たいおう　　　　ひじょう　はや		
さっさと帰る かえ	迷ったりほかに気を取られたりしないで早く行う様子。 まよ　　　　　　　き　と　　　　　　　　　はや　おこな　ようす 冷たい感じで物事をする様子。 つめ　　かん　　　ものごと　　　　よう　す	傷の手当て きず　てあ	medical care ／治疗／ chữa trị
		在宅診療を受ける ざいたくしんりょう　う	患者を診察して治療すること。 かんじゃ　しんさつ　　　ちりょう
		つまらない映画 えいが	価値がない、面白くない。 かち　　　　　おもしろ
たちまち解決する かいけつ	非常に短い時間の間に事態が進んだり変わったりする様子。 ひじょう　みじか　じかん　あいだ　じたい　すす　　　　か　　　　　　　ようす	くだらない話 はなし	程度が低くて、まじめに扱うだけの価値がない。 ていど　ひく　　　　　　　　あつか　　　　　かち
		味気ない会話 あじけ　かいわ	味わいがない、内容がない。 あじ　　　　　　　ないよう
即座に応答する そくざ　おうとう	その場ですぐ物事をする様子。 ば　　　　　ものごと　　　よう　す	取るに足らない問題 と　　　た　　　もんだい	取り上げるだけの価値がない。 と　あ　　　　　　　かち
		さえない表情 ひょうじょう	sullen ／无精打采／ ủ rũ
子どもを急かす こ　　　　　せ	to hurry ／催促／ thúc giục	罪を犯す つみ　おか	crime ／罪／ tội, lỗi
返答を促す へんとう　うなが	to prompt, to press ／催促／ thúc đẩy	罰を受ける ばつ　う	punishment ／处罚／ phạt
結婚を迫る けっこん　せま	to approach, to draw near ／迫近／ giục	刑に服する けい　ふく	penalty ／刑／ án phạt
たまに外食する がいしょく	occasionally ／偶尔、有时／ thỉnh thoảng	過ちを繰り返す あやま　く　かえ	失敗やミス、犯してしまった罪。 しっぱい　　　　　　おか　　　　　　つみ
時折聞こえる ときおりき	sometimes ／偶尔／ thỉnh thoảng		
まれに起こる、 お まれに見る美しさ み　うつく	rarely ／偶尔／ hiếm có	権力に抵抗する けんりょく　ていこう	resist ／抵抗／ đề kháng
		親に反抗する おや　はんこう	rebel ／反抗／ phản kháng
親をだます おや	うそを言って本当だと思わせる。 い　　　ほんとう　　　おも	強制に反発する きょうせい　はんぱつ	それを受け入れることができず、強く否定すること。 う　い　　　　　　　　　　つよ　ひてい
釣銭をごまかす つりせん	to cheat ／蒙混／ lừa dối, nói dối		
敵をあざむく てき	相手に対して有利になるように、上手くうそを言ってだます。 あいて　たい　　　ゆうり　　　　　　　　　うま　　　　　　　　い	ライバルに対抗する たいこう	oppose ／対抗／ chống đối

EXERCISE 3

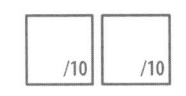

次の文の（　）に入れるのに最もよいものを、1・2・3・4から一つ選びましょう。

⇒答えは p.170

1 詳細につきましては添付（　　　）をご覧ください。
　1　記録　　　2　文章　　　3　文書　　　4　書物

2 どうした？　表情が（　　　）ね。心配なことでもあるの？
　1　つまらない　　2　くだらない　　3　味気ない　　4　さえない

3 この店は素材の鮮度に（　　　）いるので、ほんとうにおいしいよ。
　1　つらぬいて　　2　思い込んで　　3　こだわって　　4　とらわれて

4 酒の席での（　　　）は、本人が気づいていないことも多いので気をつけなくてはならない。
　1　ルール　　　2　エラー　　　3　あやまち　　　4　失格

5 彼女は（　　　）みる美しさで多くの男性の心を乱した。
　1　たまに　　　2　ときおり　　　3　めずらしく　　　4　まれに

6 彼の一番の問題は、何かミスをしたときに笑って（　　　）ことだ。
　1　だます　　　2　あざむく　　　3　ごまかす　　　4　いつわる

7 今回の事案につきましては（　　　）対策を講ずる必要があると考えます。
　1　手早く　　　2　急激に　　　3　速やかに　　　4　急速に

8 首相のその発言に、野党は一斉に（　　　）した。
　1　反逆　　　2　反抗　　　3　反動　　　4　反発

9 スタッフを（　　　）のはよくない。作業が雑になりかねない。
　1　急かす　　　2　押す　　　3　早める　　　4　迫る

10 やけどは早く冷やすなどの（　　　）をすると、跡も残らず治ることも多い。
　1　カバー　　　2　世話　　　3　面倒　　　4　手当て

傷の**程度**	degree, extent ／程度／ mức độ
砂糖の**分量**	amount ／分量／ phân lượng
強さの**加減**	加えたり減らしたりすること、量などを調整すること。
体の**具合**	物事の機能の状態。
男女の**比率**	ratio ／比率／ tỉ số
独身の**割合**	proportion ／比率／ tỉ lệ
とりあえず予約をする	ほかのことは置いておいて、まず第一に。
一応完成する	十分ではないが、最低限の条件は備えて。
ひとまず休憩する	後のことは別にして、その時点で必要なこととして。
いったん戻る	一度、しばらくの間。
試合の**流れ**	物事の展開、移り変わり。
今年の**傾向**	trend ／傾向、趨勢／ khuynh hướng
最近の**風潮**	tendency ／潮流／ phong trào
経済の**動向**	物事の動き、物事が向かう方向。
世界の**情勢**	condition ／形勢／ tình thế
不利な**形勢**	prospects ／形勢／ tình hình
願いを聞き入れる	wishes, desires ／愿望／ mong ước
祈りを捧げる	prayers ／祈祷／ cầu nguyện
望みを託す	hopes ／希望、愿望／ mong muốn
思いを込める	thoughts ／心愿、想念／ ước muốn
憧れを抱く	yearning ／憧憬、向往／ ngưỡng mộ
成功を**妬む**	to begrudge ／妒忌、嫉妒／ ghen tức
カップルを**羨む**	to envy ／羨慕／ ghen tị
過去を**悔やむ**	to regret ／悔恨／ hối tiếc
はっきり思い出す	clearly ／清楚／ rõ ràng
くっきり見える	姿や形が非常にはっきりとしている様子。
明らかになる	事実がはっきりとわかり、疑いがない様子。
明確にする	はっきりしていて確かなこと。
明瞭な発音	はっきりとわかる、区別できること。
鮮やかな色	vivid ／鮮艳／ rực rỡ
甚だしい誤解	extreme ／极大的／ quá mức
慌ただしい毎日	confused, chaotic ／忙碌的、匆忙的／ bận rộn
おびただしい数のカラス	数や量が非常に多い様子。※好ましくない印象の場合が多い。
著しい進歩	striking ／显著的／ đáng kể
科学の**領域**	field, region ／領域／ lĩnh vực
試験の**範囲**	scope, extent ／范围／ phạm vi
専門の**分野**	field ／方面、領域／ lĩnh vực
港の**方面**、東京**方面**	ある方向の地域。
存在を**否定**する	deny, repudiate ／否定／ phủ định
事態を**軽視**する	make light of ／轻视／ coi nhẹ
発言を**無視**する	ignore ／无视／ phớt lờ
暴力を振るう人を**軽蔑**する	scorn ／吐弃、唾弃／ khinh miệt
作品を**評価**する	value ／评价／ đánh giá
利益を**重視**する	stress ／重視／ coi trọng
意見を**尊重**する	価値あるもの、尊いものとして大切に扱うこと。
尊敬する有名人	respect ／尊敬／ kính trọng

EXERCISE 4

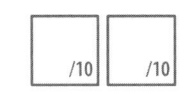

次の文の（　　）に入れるのに最もよいものを、1・2・3・4から一つ選びましょう。

⇒答えは p.170

1　このバイクは古いので、最近、エンジンのかかり（　　　　）が悪くなってきた。
　　1　具合　　　　　2　程度　　　　　3　加減　　　　　4　調子

2　駅の北側には、（　　　　）数の自転車が止められていた。
　　1　鮮やかな　　　2　無数の　　　　3　多い　　　　　4　おびただしい

3　わたしはそっち（　　　　）は詳しくないので、ほかの人に聞いてください。
　　1　分野　　　　　2　方面　　　　　3　方角　　　　　4　領域

4　同期入社の同僚が自分より早く昇進すると、どうしても（　　　　）しまう。
　　1　ねたんで　　　2　やけて　　　　3　燃えて　　　　4　くやんで

5　もちろん、少数派の意見を（　　　　）しながら、議論を深めていくつもりだ。
　　1　尊敬　　　　　2　尊重　　　　　3　尊大　　　　　4　自尊

6　1点リードされている状況で、監督は彼に（　　　　）を託してゲームに送り込んだ。
　　1　望み　　　　　2．夢　　　　　　3　あこがれ　　　4　祈り

7　サングラスをしたまま浜辺で昼寝をしていたので、白い跡が（　　　　）残ってしまった。
　　1　かっきり　　　2　くっきり　　　3　ぽっきり　　　4　てっきり

8　まだ試験は続くが、1次試験に合格したので（　　　　）ほっとした。
　　1　いったん　　　2　さしあたり　　3　とうぶん　　　4　ひとまず

9　試合の（　　　　）は徐々に相手チームへ傾いた。
　　1　傾向　　　　　2　動向　　　　　3　流れ　　　　　4　進路

10　この問題を（　　　　）するつもりはないが、ほかに優先すべきことがある。
　　1　監視　　　　　2　注視　　　　　3　軽視　　　　　4　重視

不快な音 ふかい おと	unpleasant ／不愉快的、不好的／ khó chịu	子どもをほめる	praise ／表扬／ khen
不愉快な態度 ふ ゆ かい たい ど	人の態度や発言などにいやな気分になること。	勇気ある行動を称賛する ゆう き こう どう しょうさん	commend ／称赞／ tán dương
嫌な天気 いや てん き	disagreeable ／讨厌的、不好的／ đáng ghét	神を賛美する かみ さん び	adore, glorify ／赞美／ ca ngợi
うっとうしい 雨／前髪／説教 あめ まえがみ せっきょう	気分が重く心が晴れない、じゃまでわずらわしい。	作品を絶賛する さくひん ぜっさん	dmire ／赞不绝口／ khen ngợi
家賃が負担になる や ちん ふ たん	burden ／负担／ sự gánh nặng	紛らわしい名前 まぎ な まえ	よく似ていて間違えやすい。
重荷を背負う おも に せ お	つらい負担、能力を超えた大きな責任。	ややこしい状況 じょうきょう	事態や状況が複雑でわかりにくい。
支障をきたす し しょう	obstacle ／故障／ trở ngại	厄介な問題 やっかい もんだい	面倒なこと、扱いに手間がかかること。
荷物が邪魔になる に もつ じゃ ま	hindrance ／碍事／ phiền hà	面倒くさい仕事 めんどう し ごと	まさに面倒な感じ、手間がかかっていやだ。
負債を抱える ふ さい かか	debt ／负债／ mắc nợ	煩わしい手間 わずら て ま	面倒で気が重い。
普通の朝食、 ふ つう ちょうしょく 普通列車 ふ つうれっしゃ	regular ／一般的、普通／ bình thường	真面目な性格 ま じ め せいかく	serious ／认真的／ chăm chỉ
ありふれた事件 じ けん	common ／常见／ bình thường	忠実な部下 ちゅうじつ ぶ か	faithful ／忠实的／ trung thành
月並みな言葉 つき な こと ば	ありふれていて、つまらないこと。平凡なこと。 へいぼん	誠実な態度 せいじつ たい ど	sincere ／诚实的／ thành thật
当たり前の行動 あ ま え こうどう	natural ／理所当然的／ đương nhiên	勤勉なサラリーマン きんべん	diligent ／勤劳的／ cần cù
ただの冗談 じょうだん	特に意味や変わったところはなく、普通であること。	見事な桜 み ごと さくら	splendid ／非常漂亮的、非常精彩的／ tuyệt vời
		巧妙なわな こうみょう	非常に巧みであること。 ひじょう たく
単なる思い付き たん おも つ	それだけで、ほかに何もないこと。 なに	巧みな話術 たく わじゅつ	すぐれた技術をうまく使っている様子。 ぎ じゅつ よう す
不慣れなあいさつ ふ な	unfamiliar ／不习惯的／ không quen	みっともない恰好 かっこう	見た目が悪い、見ていられないほど恥ずかしい。 み め わる み は
未経験の仕事 み けいけん し ごと	inexperienced ／未经验的／ chưa có kinh nghiệm	かっこわるい姿 すがた	unattractive ／寒碜／ trông xấu
不勉強な若者 ふ べんきょう わかもの	unlearned ／不学习的／ lười học	みすぼらしい服装 ふくそう	shabby ／非常漂亮的、非常精彩的、绝妙的／ khốn khổ
無知を知る む ち し	ignorance ／无知／ vô tri	見苦しい言い訳 み ぐる い わけ	見た目や行動、態度などが見ていて不快に感じる様子。 み め こうどう たい ど み ふ かい かん よう す
未熟な考え み じゅく かんが	inexperience ／未成熟的／ chưa chín chắn		
決められた方針 き ほうしん	policy ／方针／ phương châm		
明確な態度 めいかく たい ど	attitude ／态度／ thái đội		
取り組む姿勢 と く し せい	stance ／姿势／ tư thế		
置かれた立場 お たち ば	position ／立场／ lập trường		

EXERCISE 5

次の文の（　　）に入れるのに最もよいものを、1・2・3・4から一つ選びましょう。

⇒答えは p.171

1　親切なのはありがたいけど、説明が長いのがちょっと（　　）。
　　1　湿っぽい　　　2　陰気くさい　　　3　うっとうしい　　　4　重たい

2　祖父が育てているかぼちゃが（　　）実をつけた。
　　1　はなやかな　　2　あざやかな　　　3　みごとな　　　　4　きらびやかな

3　実力がないから負けたのに、試合が終わった後も審判に文句を言うなんて（　　）。
　　1　みずぼらしい　2　みぐるしい　　　3　すさまじい　　　4　まずい

4　商品の名前を真似したり、（　　）デザインにしたりすることは、法律で禁止されている。
　　1　ややこしい　　2　めんどくさい　　3　まぎらわしい　　4　わずらわしい

5　生活や仕事に（　　）をきたすほどゲームに夢中になるのは問題だ。
　　1　迷惑　　　　　2　障害　　　　　　3　支障　　　　　　4　重荷

6　（　　）なことも多く皆様にはご迷惑をおかけすると思いますが、よろしくお願いいたします。
　　1　不得意　　　　2　不慣れ　　　　　3　不似合い　　　　4　不愉快

7　顧客第一の（　　）が会社の信用を高めてきた。
　　1　見解　　　　　2　立場　　　　　　3　体勢　　　　　　4　姿勢

8　彼は（　　）なだけでなく、さまざまな新しい提案をするアイデアマンでもある。
　　1　本気　　　　　2　正直　　　　　　3　勤勉　　　　　　4　真心

9　彼の演技はメダルこそ取れなかったが（　　）に値するものだった。
　　1　賛美　　　　　2　称賛　　　　　　3　誠実　　　　　　4　拍手

10　いい文章を書こうと思えば思うほど（　　）な言葉しか出てこない。
　　1　人並み　　　　2　月並み　　　　　3　普通　　　　　　4　平均的

身分が違う みぶん ちが	social status ／身分／ vị trí xã hội
地位が高い ちい たか	social position ／地位／ địa vị
階級が上がる かいきゅう あ	class, rank ／等级／ giai cấp
立場をわきまえる たちば	position ／处境、立场／ lập trường
面倒になる めんどう	burden, trouble ／麻烦／ phiền hà
手間がかかる てま	それをするのに必要な時間や仕事量。 ひつよう じかん しごとりょう
苦労をする くろう	toil ／辛劳、受苦／ vất vả
手数をかける てすう	それをするのに必要な作業。 ひつよう さぎょう
目的を果たす もくてき は	goal ／目的／ mục đích
対象を絞る たいしょう しぼ	target ／对象／ đối tượng
狙いを定める ねら さだ	aim ／瞄准目标／ mục đích
目標を達成する もくひょう たっせい	objective ／目标／ mục tiêu
意図を伝える いと つた	intention ／意图／ ý đồ
権力を**志向**する、上昇**志向** けんりょく しこう じょうしょう しこう	心がその方向に向かうこと。 こころ ほうこう む
容器に移す ようき うつ	container, vessel ／容器／ đồ đựng
枠にはめる わく	frame ／框子／ khung
入れ物を探す い もの さが	container, receptacle ／容器、盛器／ đồ đựng
器に盛る、人間としての**器** うつわ も にんげん うつわ	vessel ／器皿、器量／ bát đĩa, khí chất
仕事の**要領**を説明する しごと ようりょう せつめい	物事の要点。物事をうまく処理する方法。 ものごと ようてん ものごと しょり ほうほう
仕事の**段取り**をつける しごと だんど	物事をうまく進める順序、そのための準備。 ものごと すす じゅんじょ じゅんび
手順を踏む てじゅん ふ	物事をする順序。 ものごと じゅんじょ
理由を説明する りゆう せつめい	reason ／理由／ lý do
根拠を示す こんきょ しめ	grounds ／根据／ căn cứ
証拠を出す しょうこ だ	proof ／证据／ chứng cứ
原因を探る げんいん さぐ	cause ／原因／ nguyên nhân
親の**了解**を得る おや りょうかい え	物事の内容や事情を理解すること。 ものごと ないよう じじょう りかい
相手の**了承**を得る あいて りょうしょう え	事情を理解し納得すること。 じじょう りかい なっとく
議会の**承認**を得る ぎかい しょうにん え	そのことが正しい、事実だと認めること。 ただ じじつ みと
著者の**承諾**を得る ちょしゃ しょうだく え	希望や要求などを受け入れること。 きぼう ようきゅう う い
事態を**承知**する じたい しょうち	事情などを知ること、知っていること。 じじょう し し

EXERCISE 6

次の文の（　　）に入れるのに最もよいものを、1・2・3・4から一つ選びましょう。

⇒答えは p.172

1 このキャンプの（　　）は新人に困難に打ち勝つ力をつけてもらうことだ。
　　1　企み　　　　2　ねらい　　　　3　意識　　　　4　目印

2 上司の（　　）を得てからお返事させていただきます。
　　1　承知　　　　2　合意　　　　3　了承　　　　4　合点

3 彼女はいつも（　　）よく課長の機嫌をとって、長い休暇をもらっている。
　　1　手順　　　　2　段取り　　　　3　要領　　　　4　ポイント

4 社会的に信頼されるべき（　　）にある教師や警察官の不祥事が続いている。
　　1　階級　　　　2　地位　　　　3　身分　　　　4　立場

5 課長は努力家だが部長になる（　　）ではない。
　　1　入れ物　　　　2　箱　　　　3　器　　　　4　枠

6 お（　　）ですが、書類を自宅までお送りいただけませんか。
　　1　苦労　　　　2　面倒　　　　3　手数　　　　4　迷惑

7 科学的な（　　）がなくても、我々の多くが信じている言い伝えは多い。
　　1　理由　　　　2　根拠　　　　3　原因　　　　4　理屈

第1章 対策準備

UNIT 5 一字で言葉になるもの

> **例題**
>
> 次の＿＿＿部の言葉の読み方として最も適当なものを1〜4から一つ選びましょう。
>
> 失敗した男の子は、悔しそうに唇を噛んだ。
> 　1　した　　　　2　のど　　　　3　くちびる　　　　4　くちもと
>
> **POINT**
>
> 漢字一文字で読みの難しい語は、問題の中でときどき使われます。主なものは押さえておきましょう。
>
> 正解：3

1 訓読み

証（あかし）	成功の証	しるし、証拠。
網（あみ）	網にかかる	net／绳子／lưới
主（あるじ）	この家の主は今はここにいない。	主人。
跡（あと）	戦いの跡	traces, remains／遗址／dấu vết
頂（いただき）	山の頂	summit／顶、顶峰／đỉnh
市（いち）	毎朝、ここで市が開かれる。	市場。
器（うつわ）	白い器に盛る、器の大きい人	入れ物。人としての能力の広さや大きさ。
尾（お）	尾の長い鳥	tail／尾巴／đuôi
襟（えり）	襟の汚れ	collar／衣服领子／cổ áo
掟（おきて）	村の掟を守る	ある社会で守られなければならないこととして決められたこと。
公（おおやけ）	公の場で発表する	public／公共／công cộng
趣（おもむき）	趣のあるレストラン、春の趣	味わい、面白み。全体からそう感じられる様子。
牙（きば）	鋭い牙	fang／牙／ngà
茎（くき）	茎と葉	stalk／茎／cuống
蔵（くら）	蔵から出してくる	warehouse, cellar／仓库／nhà kho
志（こころざし）	志を持って日本に来た。	人生の目標など、こうしようと心に決めたこと。
暦（こよみ）	暦の通りに休む	calendar／日历／lịch
境（さかい）	県と県との境	border／界限／ranh giới
潮（しお）	潮の流れ、潮の満ち引き	tide／海潮／thuỷ triều
滴（しずく）	雨の滴	drop／水滴／giọt
舌（した）	舌を噛んでしまった。	tongue／舌头／lưỡi
芝（しば）	芝を刈る	lawn／草坪／thảm cỏ
印（しるし）	印をつける	mark／记号／dấu, dấu hiệu
丈（たけ）	ズボンの丈	length／长度／chiều dài (của áo, quần)
盾（たて）	盾にする	shield／盾／khiên
束（たば）	雑誌の束、鍵の束	しばったり包んだりして、一つにまとめたもの。
魂（たましい）	魂が抜けたような顔	soul／魂／tâm hồn
乳（ちち）	乳を飲む	milk／乳汁／sữa
綱（つな）	綱を引く	rope／绳子／dây thừng
角（かど）	角が生えてくる	horn／角／sừng
翼（つばさ）	翼を広げる	wing／翅膀／cánh

130

⑤ 一字で言葉になるもの

扉 とびら	重い鉄の扉	door ／门／ cửa
富 とみ	富を貯える	fortune ／财富／ của cải, tài sản
苗 なえ	苗が育つ	seedling ／苗／ cây con
荷 に	荷が重い仕事	burden, responsibility ／责任／ hành lý (nặng gánh)
灰 はい	燃えて灰になる	ash ／灰／ tro
瞳 ひとみ	黒い瞳	eye, pupil ／瞳孔／ con ngươi
札 ふだ	札に願い事を書く	目的とする内容を書いて人に示したり渡したりする小さな紙など。
麓 ふもと	山の麓の村	foot, base ／山脚／ chân núi
頬 ほほ/ほお	頬が赤くなる	cheek ／脸颊／ má
仏 ほとけ	仏様、仏の教え	Buddha ／佛／ đức Phật, ông Bụt
間 ま	少し間をとる	ちょっとした時間、区切りの時間。

誠 まこと	誠の愛を描いた作品	true ／真实的／ sự thật, chân thật
的 まと	的をねらう	target ／目标／ đích
幻 まぼろし	幻ではない。	illusion ／幻影、幻景、幻觉／ ảo ảnh
幹 みき	木の幹に隠れる	trunk ／树干／ thân cây
溝 みぞ	溝を掘る	ditch, drain ／沟／ rãnh, khoảng cách
源 みなもと	川の源、元気の源	source ／源泉／ nguồn
芽 め	やっと芽が出てきた。	bud, sprout ／芽／ mầm
宿 やど	宿をとる	lodging ／住宿／ chỗ trọ
病 やまい	病になる	sickness ／病／ bệnh
世 よ	世を捨てる、世を渡る	世間、世の中、一般の社会。
枠 わく	枠に入れる	frame ／框子／ khung
技 わざ	練習して技を身につける	ある物事をするための一定の方法。専門的な高い技術。

2 音読み

悪 あく	悪の道に入る	evil ／坏／ cái ác, cái xấu
案 あん	具体的な案を示す	plan, proposal ／方案、提案／ phương án
意 い	親の意に反する	意向、気持ち。
運 うん	今日は運がいい。	luck ／运势／ vận mệnh
益 えき	このまま続けても益はない。	profit, gain ／益处、利益、好处／ lợi ích
縁 えん	彼とは不思議な縁がある。	そのようになる運命的な関係、つながり。
恩 おん	恩に感じる	obligation ／恩情／ ơn, ân nghĩa
害 がい	人に害を与える	harm ／危害／ hại
格 かく	格の違いを感じる	地位、身分、（能力や質の）レベル。
勘 かん	勘が鋭い。	perception ／直感、灵感／ linh cảm
菌 きん	悪い菌を殺す	germ ／细菌／ vi khuẩn
芸 げい	芸を身につける	学び練習や経験を重ねて身につけた専門的な技術や能力。

差 さ	差が生まれる	difference ／差距／ chênh lệch
策 さく	策を考える	plan ／策略／ sách lược
芯 しん	鉛筆の芯、体の芯まで温まる	lead, core ／芯、心／ ngòi (chì), phần lõi
説 せつ	有力な説	theory ／学说、论点、主张／ thuyết
像 ぞう	記念の像を立てる	statue ／雕像／ tượng
題 だい	作品に題をつける	title ／标题、题目／ chủ đề
塔 とう	塔を見上げる	tower ／塔／ tháp
毒 どく	毒を取り除く	poison ／毒／ độc
罰 ばつ	罰を与える	punishment ／处罚、惩罚／ phạt
美 び	美を追求する	beauty ／美／ cái đẹp
票 ひょう	票を集める	vote ／票／ phiếu bầu
非 ひ	非を認める	誤り、欠点、失敗。
負 ふ	負の影響	マイナス。
欲 よく	欲のない人	desire ／欲望／ sự mong muốn, sự tham lam

131

EXERCISE 1

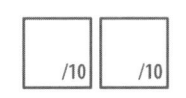

次の____部の言葉の読み方として最も適当なものを1～4から一つ選びましょう。

⇒答えは p.172

1 苗を植えてから収穫まで約2か月です。
　　　1　なえ　　　2　なわ　　　3　いね　　　4　たね

2 事故が起きた時のタイヤの跡がはっきり残っている。
　　　1　たけ　　　2　くき　　　3　あと　　　4　ふだ

3 高い志を持って、頑張って勉強してください。
　　　1　こころいき　2　こころむき　3　こころし　4　こころざし

4 この高い数字が、顧客からの信頼の証といえるでしょう。
　　　1　あかし　　2　しるし　　3　ただし　　4　ぬし

5 事業に大成功した彼は、若くして大きな富を築いた。
　　　1　ふう　　　2　ふみ　　　3　とう　　　4　とみ

6 今度の商品は、若い女性に的を絞ることになった。
　　　1　たて　　　2　たば　　　3　てき　　　4　まと

7 次の大会から参加者の枠が広がるそうだ。
　　　1　うつわ　　2　さかい　　3　つばさ　　4　わく

8 道路の片側に溝があるから気をつけてください。
　　　1　さかい　　2　すじ　　　3　そこ　　　4　みぞ

9 木の幹に札が付いていて、「イチョウ」と書いてあった。
　　　1　えだ　　　2　きば　　　3　みき　　　4　め

10 ガラスの器に入れても、涼しげでいいと思いますよ。
　　　1　うつわ　　2　しずく　　3　とびら　　4　ふもと

132

EXERCISE 2

次の（　）に入る最も適当なものを1〜4から一つ選びましょう。

⇒答えは p.172

1 宇宙の誕生に関するこの新しい（　　）は、大きな反響を呼んだ。
　　1　案　　　　　2　策　　　　　3　説　　　　　4　題

2 何か根拠があったわけではなく、（　　）で適当に言っただけです。
　　1　案　　　　　2　運　　　　　3　格　　　　　4　勘

3 この絵に何か（　　）をつけるとしたら、どういうのがいいですか。
　　1　策　　　　　2　説　　　　　3　題　　　　　4　罰

4 このような問題がきっかけになり、少年たちが（　　）の道に入ることもある。
　　1　害　　　　　2　運　　　　　3　悪　　　　　4　意

5 残念だけど、今回は（　　）がなかったと思ってあきらめるしかない。
　　1　案　　　　　2　縁　　　　　3　恩　　　　　4　芸

6 大量生産される食品の一部には、体に（　　）のあるものが多く含まれている。
　　1　害　　　　　2　菌　　　　　3　芯　　　　　4　負

7 最近の若者はあまり（　　）がないのか、大人しい。
　　1　意　　　　　2　益　　　　　3　毒　　　　　4　欲

8 課長は、自分には（　　）がないと、責任逃れをするだけだった。
　　1　意　　　　　2　芸　　　　　3　罰　　　　　4　非

第1章 対策準備

UNIT 6 前に付く語・後ろに付く語

例題

次の（　）に入る最もよいものを、1・2・3・4から一つ選びましょう。

① これはテレビでコマーシャルもやっている（　　）のお菓子です。
　　1　現発売　　　2　新発売　　　3　再発売　　　4　大発売

② いま（　　）なので、後でこちらから電話します。
　　1　食事間　　　2　食事中　　　3　食事的　　　4　食事内

POINT

単語の前または後ろに付いて、新しい言葉を作る語があります。これらの語を覚えると自然に語彙も増えるので、マスターしておきましょう。

正解：① 2　② 2

1 前に付く語

		A＋Bのタイプ （前に付く語＋単語）	A×Bのタイプ （前に付く語を含むミックス型）
異〜	different, uncommon, curious 異なる、ほかと違う	異文化、異業種 例 異文化への理解、異業種との交流、食品に異物が入る、計画に異論がある	▶異国、異論、異物、異質な
好〜	like something, pleasing 好きな、好ましい	好印象、好成績、好景気、好人物	▶好感、好物、大好物、好調
再〜	again, twice 再び、もう一度初めから	再利用、再開発 例 資源の再利用、友達との再会、営業を再開する	▶再会、再開、再帰
最〜	most, extreme 最も	最重要、最先端、最優先	▶最速、最終回、最年長・最年少、最大級、最大限・最小限
超〜	super- 普通のレベルをはるかに超えた	超高層、超軽量、超高速、超大作、超人気	▶超人的
私〜	private 私的な、個人の	私企業	▶私物、私語、私用、私学、私鉄
素〜	naked, uncovered, plain そのままの状態、何もおおってない	素足、素手、素顔、素肌	▶素直
当〜	this, our この、こちらの	当番組、当ホテル、当商品	▶当店、当校、当社、当局、当人、当日

134

⑥ 前に付く語・後ろに付く語

反〜(はん)	anti- 〜と反対(はんたい)	反体制(はんたいせい)、反作用(はんさよう)、反社会的(はんしゃかいてき)	▶反論(はんろん)、反戦(はんせん)、反抗(はんこう)、反応(はんのう)、反映(はんえい)
		例)反体制(はんたいせい)の活動(かつどう)、反作用(はんさよう)の力(ちから)を利用(りよう)する、反論(はんろん)を述(の)べる	
非〜(ひ)	un-, non- 〜でない	非常識(ひじょうしき)、非科学的(ひかがくてき)、非現実的(ひげんじつてき)、非民主的(ひみんしゅてき)	▶非常(ひじょう)、非行(ひこう)、非力(ひりき)
		例)非常識(ひじょうしき)な人(ひと)、非民主的(ひみんしゅてき)なやり方(かた)、非常(ひじょう)の手段(しゅだん)、非行少年(ひこうしょうねん)	
不〜(ふ)	non-, negative 〜でない	不安定(ふあんてい)、不可能(ふかのう)、不適当(ふてきとう)、不まじめ(ふ)、不経済(ふけいざい)、不平等(ふびょうどう)、不健康(ふけんこう)	▶不幸(ふこう)、不運(ふうん)、不快(ふかい)、不便(ふべん)、不利(ふり)、不潔(ふけつ)、不明(ふめい)
		例)不安定(ふあんてい)な天気(てんき)／エアコンを何回(なんかい)もつけたり消(け)したりするのは不経済(ふけいざい)です。不運(ふうん)な結果(けっか)、不快(ふかい)な態度(たいど)、不利(ふり)な立場(たちば)、不潔(ふけつ)な人(ひと)、不明(ふめい)な点(てん)	
真〜(ま)	right, middle, mid- (ほかは混(ま)じらず) まさに〜	真上(まうえ)、真正面(ましょうめん)、真後(まうし)ろ、真(ま)ん中(なか)、真昼間(まっぴるま)、真夏(まなつ)、真(ま)っ赤(か)、真(ま)っ青(さお)	
丸〜(まる)	wholly, entirely そのまま全部(ぜんぶ)、 すっかり全部(ぜんぶ)	丸一日(まるいちにち)、丸暗記(まるあんき)、丸写(まるうつ)し、丸焼(まるや)き、丸見(まるみ)え	
未〜(み)	un-, not yet まだ〜されていない	未完成(みかんせい)、未経験(みけいけん)、未解決(みかいけつ)、未発表(みはっぴょう)、未成年(みせいねん)	▶未知(みち)、未定(みてい)、未熟(みじゅく)
無〜(む)	not, none, nothingness 〜がない	無関心(むかんしん)、無責任(むせきにん)、無気力(むきりょく)、無意識(むいしき)、無関係(むかんけい)、無許可(むきょか)、無計画(むけいかく)	▶無理(むり)、無知(むち)、無名(むめい)、無心(むしん)
名〜(めい)	noted, distinguished 有名(ゆうめい)な、高(たか)い評価(ひょうか)を得(え)ている	名監督(めいかんとく)、名台詞(めいせりふ)	▶名所(めいしょ)、名店(めいてん)、名産(めいさん)、名物(めいぶつ)、名作(めいさく)、名画(めいが)、名言(めいげん)
猛〜(もう)	fiercee, extreme 非常(ひじょう)に強(つよ)い・程度(ていど)の激(はげ)しい	猛吹雪(もうふぶき)、猛反対(もうはんたい)、猛練習(もうれんしゅう)、猛スピード(もう)	▶猛烈(もうれつ)

135

EXERCISE 1

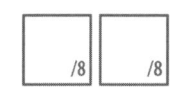

次の（　）に入る最もよいものを、1・2・3・4から一つ選びましょう。

⇒答えは p.172

1　（　　　）で持つと危ないので、必ず手袋をつけてください。
　　1　原手　　　　2　素手　　　　3　直手　　　　4　裸手

2　資源を（　　　）することによって、少しでもゴミを減らすことができる。
　　1　再開発　　　2　再利用　　　3　超開発　　　4　丸利用

3　彼は明るくて元気がいいので、面接では（　　　）だったようだ。
　　1　高印象　　　2　好印象　　　3　勝印象　　　4　良印象

4　先週の水曜日から（　　　）この作業をしているけど、まだ終わらない。
　　1　全一週間　　2　超一週間　　3　当一週間　　4　丸一週間

5　小さい子供をそんな所に一人にしておくなんて、（　　　）だ。
　　1　不適当　　　2　非常識　　　3　無意識　　　4　反社会的

6　今日はまるで（　　　）のような暑さだ。
　　1　最夏　　　　2　猛夏　　　　3　真夏　　　　4　超夏

7　一回使ってすぐ捨てるのは（　　　）だから、何回か使ってから捨てるようにしている。
　　1　反経済　　　2　非経済　　　3　不経済　　　4　無経済

8　私が留学したいと言った時、親は（　　　）した。
　　1　激反対　　　2　最反対　　　3　超反対　　　4　猛反対

2 後ろに付く語

～化(か)	change, take the "-zation" form of / ～になること、～の方向に向かうこと。	都市化、近代化、効率化、欧米化
～下(か)	under ～ / ～の力の及ぶところにある。	影響下、管理下、支配下
～界(かい)	the world of / ～の世界。	経済界、政界、教育界、スポーツ界、自然界 例)政界に進出する、教育界からも注目される 自然界には、まだまだ知らない生物がたくさんいるはずだ。
～街(がい)	district, area / 主に～が広がる地域。	住宅街、商店街、オフィス街、学生街 例)駅前の商店街を過ぎると、住宅街が広がる。
～側(がわ)	side / 対立する二つの一方。	窓側、右側、賛成側
～感(かん)	sense of, feeling of / それが感じられること。	満足感、達成感、臨場感、現実感
～観(かん)	view of, outlook on / それについての見方、考え方。	人生観、職業観、結婚観、価値観
～系(けい)	group, -related / ある関係があり、一つのつながりやまとまりがあるもの。	事務系、デザイン系、文系、理系
～心地(ごこち)	feeling of / 心の状態、気分。	夢心地、寝心地、座り心地、乗り心地 例)このいすは座り心地がいい。
～様(ざま)	way of / 物事のやり方。	生き様、死に様、言い様 例)彼らの生き様を描いた作品
～視(し)	view, way of looking / 重要かどうかなど、それに対する見方・扱い方。	重要視／重視、軽視、問題視
～症(しょう)	symptom of / 病気の種類や性質を表したもの。	感染症、花粉症 ▶発症、重症、軽症 感染症を防ぐ、花粉症に効く薬、重症の患者
～性(しょう)	natural ～ / (生まれた時から持っている)性質や傾向。	心配性、貧乏性、飽き性、冷え症 例)心配性なので、気になって仕方がない。／冷え症の女性
～状(じょう)	-like, -formed / ある形や状態になっている様子。	液体状、棒状、階段状
～心(しん)	mind of, spirit of / 心の状態や傾向を表したもの。	向上心、平常心、競争心 例)向上心がないと、一流にはなれない。
～性(せい)	character, take the "-lity" form of / ①そのような性質や傾向、②本来持っている性質、③それに関する要素や可能性など。	植物性、人間性、国際性、将来性

～層(そう)	layer / 社会の中で、身分や職業などをもとに分けられたグループ。	主婦層、サラリーマン層、年齢層、中高年層
～大(だい)	-sized / ～くらいの大きさ。	はがき大、一口大、実物大
～並み(なみ)	the same level as ~ / ～と同じくらいのレベル。	世間並み、プロ並み、小学生並み 例 世間並みの暮らしができれば十分だ。／小学生並みのレベル
～主(ぬし)	owner / それを持っている人。	車の持ち主、犬の飼い主
～話(ばなし)	story, talk / 話、話すこと。	作り話、(お)土産話、世間話、無駄話 例 全くの作り話、旅行の土産話、お茶を飲みながら世間話をする
～版(はん)	edition / 一つの本や作品について、版を区別する表現。	現代版、国内版、電子版
～派(は)	group, party / 意見や立場の異なるグループを表す表現。	賛成派、反対派、多数派、少数派
～風(ふう)	style, manner, air / そういうスタイル・外見・傾向。	日本風、学生風、サラリーマン風
～分(ぶん)	(one's)share, part / ①全体から分けて当てられたもの。②それに当たるもの、それだけの数や量。	全員分、一人分、残業分、予約分
～味(み)	taste, feeling, sense of / それを感じさせるもの。	人間味、面白味、現実味、新鮮味 例 彼は人間味のある暖かい人だ。／新鮮味のない企画
～向け(むけ)	for ~, aimed at / それを対象とすること。	大衆向け、若者向け、子供向け
～面(めん)	aspect, side, in terms of / それに関する部分。	技術面、デザイン面、安全面、マイナス面
～網(もう)	network / 連絡をとる体制を網のように作ったもの。	交通網、通信網、情報網、連絡網 例 東京は交通網が発達している。
～類(るい)	category of / 似たものを集めたグループ。	野菜類、家具類、宝石類

EXERCISE 2

次の（　）に入る最も適当なものを1～4から一つ選びましょう。

1. この靴、すごく履き（　　　）がよくて、足が全然疲れない。
   1　並み　　　2　向け　　　3　心地　　　4　風味

2. 経済効率ばかりを優先し、（　　　）が軽視されたのではないかと批判されている。
   1　安全化　　2　安全側　　3　安全観　　4　安全面

3. 妹はデザイン（　　　）の仕事に就きたいと言っている。
   1　界　　　　2　系　　　　3　派　　　　4　面

4. 教授は、政府が発表した経済政策の効果について（　　　）している。
   1　疑問化　　2　疑問下　　3　疑問視　　4　疑問施

5. このようなライフスタイルが増えている要因として、（　　　）の変化が挙げられる。
   1　結婚感　　2　結婚観　　3　結婚視　　4　結婚性

6. 古いジャズの名曲を（　　　）にアレンジして演奏した。
   1　現代系　　2　現代風　　3　現代状　　4　現代様

7. この分野の研究はかなり進んでおり、十分（　　　）のある話だ。
   1　現実感　　2　現実層　　3　現実味　　4　現実類

8. 業務の（　　　）を進めた結果、残業時間を半分に減らすことができた。
   1　管理下　　2　重要視　　3　向上心　　4　効率化

第1章 対策準備

UNIT 7 特別な読み方の言葉

> **例題**
>
> 次の文の＿＿をつけた言葉はどのように読みますか。それぞれ1・2・3・4から一つ選びましょう。
>
> 彼女は歌がa上手ですね。私はb下手だから、人前では歌えません。
>
> a 上手い　　1 うわて　　2 かみて　　3 じょうしゅ　　4 じょうず
> b 下手　　　1 かしゅ　　2 しもて　　3 すで　　　　　4 へた
>
> **POINT**
>
> 言葉の中には、もとからある言葉に後から漢字を当てたものがあります。よく使われるものは、選択肢など、問題の中に出てきますので、覚えておきましょう。
>
> 正解：a 4　b 4

田舎（いなか）	① Rural、② Home town ／ ①乡下、②农村 ／ ① nông thôn、② quê hương	田舎の風景、田舎に帰る
笑顔（えがお）	smiling face ／ 笑脸、笑容 ／ nụ cười	笑顔で答える
叔父（おじ）（伯父）	uncle ／ 伯父、叔父 ／ bác (trai), chú	叔父の家に集まる
一昨日（おととい）	day before yesterday ／ 前天 ／ hôm kia	一昨日会ったばかり
大人（おとな）	adult ／ 大人 ／ người lớn	大人の料金
叔母（おば）（伯母）	aunt ／ 伯母、婶婶 ／ bác (gái), cô	叔母に挨拶に行く
風邪（かぜ）	cold ／ 感冒 ／ (bệnh) cảm	風邪を引く
為替（かわせ）	currency exchange ／ 汇市、汇票、汇率 ／ hối đoái	外国為替
河原（かわら）	river bed ／ 河滩 ／ bãi sông	河原で遊ぶ
果物（くだもの）	fruit ／ 水果 ／ hoa quả	果物屋
玄人（くろうと）	expert ／ 内行 ／ người lão luyện	玄人好みの道具
今朝（けさ）	今日の朝。	今朝の新聞
心地（ここち）	(ある物や状況などに対して起こる) 心の状態、気分。	心地のいい場所
小雨（こさめ）	drizzle ／ 小雨 ／ mưa nhỏ	小雨が降る

140

⑦ 特別な読み方の言葉

差し支える（さしつかえる）	interfere ／妨碍／ cản trở	仕事に差し支える
時雨（しぐれ）	一時的に降る雨。	午後、時雨が降るかもしれない。
尻尾（しっぽ）	tail ／尾巴／ đuôi	尻尾を振る
老舗（しにせ）	昔から続いている（有名な）店。	老舗のレストラン
芝生（しばふ）	lawn ／草坪／ thảm cỏ	芝生で寝る、芝生の手入れ
砂利（じゃり）	小石に砂が混じったもの。	砂利道を歩く

EXERCISE 1

次の下線部の読みとして最も適当なものを 1～4 から選びましょう。

⇒答えは p.172

/10 /10

1　a 河原でバーベキューをしていたら、b 小雨が降ってきた。

a 河原　　1　こうはら　　2　こうげん　　3　かわはら　　4　かわら
b 小雨　　1　しょうう　　2　こあめ　　　3　こさめ　　　4　さあめ

2　a 芝生に寝っ転がると、b 心地いい風が吹いてきた。

a 芝生　　1　ざっそう　　2　しばふ　　　3　じゅうたん　4　はたけ
b 心地　　1　きもち　　　2　しんじ　　　3　ここち　　　4　こころえ

3　a 時雨程度なら、祭りの開催に b 差し支えないだろう。

a 時雨　　　　1　きりさめ　　2　しぐれ　　　3　しずく　　　4　ゆうだち
b 差し支えない　1　さししない　　　　　　　　2　さしさえない
　　　　　　　3　さしささえない　　　　　　　4　さしつかえない

4　a 田舎に帰るといつも b 叔母に結婚を勧められる。

a 田舎　　1　たしゃ　　　2　でんしゃ　　3　たなか　　　4　いなか
b 叔母　　1　うば　　　　2　おば　　　　3　ぎぼ　　　　4　そぼ

5　これから行く店は、創業 100 年を超える a 老舗の b 果物店です。

a 老舗　　1　かわせ　　　2　くろうと　　3　しっぽ　　　4　しにせ
b 果物　　1　かぶつ　　　2　かもつ　　　3　おくりもの　4　くだもの

白髪 しらが/はくはつ	white / grey hair ／白发／ tóc bạc	白髪を染める
素人 しろうと	novice ／外行／ người nghiệp dư	素人の技術
師走 しわす	12月のこと。	12月を師走という
相撲 すもう	sumo wrestling ／相扑／ vật sumo	相撲をとる
梅雨 つゆ	6〜7月の雨の多い時期。	梅雨の季節
凸凹 でこぼこ	rugged ／凹凸／ lồi lõm	凸凹の道
名残り なごり	remains, traces ／流芳百世／ tàn tích, tàn dư	当時の名残り
雪崩 なだれ	avalanche ／雪崩／ tuyết lở	雪崩が起こる
野良 のら	stray ／野（猫）／ hoang	野良猫
博士 はかせ	doctorate ／博士／ tiến sĩ	博士論文
吹雪 ふぶき	blizzard ／暴风雪／ bão tuyết	吹雪になる
迷子 まいご	lost child ／走失的孩子／ trẻ lạc	迷子を探す
真面目（な） まじめ	serious ／认真的／ chăm chỉ, cần mẫn	真面目に働く
真っ赤（な） まっか	非常に赤いこと。	真っ赤な車
真っ青（な） まっさお	非常に青いこと。	真っ青な空
土産 みやげ	present, souvenir ／土产、旅行纪念其品／ quà	旅行のお土産、土産物店
息子 むすこ	son ／儿子／ con trai	息子と娘
眼鏡 めがね	glasses ／眼睛／ kính (đeo mắt)	眼鏡をかける
紅葉／紅葉 もみじ／こうよう	秋に葉が赤や黄に変わること、その葉。	色鮮やかな紅葉
木綿 もめん	cotton ／木棉／ bông, cốt-tông	木綿のシャツ
最寄（り） もよ	そこから一番近いこと。	最寄駅
八百屋 やおや	grocer ／蔬菜店／ người bán rau	近くの八百屋で野菜を買う
浴衣 ゆかた	yukata ／日式浴衣／ áo kimono mùa hè	涼しそうな浴衣
行方 ゆくえ	行った方向、行ったところ。	男の行方を追う、行方不明

EXERCISE 2

次の下線部の読みとして最も適当なものを1～4から選びましょう。

⇒答えはp.172

1 この a浴衣は、b木綿の生地でできているので、家でも簡単に洗える。

| a 浴衣 | 1 ゆかた | 2 ゆころも | 3 よくい | 4 よくぎ |
| b 木綿 | 1 きめん | 2 こわた | 3 もめん | 4 もくめん |

2 a博士は、研究発表が行われる大学からb最寄りのホテルに泊まった。

| a 博士 | 1 はくせ | 2 はかせ | 3 ばくせ | 4 ばかせ |
| b 最寄り | 1 さきり | 2 さより | 3 もきり | 4 もより |

3 この猫は、かつてa野良猫だった時のb名残りか、夜中や朝方によく動き回る。

| a 野良猫 | 1 のよねこ | 2 のしねこ | 3 のらねこ | 4 のりねこ |
| b 名残り | 1 なこり | 2 なごり | 3 めこり | 4 めごり |

4 a行方不明者の捜索活動は、b吹雪の中も続けられた。

| a 行方 | 1 いほう | 2 いっぽう | 3 ゆきえ | 4 ゆくえ |
| b 吹雪 | 1 すゆき | 2 すいき | 3 ふゆき | 4 ふぶき |

5 a素人とは思えない知識とb真面目な性格が社長に気に入られ、社員に採用された。

| a 素人 | 1 すにん | 2 そじん | 3 くろうと | 4 しろうと |
| b 真面目 | 1 まし | 2 まじめ | 3 まとも | 4 もっとも |

第1章 対策準備

UNIT 8 「たとえ」の表現

> **例題**
>
> 次の（　　）に入れるのに最もよいものを、1・2・3・4から一つ選びましょう。
>
> 先生からそう言われた時は、（　　　）ほどうれしかった。
>
> 　1　声が出る　　　2　涙が出る　　　3　力が出る　　　4　元気が出る
>
> **POINT**
>
> たとえの表現は、実際のことを表すものではありません。気持ちや感情などについて、「それくらいのことだ」と強調して言うものです。そのため、体の動きや変化を表すものが多いです。よく使われるものを覚えておきましょう。
>
> 正解：2

●ほど

息が詰まる		の美しさ／緊張	→ 強い感動や緊張。
顔から火が出る		恥ずかしかった	→ とても恥ずかしい気持ち。
死ぬ		笑った／好きだ	→ 抑えられない強い気持ち。
心臓が止まる（かと思う）		驚いた	→ 強いショックや大きな驚き。
血の気が引く	ほど	怖かった	→ 強い恐怖を感じる様子。
鳥肌が立つ		感動した	→ 強い感動や興奮。
のどから手が出る		ほしい	→ 今すぐ欲しいという気持ち。
頬が落ちる		おいしかった	→ とてもおいしいこと。
目が回る		忙しい	→ 非常に忙しい様子。
目に入れても痛くない		かわいい	→ かわいくてしょうがない気持ち、子に対する愛情。

⇒ ほかに、「～そうだ」「～そうなくらいだ」「～かと思った」などが使われる。

●ような

生き返った		気分	→ 元気を取り戻した様子。
祈る		思い／気持ち	→ 結果を心配して祈りたくなる気持ち。
死ぬ		思い	→ 大変な困難に対し、全力で取り組む様子。
砂をかむ	ような	思い	→ 楽しさや面白さが全くない状況を耐えている様子。
血のにじむ		努力	→ 大変な苦労。
身を切られる		思い	→ 悲しい出来事や状況に対し、辛く感じる気持ち。
胸が締め付けられる		思い	→ 強い悲しみや寂しさに襲われて苦しく感じる気持ち。
目が覚める		思い	→ 迷いなどが消え、正しい判断力を取り戻す様子。

⇒ ほかに、「～気がした」などが使われる。また、直接名詞と結びつくことも多い。例 **死ぬ思い**で頑張る！
また、名詞と結びつかず、動詞のままで表現することもある。例 その話を聞いて、**目が覚めた**よ。

144

●ように

手に取る		わかる	→ すぐ目の前にあるように、はっきりとわかる様子。
何(事)もなかった(かの)	ように	振る舞う	→ 何か起きたときに、その影響を表情に出さない様子。
湯水の		使う	→ お金などを、何も気にせず、好きなだけ使う様子。

EXERCISE

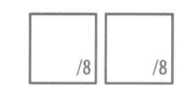

次の（　）に入れるのに最もよいものを、1・2・3・4から一つ選びましょう。

⇒答えは p.172

1. 初めて彼の演奏を聴いた時は、（　　　）ほど興奮した。
   1　目が回る　　2　鳥肌が立つ　　3　砂をかむ　　4　血の気が引く

2. 本当はショックだったはずなのに、（　　　）ように振る舞っている。
   1　何とかなる　2　何ともいえない　3　何事もなかった　4　何も気にしない

3. この映画、まだ見てない？（　　　）ほど面白かったよ。
   1　死ぬ　　2　顔から火が出る　　3　心臓が止まる　　4　頬が落ちる

4. 住み慣れた土地を離れることになった父にとっては、（　　　）ような思いかもしれない。
   1　息が詰まる　　2　死ぬ　　3　血の毛が引く　　4　身を切られる

5. 死んでしまったわが子を抱き続ける母ザルの姿を見ると（　　　）思いだ。
   1　祈る　　　　　　　　　　　　2　砂をかむ
   3　胸が締め付けられる　　　　　4　目に入れても痛くない

6. 彼女とは小学校以来の付き合いだから、何を考えているか、（　　　）ようにわかる。
   1　手にする　　2　手にとる　　3　手に乗る　　4　手に入る

7. この仕事は、忙しい時は本当に（　　　）ほど忙しくなる。
   1　目が回る　　2　鳥肌が立つ　　3　砂をかむ　　4　血の気が引く

8. この5年間、（　　　）ような思いでずっとこの状況に耐えてきました。
   1　祈る　　2　頬が落ちる　　3　砂をかむ　　4　血のにじむ

語彙力アップチェックリスト

①仕事・ビジネス・職業

医師（いし）	**医師**の診断、**医師**の資格
医療（いりょう）	高度な**医療**サービス、**医療**保険
オープン	新しい店が**オープン**する、**オープン**な議論
解剖（かいぼう）（する）	動物を**解剖**する
規格（きかく）	電子部品の**規格**、**規格**に合う、**規格**外
業界（ぎょうかい）	**業界**のルール、食品**業界**
黒字（くろじ）	**黒字**経営、貿易の**黒字**
決算（けっさん）	**決算**の発表、今期の**決算**
鉱山（こうざん）	石炭**鉱山**、**鉱山**技師
採掘（さいくつ）（する）	金を**採掘**する、**採掘**現場
在庫（ざいこ）	**在庫**を抱える、**在庫**を処分する
採算（さいさん）	**採算**が合う、**採算**がとれる、**採算**を割る
採用（さいよう）（する）	スタッフを**採用**する、案を**採用**する
収益（しゅうえき）	会社の**収益**、**収益**を確保する
出資（しゅっし）（する）	国が**出資**する、事業に**出資**する
昇進（しょうしん）（する）	部長に**昇進**する、**昇進**のチャンス
真珠（しんじゅ）	**真珠**のネックレス
製造（せいぞう）（する）	自動車を**製造**する、**製造**コスト
選考（せんこう）（する）	優秀作品を**選考**する、**選考**基準
陳列（ちんれつ）（する）	商品を**陳列**する、**陳列**棚
鉄鉱（てっこう）	鉄鋼業、**鉄鉱**石
陶器（とうき）	**陶器**を焼く、古い時代の**陶器**
投与（とうよ）（する）	患者に薬を**投与**する
取引（とりひき）（する）	海外と**取引**する、**取引**先の会社
問屋（とんや）	お米の**問屋**、**問屋**街
任務（にんむ）	特別な**任務**、**任務**を果たす
発掘（はっくつ）（する）	骨を**発掘**する、資源を**発掘**する
販売（はんばい）（する）	医薬品の**販売**、**販売**スタッフ
報酬（ほうしゅう）	**報酬**を得る、仕事に対する**報酬**
宝石（ほうせき）	**宝石**店
紡績（ぼうせき）	**紡績**工場、絹の**紡績**
メーカー	車の**メーカー**、**メーカー**に問い合わせる
酪農（らくのう）	**酪農**を始める、**酪農**家

②教育・科学・学校

教科（きょうか）	好きな**教科**、全部で5つの**教科**
教材（きょうざい）	日本語の**教材**、デジタル**教材**を使う
教習（きょうしゅう）	**教習**を受ける、自動車の**教習**
症状（しょうじょう）	軽い**症状**、**症状**がひどくなる
専攻（せんこう）（する）	経済を**専攻**する、**専攻**科目
先端（せんたん）	ペンの**先端**、**先端**を切る
他校（たこう）	**他校**の生徒、**他校**に移る
分析（ぶんせき）（する）	原因を**分析**する、データを**分析**する
ボイコット	試合を**ボイコット**する、その会社の製品を**ボイコット**する

保健（ほけん）	保健所、福祉や保健

③政治・経済・社会・国（せいじ・けいざい・しゃかい・くに）

圧力（あつりょく）	政府からの圧力、圧力を加える
演説（する）（えんぜつ）	議会で演説する、英語で演説する
汚染（おせん）	大気の汚染、汚染された水
改正（する）（かいせい）	法律を改正する、ルールを改正する
介入（する）（かいにゅう）	政治に介入する、戦争に介入する
家計（かけい）	家計のやりくり、家計を支える
官庁（かんちょう）	官庁の建物、中央官庁
幹部（かんぶ）	幹部の命令、将来の幹部候補
緩和（する）（かんわ）	緊張を緩和する、痛みを緩和する
規制（する）（きせい）	交通規制、規制の廃止
行政（ぎょうせい）	行政の役割、市の行政
景気（けいき）	景気が良くなる、景気を左右する
経済的（な）（けいざいてき）	経済的なやり方、こっちのほうが経済的
原稿（げんこう）	原稿を書く、作家の原稿
購入（する）（こうにゅう）	商品を購入する、家を購入する
小銭（こぜに）	小銭を貯める、小銭がない
財政（ざいせい）	財政を管理する、国の財政
事業（じぎょう）	国の事業計画、事業を始める
視察（する）（しさつ）	現場を視察する、海外を視察する
実費（じっぴ）	実費を計算する、実費を払う
司法（しほう）	国の司法、司法の役割
首相（しゅしょう）	首相に任命される、首相の権限
情勢（じょうせい）	世界の情勢、情勢が悪くなる
情報（じょうほう）	最新情報、情報を公開する
食糧（しょくりょう）	食糧を渡す、食糧危機
審議（する）（しんぎ）	予算を審議する、審議が続く
振興（する）（しんこう）	産業が振興する、音楽の振興
スピーチ	スピーチを行う、スピーチの練習
セレモニー	セレモニーに参加する、セレモニーの司会
葬式（そうしき）	葬式をする、葬式に参列する
大衆（たいしゅう）	大衆に支持される、大衆文化
体制（たいせい）	国の体制、体制の強化
停滞（する）（ていたい）	経済が停滞する、流れが停滞する
当局（とうきょく）	当局の調査、当局の発表
統計（とうけい）	政府の統計、統計を調べる
統制（とうせい）	統制をとる、組織の統制
統治（する）（とうち）	国を統治する、統治機関
特集（とくしゅう）	雑誌の特集、特集を組む
派（は）	派が違う、反対派
否決（する）（ひけつ）	法案が否決される、可決か否決か
不況（ふきょう）	不況の影響、深刻な不況
復興（する）（ふっこう）	町が復興する、復興に向けた努力
腐敗（ふはい）	政治の腐敗、腐敗した肉
付録（ふろく）	雑誌の付録、付録の内容
文書（ぶんしょ）	政府の文書、文書の作成

返済(する)	借金を返済する、毎月返済する	脱退(する)	グループを脱退する、会を脱退する
返品(する)	商品を返品する、お店に返品する	チーム	商品開発のチーム、チームの一員
報じる	事故を報じる、事件を報じる	デッサン	デッサンが上手
保守	機械の保守サービス、保守的な考え	童謡	童謡の歌詞
		俳優	人気俳優
野党	野党の反対、与党と野党	版画	版画の技法の一つ、木版画
浪費(する)	金を浪費する、時間を浪費する	披露(する)	ダンスを披露する、結婚相手を披露する
		文化財	国の文化財、文化財を守る
		土産	東京土産、土産話
		民謡	外国の古い民謡、民謡を歌う

④旅行・趣味・活動・芸術

遺跡	遺跡をめぐる、古代遺跡
演じる	役を演じる、大きな役割を演じる
観客	観客の声援に応える
脚本	映画の脚本、脚本通りに事が運ぶ
キャプテン	チームのキャプテンになる
休暇	休暇をとる
傑作	ピカソの傑作、傑作といえる
娯楽	娯楽施設、娯楽に興じる
裁縫	裁縫を習う
芝居	芝居を見る、芝居を演じる
ジャンル	好きなジャンル、ジャンルを問わない
手芸	手芸の道具、手芸教室
主役	主役を演じる、映画の主役
スタジオ	撮影スタジオ
ステージ	野外のステージ
創作(する)	物語を創作する、曲を創作する

⑤事故・事件・災害・トラブル

違反(する)	法律に違反する
ウイルス	コンピューターウイルス、ウイルスに感染する
過失	過失を責める、重大な過失
過疎	過疎の村、過疎化が進む
感染(する)	病気に感染する、感染症
勘違い(する)	場所を勘違いする、ちょっとした勘違い
危害	危害を加える、危害を及ぼす
犠牲者	事故の犠牲者
窮乏(する)	生活が窮乏する
疑惑	不正疑惑、疑惑を持たれる
結核	結核にかかる
洪水	洪水が起こる、洪水警報
強盗	強盗が入る
誤解(する)	意味を誤解する、誤解を解く

語彙力アップチェックリスト

災害（さいがい）	災害を防ぐ、自然災害
錯誤（さくご）	錯誤が生じる、試行錯誤
死亡（しぼう）(する)	交通事故による死亡
障害（しょうがい）	通信障害が起きる、耳の障害
消防（しょうぼう）	消防の設備、消防署、消防車
真相（しんそう）	事件の真相、真相を明らかにする
侵入（しんにゅう）(する)	建物に侵入する、システムに侵入する
騒音（そうおん）	飛行機の騒音、騒音に悩む
喪失（そうしつ）(する)	記憶を喪失する、自信を喪失する
訴訟（そしょう）	訴訟を起こす、住民訴訟
台無し（だいなし）	計画が台無しになる
担架（たんか）	担架で運ぶ
中傷（ちゅうしょう）(する)	ネット上で人を中傷する
追放（ついほう）(する)	国から追放される
償い（つぐない）	事故の償い、償いを行う
迫害（はくがい）(する)	迫害を受ける
爆発（ばくはつ）(する)	爆発事故
犯人（はんにん）	犯人を捕まえる
被災地（ひさいち）	被災地の復興
人質（ひとじち）	人質を救出する、人質の解放
負債（ふさい）	負債を負う、負債を抱える
侮辱（ぶじょく）(する)	人を侮辱する、侮辱的な言葉
不正（ふせい）	議員の不正疑惑、不正を許さない
崩壊（ほうかい）(する)	建物が崩壊する、組織が崩壊する
防犯（ぼうはん）	防犯カメラ、防犯に役立つ
略奪（りゃくだつ）(する)	村を略奪する、略奪行為

⑥自然・動物・植物・宇宙

獲物（えもの）	獲物を追いかける
沖（おき）	沖へ出る、ハワイ沖を航行する
河川（かせん）	河川の水の状態、周辺の河川
花壇（かだん）	花壇の手入れ、花壇に花を植える
軌道（きどう）	月の軌道、軌道に乗る
丘陵（きゅうりょう）	丘陵地帯
曇る（くもる）	空が曇る、表情が曇る
降水（こうすい）	降水量、降水確率
細菌（さいきん）	体内の細菌、細菌感染
栽培（さいばい）(する)	トマトを栽培する、バラを栽培する
細胞（さいぼう）	細胞の構造
飼育（しいく）(する)	牛を飼育する
霜（しも）	霜が降りる
種子（しゅし）	植物の種子、種子の表面
樹木（じゅもく）	樹木を植える
澄んだ（すんだ）	澄んだ空気、澄んだ水
淡水（たんすい）	淡水の湖、淡水の魚
苗（なえ）	苗を植える、イチゴの苗
なだらか(な)	なだらかな坂、なだらかな山々
燃焼（ねんしょう）(する)	酸素が燃焼する、不完全燃焼
鉢（はち）	木を鉢に植える
浜辺（はまべ）	浜辺の砂、浜辺の景色
繁殖（はんしょく）(する)	パンダの繁殖に成功する、カビが繁殖する
肥料（ひりょう）	肥料をまく

品種（ひんしゅ）	品種改良、植物の品種
夕闇（ゆうやみ）	夕闇が近づく、午後の夕闇

⑦動詞

相次ぐ（あいつ）	地震が相次ぐ、事件が相次ぐ
明かす（あ）	秘密を明かす、夜を明かす
あつらえる	着物をあつらえる、スーツをあつらえる
危ぶむ（あや）	成功を危ぶむ、子供の将来を危ぶむ
案じる（あん）	息子を案じる、将来を案じる
打ち消す（うけ）	不安を打ち消す、効果を打ち消す
促す（うなが）	成長を促す、反省を促す
うぬぼれる	自分にうぬぼれる、才能にうぬぼれる
惜しむ（お）	命を惜しむ、金を惜しむ、別れを惜しむ
脅かす（おびや）	健康を脅かす、人類を脅かす
帯びる（お）	熱を帯びる、赤みを帯びる
赴く（おもむ）	現場に赴く、海外に赴く
及ぶ（およ）	広い範囲に及ぶ、3週間に及ぶ
及ぼす（およ）	影響を及ぼす、効果を及ぼす
稼ぐ（かせ）	生活費を稼ぐ、時間を稼ぐ
鍛える（きた）	精神を鍛える、体を鍛える
興じる（きょう）	趣味に興じる、ゲームに興じる
崩す（くず）	体調を崩す、お金を崩す
覆す（くつがえ）	決定を覆す、政府を覆す
けなす	人をけなす、味をけなす
こぼす	コーヒーをこぼす、涙をこぼす
凝る（こ）	デザインに凝る
冴える（さ）	頭が冴える、目が冴える
裂く（さ）	布を裂く、二つに裂く、仲を裂く
避ける（さ）	危険を避ける、人を避ける
察する（さっ）	相手の気持ちを察する
悟る（さと）	意味を悟る、誤りを悟る
慕う（した）	遠くの恋人を慕う、亡き人を慕う
準ずる（じゅん）	社員に準ずる、本契約に準ずる
称する（しょう）	代理人と称する者、自らを天才と称する男
過ぎる（す）	冬が過ぎる、言葉が過ぎる
澄ます（す）	耳を澄ます
制する（せい）	試合を制する、心を制する
迫る（せま）	危険が迫る、締切が迫る
添える（そ）	手紙を添える、花を添える
即する（そく）	現実に即したやり方、事実に即する
そらす	目をそらす、顔をそらす
反る（そ）	右に反る、体を反る
耐える（た）	苦痛に耐える、寒さに耐える
携わる（たずさ）	仕事に携わる、政治に携わる
断つ（た）	関係を断つ、交際を断つ
脱する（だっ）	危機を脱する
尽くす（つ）	ベストを尽くす、力を尽くす
繕う（つくろ）	スカートを繕う、欠点を繕う

つつく	ほっぺを**つつく**、ひじで**つつく**	ぼやける	**ぼやけた**写真、**ぼやけた**感じ
努める	節約に**努める**、向上に**努める**	賄う	食事を**賄う**、生活を**賄う**
募る	意見を**募る**、出資を**募る**	もがく	逃げようと**もがく**、痛がって**もがく**
つぶやく	小声で**つぶやく**、不満を**つぶやく**	潜る	海に**潜る**、水中に**潜る**
説く	意味を**説く**、教えを**説く**	もたらす	利益を**もたらす**、被害を**もたらす**
遂げる	目的を**遂げる**、進歩を**遂げる**	もてなす	客を**もてなす**、友人を**もてなす**
とぼける	知っているのに**とぼける**、**とぼけた**表情	もらす	秘密を**もらす**、声を**もらす**
とろける	**とろける**ような表情、**とろけた**状態	湧く	興味が**湧く**、水が**湧く**
眺める	遠くを**眺める**、景色を**眺める**		
嘆く	不運を**嘆く**、人の死を**嘆く**		

⑧**する動詞**

圧縮(する)	データを**圧縮**する、日程を**圧縮**する
圧勝(する)	試合で**圧勝**する、選挙で**圧勝**する
移行(する)	データを**移行**する、新体制に**移行**する
維持(する)	体力を**維持**する、関係を**維持**する
委託(する)	販売を**委託**する、処理を**委託**する
一括(する)	**一括**して注文する
一致(する)	意見が**一致**する、答えが**一致**する
閲覧(する)	本を**閲覧**する、**閲覧**室
回収(する)	解答用紙を**回収**する、ゴミを**回収**する
開拓(する)	市場を**開拓**する、土地を**開拓**する
改定(する)	料金を**改定**する、制度を**改定**する
該当(する)	条件に**該当**する

にじむ	インクが**にじむ**、汗が**にじむ**
にらむ	人を**にらむ**、画面を**にらむ**
縫う	服を**縫う**、傷口を**縫う**
臨む	試合に**臨む**、本番に**臨む**
はかどる	仕事が**はかどる**、勉強が**はかどる**
はじく	指で**はじく**、水を**はじく**
控える	使用を**控える**、コメントを**控える**
率いる	軍を**率いる**、会社を**率いる**
ひやかす	新婚カップルを**ひやかす**
塞がる	両手が**塞がる**、胸が**塞がる**
へりくだる	自分を**へりくだる**、どんな人にも**へりくだる**
経る	手続きを**経る**、時を**経る**
施す	処理を**施す**、工夫を**施す**
ぼやく	安い給料を**ぼやく**、仕事がきついと**ぼやく**

回覧(する) かいらん	資料を**回覧**する	許可(する) きょか	使用を**許可**する、入国を**許可**する
覚悟(する) かくご	失敗を**覚悟**する、死を**覚悟**する	吟味(する) ぎんみ	内容を**吟味**する、食べ物を**吟味**する
確信(する) かくしん	成功を**確信**する	経過(する) けいか	手術後の**経過**、**経過**を報告する
革新(する) かくしん	技術**革新**、**革新**政党、**革新**的なデザイン	警戒(する) けいかい	泥棒に**警戒**する
拡大(する) かくだい	画像を**拡大**する、**拡大**コピー	継続(する) けいぞく	利用を**継続**する、試合を**継続**する
獲得(する) かくとく	賞金を**獲得**する、権利を**獲得**する	決行(する) けっこう	試合を**決行**する、雨天**決行**
確保(する) かくほ	利益を**確保**する、会場を**確保**する	結合(する) けつごう	酸素と**結合**する
確立(する) かくりつ	制度を**確立**する	欠如(する) けつじょ	一部が**欠如**する、常識が**欠如**する
合致(する) がっち	条件に**合致**する	結束(する) けっそく	仲間で**結束**する
加入(する) かにゅう	グループに**加入**する、クラブに**加入**する	抗議(する) こうぎ	審判に**抗議**する
感激(する) かんげき	プレゼントに**感激**する、優しい言葉に**感激**する	貢献(する) こうけん	会社に**貢献**する、社会に**貢献**する
還元(する) かんげん	利益を**還元**する、濃縮**還元**のジュース	向上(する) こうじょう	技術が**向上**する
勧告(する) かんこく	引退を**勧告**する、避難**勧告**	後退(する) こうたい	景気が**後退**する
監視(する) かんし	行動を**監視**する、**監視**カメラ	購読(する) こうどく	新聞を**購読**する
勘弁(する) かんべん	今回は**勘弁**してやる。／今度ばかりは**勘弁**できない。	交付(する) こうふ	書類を**交付**する、免許を**交付**する
勧誘(する) かんゆう	新人を**勧誘**する、**勧誘**の電話	公募(する) こうぼ	意見を**公募**する、**公募**して業者を決める
棄権(する) きけん	試合を**棄権**する、投票を**棄権**する	考慮(する) こうりょ	事情を**考慮**する
記載(する) きさい	事実を**記載**する、**記載**内容	告白(する) こくはく	愛を**告白**する、罪を**告白**する
寄贈(する) きぞう	学校に本を**寄贈**する	誇張(する) こちょう	**誇張**した表現
救済(する) きゅうさい	被害者を**救済**する、弱者を**救済**する	再婚(する) さいこん	**再婚**の相手
享受(する) きょうじゅ	自由を**享受**する、恩恵を**享受**する	催促(する) さいそく	支払いを**催促**する、電話を**催促**する
強要(する) きょうよう	参加を**強要**する、お金を**強要**する	採択(する) さいたく	条約を**採択**する、案を**採択**する
		削減(する) さくげん	費用を**削減**する

語彙力アップチェックリスト

指図(する)（さしず）	仕事を指図する、人に指図する
産出(する)（さんしゅつ）	石油を産出する
指揮(する)（しき）	オーケストラを指揮する、チームを指揮する
試行(する)（しこう）	試行段階、試行錯誤
失恋(する)（しつれん）	失恋の歌、失恋した相手
指摘(する)（してき）	間違いを指摘する、誤りを指摘する
従事(する)（じゅうじ）	開発に従事する、研究に従事する
収集(する)（しゅうしゅう）	ゴミを収集する、情報を収集する
修飾(する)（しゅうしょく）	名詞を修飾する、修飾語
執着(する)（しゅうちゃく）	一つの考えに執着する、執着心
主導(する)（しゅどう）	政府主導の計画
樹立(する)（じゅりつ）	記録を樹立する、関係を樹立する
循環(する)（じゅんかん）	バスの循環ルート、血液が循環する
消去(する)（しょうきょ）	データを消去する
照合(する)（しょうごう）	書類を照合する
上昇(する)（じょうしょう）	気温が上昇する、上昇気流
承認(する)（しょうにん）	計画を承認する、内容を承認する
奨励(する)（しょうれい）	教育を奨励する、農業を奨励する
所持(する)（しょじ）	パスポートを所持する、ナイフを所持する
自律(する)（じりつ）	自律神経
自立(する)（じりつ）	経済的に自立する
進化(する)（しんか）	生物が進化する、進化論
進行(する)（しんこう）	車の進行、会議の進行
申請(する)（しんせい）	許可を申請する
進呈(する)（しんてい）	記念品を進呈する
推進(する)（すいしん）	計画を推進する
推測(する)（すいそく）	結果を推測する
衰退(する)（すいたい）	産業が衰退する
清掃(する)（せいそう）	ビルの清掃、清掃係
盛装(する)（せいそう）	ドレスで盛装する
制定(する)（せいてい）	法律を制定する
是正(する)（ぜせい）	不公平を是正する
摂取(する)（せっしゅ）	栄養を摂取する、アルコールを摂取する
設立(する)（せつりつ）	学校を設立する、会社を設立する
全滅(する)（ぜんめつ）	味方が全滅する、害虫が全滅する
相応(する)（そうおう）	説明に相応する、能力に相応する
操作(する)（そうさ）	機械を操作する、情報を操作する
捜索(する)（そうさく）	現場を捜索する、捜索活動
装飾(する)（そうしょく）	室内を装飾する、装飾品
促進(する)（そくしん）	販売を促進する、成長を促進する
束縛(する)（そくばく）	人を束縛する、自由を束縛する
阻止(する)（そし）	感染を阻止する、優勝を阻止する
退化(する)（たいか）	機能が退化する、羽が退化する
打開(する)（だかい）	現状を打開する
妥協(する)（だきょう）	相手に妥協する、この案で妥協する

PART 1 基礎編
PART 2 対策編 / 対策準備 / 実戦練習
PART 3 模擬試験

153

蓄積(する)ちくせき	データを蓄積する、経験を蓄積する	分担(する)ぶんたん	仕事を分担する、役割を分担する
注釈(する)ちゅうしゃく	専門用語に注釈をつける	分離(する)ぶんり	水と油を分離する
徴収(する)ちょうしゅう	税金を徴収する、会費の徴収	変革(する)へんかく	社会を変革する
沈黙(する)ちんもく	沈黙を続ける	返還(する)へんかん	奨学金を返還する
痛感(する)つうかん	難しさを痛感する、必要性を痛感する	返却(する)へんきゃく	図書館に本を返却する
手配(する)てはい	車を手配する、チケットを手配する	偏向(する)へんこう	偏向した報道
展開(する)てんかい	議論を展開する、海外に展開する	変更(する)へんこう	スケジュールを変更する、内容を変更する
転換(する)てんかん	方向を転換する、方針を転換する	放棄(する)ほうき	権利を放棄する、試合を放棄する
統合(する)とうごう	事業を統合する、会社を統合する	奉仕(する)ほうし	社会に奉仕する、奉仕活動
当選(する)とうせん	選挙に当選する	膨張(する)ぼうちょう	支出が膨張する、物体が膨張する
認識(する)にんしき	音を認識する、事実を認識する	飽和(する)ほうわ	すでに飽和状態だ。
把握(する)はあく	地図を把握する、状況を把握する	補強(する)ほきょう	橋を補強する
廃棄(する)はいき	古い車を廃棄する、壊れたものを廃棄する	保全(する)ほぜん	環境を保全する、現状を保全する
配給(する)はいきゅう	食料を配給する、映画を配給する	没収(する)ぼっしゅう	財産を没収する
廃止(する)はいし	制度を廃止する、ルールを廃止する	命中(する)めいちゅう	的に命中する
破棄(する)はき	契約を破棄する、書類を破棄する	模倣(する)もほう	作品を模倣する
暴露(する)ばくろ	事実を暴露する	優先(する)ゆうせん	仕事を優先する、お年寄りなどの優先席
破裂(する)はれつ	風船が破裂する、容器が破裂する	郵送(する)ゆうそう	荷物を郵送する
繁栄(する)はんえい	国が繁栄する、街が繁栄する	誘導(する)ゆうどう	客を誘導する
比例(する)ひれい	長さに比例する、大きさに比例する	養成(する)ようせい	教員を養成する、俳優の養成
扶養(する)ふよう	家族を扶養する	抑制(する)よくせい	感情を抑制する、利用を抑制する
		了解(する)りょうかい	事情を了解する
		了承(する)りょうしょう	提案を了承する、変更を了承する
		類似(する)るいじ	類似したデザイン、類似品

⑨複合動詞

追い込む	危機に追い込む
駆け付ける	病院に駆け付ける
取り扱う	商品を取り扱う
取り替える	電池を取り替える
取り組む	研究に取り組む、問題に取り組む
取り次ぐ	電話を取り次ぐ
取り巻く	企業を取り巻く環境
割り当てる	役を割り当てる

⑩形容詞

あつかましい	あつかましい態度
怪しい	怪しい船、怪しい人物
著しい	著しい変化、著しい不足
卑しい	卑しい言葉、卑しい身分
いやらしい	いやらしい目つき、いやらしい話
陰気(な)	陰気な話、陰気な顔
陰湿(な)	陰湿ないじめ
うっとうしい	うっとうしい天気
うつろ(な)	うつろな表情、うつろな声
円滑(な)	円滑なコミュニケーション、円滑に行う
厳か(な)	厳かな儀式
愚か(な)	愚か者、愚かな行為
おろそか(な)	勉強をおろそかにする、家庭をおろそかにする
温和(な)	温和な性格
格別(な)	格別なもてなし
過剰(な)	過剰な要求、過剰な使用
かすか(な)	かすかな光、かすかな望み
過密(な)	過密なスケジュール
頑固(な)	頑固な態度、頑固な人
頑丈(な)	頑丈な建物、頑丈な作り
肝心(な)	肝心なことを言い忘れる
寛容(な)	寛容な社会、寛容を示す
きざ(な)	きざな態度、きざな奴
希少(な)	希少な資源
奇妙(な)	奇妙な形、奇妙な話
気味悪い	気味悪い話
窮屈(な)	窮屈な店、窮屈な服
強硬(な)	強硬な態度、強硬な意見
強力(な)	強力な薬、強力に進める
極端(な)	極端な例、極端な意見
軽快(な)	軽快なリズム
軽率(な)	軽率な態度、軽率な行動
汚らわしい	汚らわしい男
謙虚(な)	謙虚な人柄
健在(な)	両親ともに健在、古い建物が今も健在
厳重(な)	厳重な管理
健全(な)	健全な経営、健全な考え
厳密(な)	厳密な区別、厳密なチェック
懸命(な)	懸命な努力
賢明(な)	賢明な判断
幸運(な)	幸運な結果
高尚(な)	高尚な意見、高尚な理想
好調(な)	好調な売れ行き

好評(な)こうひょう	好評の番組、好評を得る
巧妙(な)こうみょう	巧妙なやり方
小柄(な)こがら	小柄な選手
快いこころよ	快い対応、快い眠り
柔軟(な)じゅうなん	柔軟な考え、柔軟な対応
純粋(な)じゅんすい	純粋な目的、純粋な水
詳細(な)しょうさい	詳細なデータ
神聖(な)しんせい	神聖な酒、神聖な場所
迅速(な)じんそく	迅速な対応、迅速な処理
慎重(な)しんちょう	慎重な態度、慎重に進める
親密(な)しんみつ	親密な関係
すがすがしい	すがすがしい朝、すがすがしい気持ち
健やか(な)すこ	健やかな成長、健やかに暮らす
すばしこい	すばしこいウサギ、すばしこい動き
正規(な)せいき	正規の手続き、正規の社員
盛大(な)せいだい	盛大な会、盛大な声援
精密(な)せいみつ	精密機械、精密検査
切実(な)せつじつ	切実な問題
せつない	せつない話
善良(な)ぜんりょう	善良な市民、善良な心
壮大(な)そうだい	壮大な計画
そっけない	そっけない返事、そっけない態度
素朴(な)そぼく	素朴な暮らし、素朴な考え
大胆(な)だいたん	大胆な考え、大胆になる
怠慢(な)たいまん	怠慢なプレー
たくましい	たくましい腕、たくましい子供

多大(な)ただい	多大な利益、多大な損害
たやすい	彼にとってはたやすい
だるい	体がだるい、だるそうな様子
忠実(な)ちゅうじつ	忠実な部下、忠実な方法
でかい	でかい声、足がでかい
でたらめ(な)	でたらめな説、でたらめな奴
尊いとうと	尊い命、尊い身分
生臭いなまぐさ	生臭い臭い
生ぬるいなま	生ぬるい風、生ぬるいスープ
滑らか(な)なめ	滑らかな肌
悩ましいなや	悩ましい問題
馴れ馴れしいなな	馴れ馴れしい態度
のどか(な)	のどかな天気、のどかな町
ばかばかしい	ばかばかしい話
華々しいはなばな	華々しい活躍
華やか(な)はな	華やかなパーティー
遥か(な)はる	遥か昔、遥かな道のり
久しいひさ	別れてから久しい
敏感(な)びんかん	敏感な肌、敏感に反応する
貧弱(な)ひんじゃく	貧弱な計画、貧弱な体
頻繁(な)ひんぱん	頻繁な苦情、頻繁に使う
ふさわしい	ふさわしい格好
不純(な)ふじゅん	不純な考え
不適切(な)ふてきせつ	不適切な発言
不平等(な)ふびょうどう	不平等な扱い
平静(な)へいせい	平静を保つ
膨大(な)ぼうだい	膨大なデータ
朗らか(な)ほが	朗らかな性格、朗らかな人

みすぼらしい	みすぼらしい家、みすぼらしい格好
密接(な)	密接なつながり
明白(な)	明白なうそ、明白な事実
名誉(な)	名誉なこと、名誉に感じる
明朗(な)	明朗な会計、明朗な説明
めざましい	めざましい発展
ややこしい	ややこしい話、ややこしい問題
優位(な)	優位な位置
勇敢(な)	勇敢な行動、勇敢に戦う
有効(な)	有効な手段、有効な薬
優勢(な)	試合を優勢に進める
有利(な)	有利な条件、有利な立場
冷淡(な)	冷淡な態度、冷淡な人
露骨(な)	露骨な要求、露骨な態度
若々しい	若々しい服装

⑪副詞

相変わらず	相変わらず忙しい
あいにく	あいにくの雨
あえて	あえて質問しない
あしからず	あしからずご了承ください
あらかじめ	あらかじめ準備する
案の定	案の定負けた
いかにも	いかにも高そうな店
いちいち	いちいち聞かないで自分で調べるように
一概に	一概に否定できない
一挙に	一挙に解決する
いっこうに	いっこうに進まない
一切	一切食べない
一心に	一心に勉強する
今更	今更仕方がない
いやいや	いやいや参加する
いやに	いやに寒い
いよいよ	いよいよ大会が始まる
かつ	正確かつ素早く
かつて	かつて住んでいた
仮に	仮に付けた名前
きっぱり	きっぱり断る
くっきり	くっきり見える
くれぐれも	くれぐれも気をつけてください
げっそり	げっそりした顔
ことごとく	ことごとく反対する
再三	再三断る
さほど	さほど好きではない
至急	至急返事をください
しっくり	彼とはしっくりいかない
じっくり	じっくり考える
終始	終始変わらない
ずらっと	ずらっと並んでいる
せめて	せめて一度だけでも
それでも	それでもあきらめない
大層	大層喜んだ
着々と	工事が着々と進む
直ちに	直ちに避難する
ちょくちょく	ちょくちょく会う

つくづく	つくづくそう思う	一斉(いっせい)	一斉に始まる
適宜(てきぎ)	適宜対応する	意欲(いよく)	働く意欲、学習意欲
てっきり	てっきり本当だと思った	以来(いらい)	その日以来、別れて以来
到底(とうてい)	到底言えない	衣類(いるい)	夏用の衣類
どうにか	どうにか間に合った	異論(いろん)	異論を述べる
とっさに	とっさに逃げた	印鑑(いんかん)	印鑑を押す
突如(とつじょ)	突如消えた	器(うつわ)	器に盛る
何卒(なにとぞ)	何卒お願いいたします	帯(おび)	着物の帯、帯を締める
何より(なに)	何より大切だ、何より好きです	恩人(おんじん)	命の恩人、恩人の助け
何だか(なん)	何だかわからない、何だか気になる	外観(がいかん)	建物の外観
		会合(かいごう)	会社の会合、会合の時間
ひいては	ひいては町のためになる	概説(がいせつ)	日本史の概説
まちまち	大きさがまちまちだ	街頭(がいとう)	街頭インタビュー
めいめい	めいめいで用意する	架空(かくう)	架空の物語、架空の人物
もろに	もろにぶつかる、影響をもろに受ける	各種(かくしゅ)	各種サービス
やけに	やけに暑い、やけに安い	革命(かくめい)	革命を起こす、革命の指導者
ようやく	ようやく終わった	下限(かげん)	目標値の下限
		箇条書き(かじょうがき)	箇条書きで書く
⑫名詞(めいし)		家畜(かちく)	家畜の世話
愛情(あいじょう)	親の愛情、愛情を注ぐ	間隔(かんかく)	間隔を空ける
愛想(あいそ)	愛想の良い人	慣例(かんれい)	毎年の慣例、慣例に従う
あべこべ	上下があべこべ	奇数(きすう)	奇数のページ
安静(あんせい)	安静にする	規範(きはん)	社会の規範
意義(いぎ)	人生の意義、言葉の意義	起伏(きふく)	山の起伏、感情の起伏
偉業(いぎょう)	科学の偉業、偉業をたたえる	規約(きやく)	会の規約
意地(いじ)	意地を張る、意地で続ける	休息(きゅうそく)	休息をとる
一気(いっき)	一気に登る、一気に飲む	宮殿(きゅうでん)	昔の宮殿
一心(いっしん)	一心になる、一心をこめる	教訓(きょうくん)	人生の教訓

語彙力アップチェックリスト

郷里	きょうり	郷里の母
距離	きょり	家からの距離
規律	きりつ	軍隊の規律、規律を守る
均衡	きんこう	均衡のとれた予算計画
近郊	きんこう	パリ近郊に住む
近視	きんし	近視になる
禁物	きんもつ	油断は禁物
勤労	きんろう	勤労の権利、勤労の意欲
苦言	くげん	苦言を述べる、上司の苦言
蛍光	けいこう	蛍光ペン、蛍光色
形状	けいじょう	物の形状を説明する
血管	けっかん	足の血管、血管の太さ
圏	けん	英語圏、首都圏
原形	げんけい	原形を残す
行為	こうい	許されない行為
講習会	こうしゅうかい	パソコンの講習会
香辛料	こうしんりょう	香辛料を使う
心得	こころえ	仕事の心得
心がけ	こころがけ	心がけが足りない
心構え	こころがまえ	日頃の心構え
試み	こころみ	初めての試み
誤差	ごさ	誤差がある
献立	こんだて	料理の献立、献立表
才覚	さいかく	才覚のある人
財産	ざいさん	一家の財産、財産を残す
最中	さいちゅう	仕事の最中
仕上げ	しあげ	細部の仕上げ
仕掛け	しかけ	仕掛けを用意する
磁気	じき	地球の磁気、磁気の力
事項	じこう	注意事項
質疑	しつぎ	質疑応答
しつけ	しつけ	犬のしつけ、子どものしつけ
実態	じったい	実態を示す、実態の調査
私物	しぶつ	社員の私物
脂肪	しぼう	脂肪の多い肉
使命	しめい	国の使命、使命を果たす
趣旨	しゅし	法の趣旨、趣旨を伝える
主食	しゅしょく	日本人の主食
需要	じゅよう	米の需要、需要が増す
衝撃	しょうげき	衝撃を受ける、ぶつかった時の衝撃
証拠	しょうこ	犯罪の証拠、証拠が見つかる
正体	しょうたい	正体が明らかになる
焦点	しょうてん	議論の焦点、レンズの焦点
庶民	しょみん	庶民の暮らし、庶民の文化
仕分け	しわけ	商品の仕分け
新興	しんこう	新興都市、新興のメーカー
心身	しんしん	心身の状態、心身ともに疲れる
心理	しんり	人間の心理、心理学
炊事	すいじ	炊事や洗濯
誠意	せいい	誠意を示す、誠意ある対応
成人	せいじん	成人の男性、成人の儀式
折衷	せっちゅう	A案とB案を折衷する、折衷案
全盛	ぜんせい	全盛期を迎える
前提	ぜんてい	議論の前提、前提条件
措置	そち	臨時の措置、国の措置
隊員	たいいん	救助隊員

待遇（たいぐう）	**待遇**がいい、**待遇**の改善	一息（ひといき）	**一息**つく、**一息**入れる
態勢（たいせい）	受け入れ**態勢**、体の**態勢**	人柄（ひとがら）	優しい**人柄**、**人柄**を感じる
助け（たすけ）	友人の**助け**	一言（ひとこと）	お別れの**一言**、**一言**注意する
たまり	若者の**たまり**場、水**たまり**	皮肉（ひにく）	**皮肉**を言う
たるみ	心の**たるみ**、お腹の**たるみ**	標準（ひょうじゅん）	**標準**サイズ、**標準**的な家
秩序（ちつじょ）	法による**秩序**	微量（びりょう）	**微量**のガス
彫刻（ちょうこく）	**彫刻**の作品	疲労（ひろう）	**疲労**がたまる
つじつま	**つじつま**を合わせる、話の**つじつま**	複合（ふくごう）	**複合**ビル、**複合**的な要因
定説（ていせつ）	学界の**定説**	便宜（べんぎ）	**便宜**をはかる
邸宅（ていたく）	立派な**邸宅**	棒（ぼう）	鉄の**棒**、**棒**状
手遅れ（ておくれ）	今やらないと**手遅れ**になる	方針（ほうしん）	会社の**方針**、**方針**の変更
凸凹（でこぼこ）	**凸凹**の道	墓地（ぼち）	**墓地**にお参りに行く
手違い（てちがい）	**手違い**があった	本場（ほんば）	サッカーの**本場**、**本場**の味
手直し（てなおし）	一部**手直し**をする	麻酔（ますい）	**麻酔**の注射
典型（てんけい）	日本人の**典型**、**典型**的な例	まとまり	**まとまり**の無い話
東洋（とうよう）	**東洋**の文化	密度（みつど）	人口**密度**
同様（どうよう）	前回と**同様**、**同様**のケース	身なり（みなり）	**身なり**を直す、上品な**身なり**
特技（とくぎ）	**特技**は何ですか	身の上（みのうえ）	**身の上**について話す、**身の上**話
特産（とくさん）	北海道の**特産**	身の回り（みのまわり）	**身の回り**の品、**身の回り**の世話
特権（とっけん）	政治家の**特権**	身ぶり（みぶり）	**身ぶり**で示す
内心（ないしん）	**内心**はほっとしている	身分証（みぶんしょう）	**身分証**を見せる
内臓（ないぞう）	**内臓**の病気	未満（みまん）	20歳**未満**、半分**未満**
日課（にっか）	**日課**の散歩	未練（みれん）	**未練**を感じる、**未練**が残る
濃度（のうど）	液体の**濃度**	無言（むごん）	**無言**の訴え
背景（はいけい）	事件の**背景**、絵の**背景**	紫（むらさき）	**紫**色
背後（はいご）	**背後**にいる、**背後**に隠れている	明暗（めいあん）	**明暗**が分かれる
範囲（はんい）	活動の**範囲**、**範囲**を超える	恵み（めぐみ）	大地の**恵み**、点の**恵み**

語彙力アップチェックリスト

目録（もくろく）	商品の**目録**
模範（もはん）	**模範**を示す、学生の**模範**
模様（もよう）	服の**模様**、**模様**をかえる
文句（もんく）	**文句**を言う、決まり**文句**
野心（やしん）	**野心**を抱く
闇（やみ）	心の**闇**、光と**闇**
融通（ゆうずう）	資金の**融通**、**融通**を利かす
幽霊（ゆうれい）	**幽霊**が出る
ゆとり	心の**ゆとり**、読書をする**ゆとり**がない
よしあし	物事の**よしあし**
履歴（りれき）	メールの**履歴**、**履歴**書
連日（れんじつ）	**連日**の暑さ
老衰（ろうすい）	**老衰**で死ぬ
産（さん）	国内**産**、日本**産**

⑬擬音語・擬態語

いそいそ	**いそいそ**と出かけていった
がたがた	**がたがた**震える、**がたがた**揺れる
かんかん	**かんかん**に怒る
きっかり	7時**きっかり**に起きる
くどくど	**くどくど**説明する
くるくる	**くるくる**動く、言うことが**くるくる**変わる
ぐんぐん	**ぐんぐん**伸びている
ころころ	**ころころ**転がる、方針が**ころころ**変わる
ごろごろ	**ごろごろ**と転がる、家で**ごろごろ**する、お腹が**ごろごろ**する
しとしと	雨が**しとしと**降っている
しみじみ	親の愛を**しみじみ**感じる
じろじろ	人の顔を**じろじろ**見る
ずかずか	勝手に**ずかずか**入ってきた
すらっと	**すらっと**伸びた足
ずるずる	**ずるずる**滑る、**ずるずる**と延びる
ぞろぞろ	**ぞろぞろ**出てくる、**ぞろぞろ**集まる
そわそわ	落ち着かず朝から**そわそわ**している
たっぷり	水が**たっぷり**入っている
だぶだぶ	**だぶだぶ**のズボン
ちらちら	**ちらちら**雪が舞う、**ちらちら**見える
どしどし	**どしどし**応募してください
のろのろ	**のろのろ**歩く
はきはき	元気よく**はきはき**答える
ばたばた	忙しくて**ばたばた**している
はらはら	心配で見ていて**はらはら**した
ばらばら	**ばらばら**に壊してしまった
ひやひや	落ちないかと**ひやひや**した
びりびり	紙を**びりびり**に破る
ぴりぴり	緊張で**ぴりぴり**している
ぶつぶつ	顔に**ぶつぶつ**ができる、**ぶつぶつ**文句を言う
ふらふら	熱で**ふらふら**している
ぶらぶら	**ぶらぶら**歩く、**ぶらぶら**時間を過ごす
ふわふわ	**ふわふわ**と漂う、**ふわふわ**した羽
ぼろぼろ	**ぼろぼろ**の車、**ぼろぼろ**の服

まるまる	まるまる太っている、まるまる損をする	サークル	山登りのサークル
		サイクル	仕事のサイクル、睡眠のサイクル

⑭カタカナ語

アカデミック	アカデミックな内容の本	サイト	面白いサイト
アクセル	アクセルとブレーキを間違える	サンプル	商品サンプル
アットホーム	アットホームな雰囲気	シック	シックな服、シックな色合い
アピール	魅力をアピールする	ジャンル	いろいろなジャンルの本
アポイント	取引先とアポイントをとる	スケール	スケールの大きい計画
イベント	今月のイベント	スタミナ	スタミナのつく料理
エキスパート	映画制作のエキスパート	スタンド	スタンドの観客、電気スタンド、駅のジューススタンド
エリート	エリートを育てる	ストック	写真のストックがたくさんある
オフ	リモコンをオフにする、オフの予定、10%オフ	ストレス	仕事のストレスをためない、勉強のストレスを解消する
オリジナル	オリジナルのデザイン	スペース	広いスペース、スペースの確保
クリア	条件をクリアする	スマート	スマートな対応、スマートな格好
ケア	丁寧にケアする	スムーズ	スムーズな進行
ゲート	正面ゲートから入る	センス	料理のセンス、服のセンス
コメント	選手のコメントを紹介する	ソフト	ソフトな表現、ゲームソフト
コンスタント	売り上げがコンスタントに伸びる	ダイナミック	ダイナミックな発想
コンタクト	相手とコンタクトをとる	タイミング	タイミングが悪い、タイミングを逃す
コンディション	体のコンディションを整える	タイムリー	タイムリーな企画
コントラスト	赤と黒のコントラストが効いている	チェンジ	内容をチェンジする
コンパクト	コンパクトに収める	ディスカウント	20パーセントのディスカウント
コンビニ	コンビニでバイトをする	デコレーション	派手なデコレーション
コンプレックス	人気者の彼女にコンプレックスを感じる	デリケート	デリケートな性格、デリケートな問題

語彙力アップチェックリスト

ドラマチック	ドラマチックな展開
ニュアンス	細かいニュアンスを伝える
ネット	ネットで調べる
パート	スーパーでパートをする
バック	海をバックに写真を撮る
ハプニング	ちょっとしたハプニングが起きる
バラエティ	バラエティに富んでいる
ビニール	ビニール袋
ファイル	資料のファイル、ファイルを保存する
フィルター	エアコンのフィルター
ブーム	一時的なブーム
フォーム	走る時のフォーム、文書のフォーム
フォロー	先輩がフォローしてくれる
ブラウス	スカートとブラウスにする
ブランド	高級ブランド
フリー	フリーのアナウンサー
プログラム	研修のプログラム
ブロック	ウイルスの感染をブロックする
ベスト	ベストを尽くす、ベストな記録
ヘルシー	ヘルシーなメニュー
ポジション	会社でのポジション
マンネリ	マンネリに陥りやすい
メディア	メディアの報道
ラフ	ラフな格好
リード	時代をリードする、相手をリードする
リスク	リスクを避ける
リラックス	リラックスして話す
レベル	教育のレベル
レンタル	DVDのレンタルサービス
ロマンチック	ロマンチックな夜
インフレ	インフレになる
デフレ	デフレ経済
グローバル	企業のグローバル化
パック	トマトを1パック買う
ツアー	観光ツアーに申し込む

163

第1章 対策準備　EXERCISE の解答

UNIT 1 漢字の訓読みに注意したい言葉

EXERCISE 1
[1] 2 [2] 4 [3] 3 [4] 1 [5] 2 [6] 3
[7] 4 [8] 2 [9] 4 [10] 2 [11] 3 [12] 1

EXERCISE 2
[1] 4 [2] 3 [3] 2 [4] 1 [5] 2 [6] 3
[7] 2 [8] 4 [9] 4 [10] 3 [11] 2 [12] 3

EXERCISE 3
[1] 3 [2] 4 [3] 1 [4] 2 [5] 1 [6] 1
[7] 2 [8] 3 [9] 2 [10] 1 [11] 4 [12] 3

EXERCISE 4
[1] 1 [2] 2 [3] 4 [4] 3 [5] 2 [6] 4
[7] 2 [8] 1 [9] 1 [10] 4 [11] 2 [12] 3

EXERCISE 5
[1] 4 [2] 3 [3] 2 [4] 2 [5] 2 [6] 3
[7] 1 [8] 3 [9] 2 [10] 2 [11] 1 [12] 4

EXERCISE 6
[1] 2 [2] 4 [3] 3 [4] 1 [5] 1 [6] 3
[7] 2 [8] 1 [9] 3 [10] 4 [11] 3 [12] 4

EXERCISE 6
[1] 2 [2] 3 [3] 1 [4] 4
[5] 3 [6] 2 [7] 4 [8] 1

EXERCISE 7
[1] 2 [2] 4 [3] 1 [4] 2
[5] 1 [6] 4 [7] 3 [8] 4

EXERCISE 8
[1] 2 [2] 2 [3] 4 [4] 4 [5] 1
[6] 1 [7] 3 [8] 3 [9] 2 [10] 3

EXERCISE 9
[1] 2 [2] 3 [3] 2 [4] 4
[5] 2 [6] 1 [7] 1 [8] 1

EXERCISE 10
[1] 4 [2] 1 [3] 2 [4] 1
[5] 2 [6] 1 [7] 1 [8] 2

EXERCISE 11
[1] 3 [2] 3 [3] 1 [4] 3
[5] 2 [6] 4 [7] 1 [8] 1

EXERCISE 12
[1] 3 [2] 2 [3] 4 [4] 2
[5] 4 [6] 3 [7] 4 [8] 1

EXERCISE 13
[1] 3 [2] 3 [3] 2 [4] 1 [5] 4
[6] 2 [7] 3 [8] 3 [9] 2 [10] 4

UNIT 2 いろいろな意味を持つ言葉

EXERCISE 1
[1] 1 [2] 3 [3] 1 [4] 3
[5] 4 [6] 4 [7] 2 [8] 3

EXERCISE 2
[1] 1 [2] 4 [3] 3 [4] 4
[5] 2 [6] 4 [7] 1 [8] 3

EXERCISE 3
[1] 2 [2] 2 [3] 2 [4] 3
[5] 2 [6] 2 [7] 1 [8] 3

EXERCISE 4
[1] 4 [2] 3 [3] 1 [4] 2
[5] 2 [6] 3 [7] 1 [8] 2

EXERCISE 5
[1] 2 [2] 3 [3] 4 [4] 1
[5] 4 [6] 4 [7] 3 [8] 1

UNIT 3 形が似ている言葉

EXERCISE 1
[1] 2　1→一目｛会いたい／で見渡す｝
　　　　3→一心に｛祈る｝
　　　　4→一応｛できた／伺う｝

　🔖**言葉と表現**

　□一目置く：その人の自分より優れているところを認め、敬意を持つこと。

[2] 3　1→一同｛賛成｝／｛有志｝一同
　　　　2→一律｛料金／に扱う／な速度｝
　　　　4→｛見たい｝一心で

EXERCISE の解答

3 4 1→一概に {言えない}
      2→一気に {読む／下がる}
      3→一切 {任せる／知らない} ／の権利

4 3 1→ {新聞社／県の} 後援
      2→応援 {する／団}
      4→被災者を援護する

5 4 1→効果 {がある／てきめん}
      2→結果 {を出す}
      3→成果 {を収める／をあげる}

6 2 1→意地 {になる／を通す}
      3→意識 {する／を失う}
      4→意志 {の力／強固}

7 4 1→同意 {する／を得る}
      2→大意 {をまとめる／をつかむ}
      3→留意 {する／事項}

8 2 1→熱意 {を示す／に欠ける／を買う}
      3→好意 {をもつ／を寄せる／に甘える}
      4→真意を {問う／探る／はかる}

9 2 1→意向 {にそう／をくむ／をうける}
      3→意志 {がある／を固める／が強い}
      4→意地 {を張る／が悪い／が汚い}

10 3 1→引率 {する／教師}
       2→ {地名／部首} 索引
       4→引責 {辞任}

EXERCISE 2

1 1 2→義務 {を果たす／教育}
      3→ {インターネット} 検索
      4→ {男女／グループ} 交際

2 2 1→ {品種／土地} 改良
      3→ {憲法／条約} 改正
      4→ {旧版} 改訂

3 1 2→感動 {する／秘話}
      3→感謝 {する／状}
      4→感激 {する／屋}

4 3 1→感触 {がいい／を探る}
      2→感服 {する}
      4→感動 {する} ／を呼ぶ

5 2 1→ {国民の／納税} 義務
      3→ {偽りの笑み／看板に偽りあり}
      4→にせ {札／情報}

6 4 1→議論 {する／を尽くす／戦わす}
      2→議題 {に取り上げる}
      3→決議 {する／事項}

7 3 1→ {紛争を／疑問を} 解決する
      2→判断 {する／を仰ぐ／を下す}
      4→覚悟 {する／の上}

8 2 1→ {事件の} 経緯
      3→経歴 {を偽る}
      4→ {入手／感染／逃走} 経路

9 3 1→ {課外／組合} 活動
      2→活気 {があふれる／がある}
      4→活力 {がみなぎる}

10 1 2→ {運賃／条約} 改定
       3→ {構造／機構} 改革
       4→ {記載内容の} 改変

EXERCISE 3

1 3 1→ {図画／和平／裏} 工作
      2→ {家具／機械} 製作
      4→ {緩慢な／誤} 動作

2 3 1→ {予算案／文書} 作成
      2→ {肉体／単純} 作業
      4→ {心臓} 発作

3 4 1→ {適性／血液} 検査
      2→ {ガス器具の／人数の} 点検
      3→ {文書／人物} 検索

4 1 2→資料 {収集／不足}
      3→資産 {公開／凍結}
      4→資本 {金／家}

5 1 2→権利 {を主張する／を侵す}
      3→能力 {を発揮する／を備える／を超える}
      4→機能 {する／が衰える}

6 3 1→ (外国と) 交易する
      2→交際 {が広い}
      3→ {国際／異業種} 交流

7 **3** 1→展示（品）
2→掲示（板）
4→指示（書）

8 **3** 1→(集中／大学の) 講義
2→講演（会）
4→聴講（生）

9 **4** 1→{家族／番組} 構成
2→{流通／行政} 機構
3→{汚職の／精神／社会} 構造

10 **1** 2→行動 {に移す／を起こす}
3→実行（する）
4→行い {を改める／で示す}

EXERCISE 4

1 **2** 1→{自転車を} 修理する
3→{名画を} 修復する
4→{屋根を} 修繕する

2 **3** 1→真実 {を語る／の恋}
2→実態 {を調べる}
3→実質 {が伴わない}

3 **1** 2→順位 {をつける／が下がる}
3→順番 {がくる／を守る}
4→順調 {なスタート／に進む}

4 **3** 1→{学費／開業資金} を援助 する
2→{食事／身体} 介助
4→{人命／遭難} 救助

5 **3** 1→事情 {に通じる／を尋ねる／が許す}
2→事態 {を収拾する／が悪化する}
4→{特記／協議} 事項

6 **1** 2→{計画／試験} を実施する
3→{夢／要求} が実現する
4→実演 {販売}

7 **2** 1→事故 {を起こす／にあう}
3→悪事 {を働く／がばれる}
4→{流血の／大} 惨事

8 **1** 2→知識 {を得る／がない}
3→{交通} 標識
4→常識 {に欠ける／はずれ}

9 **1** 2→{問題／金属／人} の性質
3→本質 {に迫る／を見誤る}
4→実質 {が伴わない}

10 **2** 1→功績 {がある／をたたえる}
3→業績 {をあげる／を残す}
4→{営業／検査の} 成績

EXERCISE 5

1 **4** 1→{会／式} が進行する
2→{技術／科学／人間} が進歩する
3→{子供／卒業後／台風} の進路

📕言葉と表現

□ 〜に立ち寄る：どこかに行く途中、別のところに寄ること。

2 **1** 2→{作品／ビル} の完成
3→{社会／人間／骨} の形成
4→{写真／色／音} の合成

📕言葉と表現

□ 〜にこぎつける：いろいろ努力してある目標に達すること。

3 **2** 1→信仰（する／が厚い／を寄せる）
3→信用 {がある／を得る／を落とす}
4→確信 {する／をもつ}

4 **2** 1→{対象} から除外する
3→{文書を／記録から} 削除する
4→{異分子／障害} を排除する

5 **1** 2→情熱 {を傾ける／を燃やす}
3→情勢 {を読む／を判断する}
4→事情 {を知る／に通じる／が許す}

6 **4** 1→自信 {がない／満々}
2→威信 {をかける／にかかわる}
3→誤信 {する}

7 **1** 2→効果 {が現われる}
3→結果 {が出る／オーライ}
4→因果 {関係／応報}

8 **2** 1→{建築／生活} 設計
3→{学校／団体} を設立する
4→{エアコン／委員会} を設置する

9 **1** 2→公平 {な判定／を欠く}
3→公的 {支援／機関}
4→公認 {候補／記録}

EXERCISE の解答

10 3 1→ 正常 {に戻る}
2→ 正確 {に計る／を期す}
4→ 正規の {資格／教育}

EXERCISE 6

1 3 1→ 好調 {を維持する}
2→ 順調 {に進む}
4→ 不調 {に終わる／を訴える}

2 3 1→ 応接 {室}
2→ 応答 {がない／する}
4→ 応援 {演説／を仰ぐ}

3 1 2→ {室内／クリスマス} 装飾
3→ {安全} 装置
4→ 盛装する

4 3 1→ {専門書} を翻訳する
2→ {館内} を案内する
4→ {登山／観光} ガイド

5 3 1→ {音量／温度} を調節する
2→ {信用／市場} 調査
4→ {野菜} を調理する

6 3 1→ {優勝チーム} を予想する
2→ {雲からベッド} を連想する
4→ {未来の生活} を空想する

7 4 1→ 理想 {の生活／が高い}
2→ 空想 {する／にふける}
3→ 想像 {がつく／上の〜}

8 3 1→ {アニメ／IT} に精通する
2→ 融通 {する／がきく}
4→ 通常 {ダイヤ／営業}

9 4 1→ 手ごろな {値段／物件}
2→ 手軽 {な食事／にすます}
3→ {指名} 手配

10 2 1→ 近所 (づきあい)
3→ {海／夏休み} が間近い
4→ {山／理想} にほど近い

EXERCISE 7

1 2 1→ {時間／座席} 指定
3→ {方針／日程} を決定する
4→ {判決／当選} が確定する

2 2 1→ 同意 {する／を得る}
3→ {その案／彼の意見} に賛成する
4→ {趣旨に} 賛同する／賛同 {を得る／を求める}

3 4 1→ {雑誌} に投稿する
2→ {金／設備} に投資する
3→ {新聞} に投書する

4 2 1→ {荷物を／まじめに} 受け取る
3→ {難題／研究} に取り組む
4→ {犯罪／違法行為} を取り締まる

5 1 2→ 知能 {が高い}
3→ 本能のままに行動する／本能的
4→ {心臓／言語} の機能

6 4 1→ 適度な {運動／量}
2→ {状況／能力} に適応する
3→ {法律} を適用する

7 4 1→ {問題／疑問} を提起する
2→ {資料／腎臓} を提供する
3→ {金額／契約内容} を提示する

8 1 2→ {AED／本部} を設置する
3→ {遺体／仏像} を安置する
4→ 位置 {を占める／につく／する}

9 3 1→ {ティッシュ／ちらし} を配布する
2→ {食糧／映画} 配給
4→ {会社／運命／感情} を支配する

10 3 1→ {条件／内容／書類} を提示する
2→ {疑問／訴訟} を提起する
4→ {技術／業務} 提携

EXERCISE 8

1 4 1→ {病気／業績} が回復する
2→ {電気／鉄道} が復旧する
3→ {災害} から復興する

2 4 1→ {金額／パスポート} を提示する
2→ {作品／絵画} を展覧する
3→ {肌／岩} が露出する

3 1 2→ 好評 {を博する}
3→ 栄光 {に輝く}
4→ 信望が {ある／厚い}

4　2　1→ {天候} 不順
　　　3→ {業績／体} の不調
　　　4→ 不審 {人物／の念／な点}

5　4　1→ 無理を {言う／通す}
　　　2→ {心配／問答／遠慮} 無用
　　　3→ 無益な {殺生／争い}

6　3　1→ {堤防／選手} を補強する
　　　2→ {欠員／燃料} を補充する
　　　4→ {資料／説明} を補足する

7　2　1→ 成果を {収める／あげる}
　　　3→ {雪／愛} の結晶
　　　4→ 収穫が {ある／多い}

8　3　1→ {化学／合成} 物質／物質（文明）
　　　2→ {飛行／道の} 物体
　　　4→ 現物 {支給／取引}

9　3　1→ {筆跡／美術品} を鑑定する
　　　2→ {旅程／目標} を確定する
　　　4→ {税額／勤務態度} を査定する

10　3　1→ {奇襲／個人} 攻撃
　　　2→ {暴動／怒り} が激発する
　　　4→ {敵} が襲来する

EXERCISE 9

1　4　1→ 優位 {にたつ／を占める}
　　　2→ 優越する
　　　3→ 優遇する／優遇措置

2　1　2→ 応用 {がきく／する}
　　　3→ 私用 {する／で早退する}
　　　4→ 使用する／未使用

3　1　2→ 利子 {を払う／が付く}
　　　3→ 利害 {が相反する／を同じくする}
　　　4→ 利点 {がある}

4　2　1→ 理論 {を確立する／通りだ}
　　　3→ 一理ある
　　　4→ 理性 {を失う／を働かせる}

5　1　2→ {不変の} 真理
　　　3→ {ピタゴラスの} 定理
　　　4→ 論理 {を無視する／に飛躍がある}

6　4　1→ ご多用中
　　　2→ {薬の} 作用
　　　3→ 試用 {期間}

7　4　1→ {事故／離婚} の要因
　　　2→ {危険な／色の三} 要素
　　　3→ 要点 {をつかむ／をまとめる}

8　4　1→ {土地／音} の高低
　　　2→ 愛憎 {相半ばする／の念}
　　　3→ 利害 {の対立／が関係する}

9　3　1→ 収容 {人員／能力}
　　　2→ 寛容 {の精神／な態度}
　　　4→ 容赦 {がない}

10　4　1→ 様子 {を知る／をうかがう}
　　　2→ 様相 {を呈する}
　　　3→ 仕様がない／仕様もない

UNIT 4　意味が似ている言葉

EXERCISE 1

1　3　1→ 得意な料理を持ち寄って、みんなでパーティーをした。
　　　2→ 今日は得意先に立ち寄ってからまっすぐ家に帰ります。
　　　4→ 法案の強行採決に野党の議員たちは議長席に詰め寄った。

2　2　1→ 大層立派なワインがお祝いに送られてきた。
　　　3→ 熱中症対策にエアコンを使えと盛んに言われている。
　　　4→ 精一杯がんばったが、結果は不本意なものだった。

3　4　1→ 箱の底にまだ少し残っている。
　　　2→ 鉛筆の先をぴんと尖らせておくのが好きだ。
　　　3→ 町の外れにぽつんとお地蔵さんが立っていた。

4　2　1→ 突然声をかけられ、手に持っていたお茶をこぼしそうになった。
　　　3→ 暑い中を何キロも歩いてきたので、もう倒れそうだ。
　　　4→ 気持ちがだんだん Yes のほうに傾いてきた。

EXERCISE の解答

5 **4** 1→となりの部屋でパーティーをしているようで、やかましい。
2→この子は我慢強くて、転んでも泣かない。
3→住民たちは、政府の決定に激しく抗議した。

6 **4** 1→客からの苦情は適切に処理しないと会社の命取りになる。
2→お酒を適度に飲むことは健康にも良いらしい。
3→警官は双方の言い分を聞いて適正に処理した。

7 **1** 2→記憶が確かではないので、手帳で確認する。
3→時間をたっぷりかけてゆっくり考えよう。
4→雑につくったものだからすぐに壊れてしまった。

8 **2** 1→犯人はあろうことか、パトカーを奪って逃走した。
3→驚いたことに、みんなが注目していなかった彼が優勝した。
4→最近、めっきり寒くなってきた。

9 **2** 1→この地方の気候は果物の栽培に適しています。
3→丁寧に手紙を書く場合は、まず時候の挨拶から始めます。
4→病気の兆候には、家族の誰一人気づかなかった。

10 **2** 1→課長、書類の整理のお手伝いをします。
3→大雨によって孤立した集落の救助に向かう。
4→この事業は国の支援によって行われています。

EXERCISE 2

1 **4** 1→彼女の手にかかると、ただの石が芸術品に変わってしまう。
2→車のドアに指を挟んで骨折してしまった。
3→ひじがあたったことが原因でけんかが始まった。

2 **3** 1→子どものかばんを作る材料を買いに行く。
2→石油はあらゆるものの原料として利用されている。
3→アレルギーがあるので食品の成分には敏感だ。

3 **4** 1→せっかくの休みなので、大いに楽しみたい。
2→実家に帰ったら、母の手料理をうんと食べたい。
3→何年ぶりかであった祖母は、私の顔をしげしげと眺めた。

4 **4** 1→キュウリを植えてその葉を茂らせ、緑のカーテンをつくります。
2→この舞台でついに、彼女の才能が花開いた。
3→雪の重みで枝が折れそうだ。

5 **2** 1→どんな人にも欠点はあるが、それをどう補うかが大切だ。
3→部品の小さな欠損も見逃さないよう、検品する。
4→鉄が欠乏すると貧血を起こす。

6 **4** 1→心の持ち方ひとつで、楽しくもつまらなくもなる。
2→スポーツ選手は技術だけでなく、精神も鍛えなければならない。
3→詩人の魂のこもった言葉の迫力に感動した。

7 **2** 1→先生の助言にしたがって、志望校のランクを下げた。
3→A社は公正な取引をしていないと勧告を受けた。
4→恩師の厳しい指導のおかげで成果を出すことができた。

8 **3** 1→リーダーたる者、突発的な事態にも冷静に対応しなければならない。
2→会話のはずみでみんなと一緒にハワイ旅行に行くと言ってしまった。
4→彼は恋人の気まぐれにも辛抱強くつきあっている。

9 **4** 1→穴の向こうから祈りだというまがまがしい声が聞こえてきた。
2→わかわかしい高校生たちの行進は見ている者をも励ましてくれる。
3→初めて人前で踊るういういしい新人たちのダンスはほほえましかった。

10 2　1→デザインをA案からB案に変更します。
　　　3→突然変異で白い毛の個体が現れるそうだ。
　　　4→経済の状況に応じて、金の価格も変動します。

EXERCISE 3

1 3　1→父は毎日、血圧を記録している。
　　　2→初級なので、長い文章は読めない。
　　　4→その美術館に、当時書かれた書物がたくさん保管されている。

2 4　1→昨日見た映画はつまらなくて、途中で見るをやめた。
　　　2→くだらない冗談はやめて、まじめに話してください。
　　　3→メールの年賀状は便利だけど、やはり、ちょっと味気ない。

3 3　1→彼女は意志を貫いて、医学部を受けた。
　　　2→彼女は自分に魅力がないと思い込んでいる。
　　　3→常識にとらわれていては、新しいアイデアは生まれない。

4 3　1→ルールに違反した場合、参加をお断りする場合があります。
　　　2→ごみが付いていると、エラーになって機械が止まる。
　　　4→禁止されている薬を使用した場合、失格となる。

5 4　1→いつも家で食べるが、たまに外食する。
　　　2→彼女とは時折会って、一緒に食事したりする。
　　　3→彼は珍しくスーツを着ていた。

6 3　1→お年寄りをだましてお金をとるなんて、最低の人間だ。
　　　2→「敵を欺くにはまず味方から」とは、うまく言ったものだ。
　　　4→犯人は名前を偽って被害者に近づいた。

7 3　1→固まらないように、手早く混ぜてください。
　　　2→彼は病気のため、急激にやせてしまった。
　　　4→鉄道が通ってから、街は急速に発展した。

8 4　1→彼は国に反逆する者として捕えられた。
　　　2→彼は中学生になった頃から、親に反抗するようなった。
　　　3→受験者数は、昨年大幅に増加した反動からか、今年は例年並みに落ち着いている。

9 1　2→留学するかどうか迷っていたら、母が背中を押してくれた。
　　　3→最初は7月に行くつもりだったが、4月に早めることにした。
　　　4→キャンプに参加するかどうか、答えを迫られた。

10 4　1→誰かがミスをしたら、みんなでカバーすればいい。
　　　2→私が熱を出したときは、友達がいろいろと世話をしてくれた。
　　　3→面倒を避けるため、このことは誰にも言わないことにした。

EXERCISE 4

1 1　2→この程度の傷なら医者に行く必要もないだろう。
　　　3→高齢者の食事は、塩分の加減が大切だ。
　　　4→最近、体の調子がいいのは、運動のおかげだ。

2 4　1→海に潜ると、鮮やかな色をした魚がたくさん泳いでいた。
　　　2→展示されていたそのドレスには、無数の宝石が縫い付けられていた。
　　　3→混雑する日曜日は避けて、平日に行くことにした。

3 2　1→大学で専攻した分野とは全く関係のない仕事をしている。
　　　3→地下街では、自分がどっちの方角に向かっているのか、わからなくなる。
　　　4→若い研究者には、未知の領域に積極的に挑戦してほしい。

4 1　2→仕事とわかっていても、自分の彼が異性と食事をすると考えると、やけてしまう。
　　　3→大きなプロジェクトを任されて、(意欲に)燃えている。
　　　4→あの時、ああすればよかったと、どうしても悔やんでしまう。

5 2　1→先生は多くの人に勇気と希望を与えてくれた、私の尊敬する人です。
　　　3→彼はいつも尊大な態度で、人をばかにした言い方をする。

| 6 | 1 | 2→かつての自分の夢を子供に託す親が多い。
3→宇宙飛行士への憧れは、消えることはなかった。
4→全国民が、祈りにも似た気持ちで彼らを応援した。

| 7 | 2 | 1→5時きっかりに仕事を終え、会社を飛び出した。
3→財布の中には100円ぽっきりしか入っていなかった。
4→てっきり本人が来ると思っていたのに、別の人が来た。

| 8 | 4 | 1→時間があるので、いったん家に帰って服を着替えることにした。
2→私たちの給料なら、さしあたりこれくらいの家賃が適当だと思う。
3→新しいプロジェクトが始まったから、当分忙しくなる。

| 9 | 3 | 1→あの大学は最近、面接を重視する傾向にある。
2→経済の動向は、企業の採用活動に反映される。
4→卒業後の進路について、そろそろ真剣に考えたほうがいい。

| 10 | 3 | 1→上司の席が後ろだと、監視されているみたいでいやな感じだ。
2→午後に予定されている首相の記者会見での発言に、みんな注視している。
4→新しい校舎は、安全性を最も重視して建てられた。

EXERCISE 5

| 1 | 3 | 1→亡くなった人の話をしていると湿っぽくなるね。
2→祖母はいつも陰気くさい顔をしていて、ちょっと怖かった。
4→少し重たい話になりますが、今日は人の死について一緒に考えたいと思います。

| 2 | 3 | 1→彼女はいつも華やかで、その場の雰囲気がぱっと明るくなる。
2→真っ白なドレスに鮮やかな花の絵がプリントされていた。
4→有名女優だからといって、きらびやかな生活をしているとは限らない。

| 3 | 2 | 1→みすぼらしい服装の男が公園のベンチに座っていた。
3→利用者の数は、すさまじい勢いで増えている。
4→まずいことになった。部長に失敗がばれてしまった。

| 4 | 3 | 1→双子の兄弟が双子の姉妹と結婚したからややこしい。
2→書類の手続きが面倒くさくて、しばらく放置している。
4→人間関係が煩わしいという理由から、人と関わろうとしない人が増えている。

| 5 | 3 | 1→職場にセールスの電話をしてくるなんて、本当に迷惑だ。
2→通勤時間の長さが仕事の障害になりかねない。
4→かなり責任のある仕事だから、新人には重荷かもしれない。

| 6 | 2 | 1→人前で話すのは不得意ですが、慣れるように努力します。
3→私には不似合いかもしれませんが、スカートをはいて行く予定です。
4→何度も名前を間違われて、不愉快だった。

| 7 | 4 | 1→この事故に対する社長の見解をお聞かせください。
2→経営者の立場から言うと、この事業は失敗だった。
3→そのままの体勢で、顔だけこちらに向けてください。

| 8 | 3 | 1→本気になって取り組めば、何か得られるはずだ。
2→正直に言うと、今の仕事はあまり好きではない。
3→真心を持って接すれば、必ず相手に通じるものだ。

| 9 | 2 | 1→多くの研究者は、科学を賛美する立場なのかもしれない。
3→彼は誠実な人で、決してうそをついたりしない。

4→講師が壇上に現れると、観客は拍手で歓迎した。

10 2 1→人並みの給料と休みがもらえれば、それで十分だ。
3→父は普通のサラリーマンでした。
4→うちは四人家族で、平均的な家庭だったと思います。

EXERCISE 6

1 2 1→彼女を驚かせようという企みを立てたが、途中で気づかれてしまった。
3→どの筋肉を動かしているのか意識してやると、エクササイズの効果が上がる。
4→道に迷ったときは、この目印を追っていくといい。

2 3 1→3名様のご予約ですね。承知いたしました。少々お待ちください。
2→各国とも、自国の主張を繰り返すばかりで、合意には至らなかった。
4→彼のほうがボーナスが多いのは、合点がいかない。

3 3 1→機械を動かすときは、必ず操作手順を守ってください。
2→幹事の段取りがよかったので、式はスムーズに進行した。
4→彼はいつも上司の機嫌をうかがって、ポイントを稼ごうとする。

4 4 1→軍隊は階級社会なので、上の命令は絶対だ。
2→努力とアイデアで、彼女はアルバイトから社長の地位まで上り詰めた。
3→武士の時代には、身分を越えた結婚は認められなかった。

5 3 1→クッキーの缶は、後で何かの入れ物に使おう。
2→使い終わったら、この箱に戻しておいてください。
4→子どもは枠にはめるよりのびのび育てるほうがいい。

6 3 1→いろいろとご苦労をおかけしました。
2→ご面倒ですが、一度こちらに来ていただけますか。
4→ご迷惑でなかったら、近日中にお伺いしたいのですが…。

7 2 1→欠席した理由を教えてください。
3→現在、事故の原因を調べている。
4→理屈ばかり言ってないで、さっさとやりなさい。

UNIT 5 一字で言葉になるもの

EXERCISE 1

1 2 2 3 3 4 4 1 5 4
6 4 7 4 8 4 9 3 10 1

EXERCISE 2

1 3 2 4 3 3 4 3
5 2 6 1 7 4 8 4

UNIT 6 前に付く語・後ろに付く語

EXERCISE 1

1 2 2 2 3 2 4 4
5 2 6 3 7 3 8 4

EXERCISE 2

1 3 2 4 3 2 4 3
5 2 6 2 7 3 8 4

UNIT 7 特別な読み方の言葉

EXERCISE 1

1 a4 b3   2 a2 b3
3 a2 b4   4 a4 b2
5 a4 b4

EXERCISE 2

1 a1 b3   2 a2 b4
3 a3 b2   4 a4 b4
5 a4 b2

UNIT 8 「たとえ」の表現

EXERCISE

1 2 2 3 3 1 4 4
5 3 6 2 7 1 8 3

復習&発展ドリル

第1回　　/65　/65

⇒答えは p.197

問題Ⅰ　次の文の下線をつけた言葉は、どのように読みますか。最も適当な読み方を1・2・3・4から一つ選びなさい。

問1　まだこの試案を公にできる時期ではない。

[1] 試案　　1　こころみあん　2　しあん　　3　しいあん　　4　ためしあん
[2] 公　　　1　こう　　　　　2　ごう　　　3　おおやけ　　4　しらせ
[3] 時期　　1　じっき　　　　2　じぎ　　　3　じき　　　　4　じきい

問2　前方の小さな吹き出し口から温風が吹き出てくる。

[4] 前方　　1　まえかた　　2　まえほう　　3　ぜんほう　　4　ぜんぽう
[5] 吹き出し　1　かきだし　　2　たきだし　　3　ふきだし　　4　すきだし
[6] 温風　　1　おんふう　　2　おんぷう　　3　おんぶ　　　4　ぬくかぜ

問3　今度の新車は燃費がいいので注目の的だ。

[7] 燃費　　1　ねんぴ　　　2　ねんひ　　　3　ねんび　　　4　ねんひい
[8] 注目　　1　ちゅうめ　　2　ちゅうもく　3　ちゅうがん　4　ちゅうま
[9] 的　　　1　てき　　　　2　やく　　　　3　きん　　　　4　まと

問4　弟は躍起になって兄に追いつこうとしたが、実力は兄のほうが勝っていた。

[10] 躍起　1　やくき　　　2　かっき　　　3　かんき　　　4　やっき
[11] 実力　1　じっりょく　2　じつりき　　3　じつりょく　4　じっりき
[12] 勝って　1　かって　　　2　まさって　　3　すぐれって　4　あせって

問5　この時期は小雨が多く降り、田畑が潤うので、稲や野菜がよく実る。

[13] 小雨　1　しょうう　　2　こあめ　　　3　こさめ　　　4　さう
[14] 潤う　1　うるおう　　2　あつかう　　3　すくう　　　4　ねがう
[15] 実る　1　みのる　　　2　できる　　　3　たくわえる　4　めばえる

173

問題Ⅱ 次の文の下線をつけた言葉は、ひらがなでどう書きますか。同じひらがなで書く言葉を、1・2・3・4から一つ選びなさい。

16 この地方は局地的な大雨の被害を受けた。

　　1　処置　　　　2　極致　　　　3　完治　　　　4　価値

17 彼を非難するなんて見当違いだよ。

　　1　検討　　　　2　原則　　　　3　健康　　　　4　県道

18 何よりも公正な判断が求められる。

　　1　金星　　　　2　後世　　　　3　個性　　　　4　木製

19 両国の間では、貿易の不均衡も大きな問題となっている。

　　1　禁固　　　　2　近郊　　　　3　銀行　　　　4　健康

20 あいさつは結構ですから、本題に入りましょう。

　　1　決行　　　　2　格好　　　　3　欠陥　　　　4　鉄鋼

復習＆発展ドリル

問題Ⅲ 次の文の下線をつけた言葉は、どのような漢字を書きますか。その漢字を、それぞれの1・2・3・4から一つ選びなさい。

問1 彼女はよくようを抑えたくちょうでちょうしゅうに語った。

21	よくよう	1 抑揚	2 抑要	3 抑用	4 抑揺
22	くちょう	1 口張	2 口調	3 工張	4 工調
23	ちょうしゅう	1 徴集	2 徴収	3 調衆	4 聴衆

問2 このくらはこくもつをたくわえるためのものだ。

24	くら	1 枠	2 蔵	3 室	4 器
25	こくもつ	1 刻物	2 黒物	3 穀物	4 殻物
26	たくわえる	1 貯える	2 支える	3 控える	4 構える

問3 最後までひょうのすいいを見守っていたが、今回の選挙はかんぱいだった。

27	ひょう	1 票	2 表	3 標	4 評
28	すいい	1 水位	2 随意	3 推移	4 衰位
29	かんぱい	1 感服	2 完敗	3 乾杯	4 還付

問4 明日の試合はしゅいをだっかいするぜっこうのチャンスだ。

30	しゅい	1 周囲	2 首位	3 趣意	4 創意
31	だっかい	1 奪回	2 脱会	3 打開	4 奪会
32	ぜっこう	1 絶交	2 絶妙	3 絶好	4 絶行

問5 せっとうの罪でとらえられたが、何とか身のけっぱくを証明したい。

33	せっとう	1 殺盗	2 窃盗	3 殺到	4 抹殺
34	とらえられた	1 逮えられた	2 捉えられた	3 捕えられた	4 囲えられた
35	けっぱく	1 潔白	2 結白	3 関白	4 緊迫

問題Ⅳ 次の文の下線をつけた言葉の二重線_____の部分は、どのような漢字を書きますか。同じ漢字を使うものを、1・2・3・4から一つ選びなさい。

[36] 地震のぜんちょうを動物の動きから探る。
1 あの選手のちょうやく力は世界一だ。
2 さまざまなことにちょうせんし続けることが大切だ。
3 このマンションはちょうぼうがいい。
4 せきやくしゃみはかぜのちょうこうだ。

[37] けいけんを生かして新しい仕事に就く。
1 彼はスポーツ選手としてはけいりょうだ。
2 これは土の中のこんけいを食べる野菜です。
3 試合で対戦する相手には互いにけいいを持ってほしい。
4 小さい子どもがいっしょなのでしんけいを使う。

[38] この書類にしょめいしてください。
1 この寺はゆいしょある寺だそうだ。
2 日本最初の政府がどこにあったかしょせつがある。
3 ざんしょが厳しいのでお年寄りは大変だろう。
4 けいさつしょで自動車免許の更新をする。

[39] ちょうり師を目指して勉強する。
1 入学式のためにスーツをしんちょうした。
2 高い買い物なので、しんちょうに選ばないといけない。
3 ちょうない会の集まりに出席する。
4 しゅっちょうで1週間家を空けていた。

[40] 父は鉄道マニアでもけいを集めている。
1 症状がここまで進んでしまうと、手術をしてももはや手遅れだ。
2 葬式に行くときは、もふくを着ていきなさい。
3 ひらがなやカタカナは日本人が作ったもじです。
4 あの画家は他人の絵をもほうして、展覧会に出展したらしい。

問題Ⅴ 次の文の＿＿＿＿の部分に入れるのに最も適当なものを、1・2・3・4から一つ選びなさい。

41 会社全体の安全への意識の低さが今回の事故を＿＿＿＿といえる。

 1　引き上げた　　2　引き起こした　　3　引っ掛かった　　4　引っ張った

42 彼女が監督に近づいたのは、スターになりたいという＿＿＿＿があったからだ。

 1　下心　　　　2　下調べ　　　　3　下書き　　　　4　下地

43 事故を起こした会社の謝罪＿＿＿＿が午後から行われた。

 1　会見　　　　2　会話　　　　3　会計　　　　4　会談

44 誰もいないはずの部屋に誰かの＿＿＿＿を感じた。

 1　気障　　　　2　気体　　　　3　気分　　　　4　気配

45 私の＿＿＿＿によれば、それは1990年代のことです。

 1　記念　　　　2　記号　　　　3　記憶　　　　4　記入

46 出張にかかる＿＿＿＿を計算しておいてください。

 1　経過　　　　2　経費　　　　3　経路　　　　4　経済

47 私たちの町は海外の6つの町と＿＿＿＿しています。

 1　交換　　　　2　交際　　　　3　交流　　　　4　交差

48 誰にも言わないと約束したのに、つい口が＿＿＿＿みんなの前で話してしまった。

 1　はしって　　2　とんで　　　3　まわって　　4　すべって

49 財布は落とすし、遅刻して部長に叱られるし、今日は＿＿＿＿の一日だった。

 1　踏んだり蹴ったり　　　　　　2　願ったりかなったり
 3　飛んだり跳ねたり　　　　　　4　似たり寄ったり

50 鼻の_____にニキビができて恥ずかしい。

　　　1　頂上　　　　2　とっぱし　　　3　頂き　　　　4　てっぺん

51 夏は気をつけないと、生ものは_____が早いぞ。

　　　1　味　　　　　2　足　　　　　　3　手　　　　　4　匂い

52 今日のテストは_____が外れて、さんざんだった。

　　　1　まと　　　　2　真ん中　　　　3　山　　　　　4　目

53 彼はこの辺りではちょっとした_____だ。

　　　1　あたま　　　2　おとこ　　　　3　かげ　　　　4　かお

54 彼は何日も寝ないで実験を繰り返している。まさに研究の_____だ。

　　　1　おに　　　　2　いわ　　　　　3　先生　　　　4　いし

55 男から見ると、_____のある女性のほうが魅力的に見えるという。

　　　1　うら　　　　2　うしろ　　　　3　かげ　　　　4　こころ

問題Ⅵ 次の 56 から 60 の_____の言葉の意味が、それぞれの初めの文と最も近い意味で使われている文を、1・2・3・4から一つ選びなさい。

56 はっきり……彼が来ないことははっきりしている。
1 近くに高層ビルができてからテレビがはっきり写らなくなった。
2 何をもごもご言っているの？　はっきり言ったら？
3 あの人ははっきりものを言いすぎるので嫌われている。
4 感染症の原因物質が何か、だんだんはっきりしてきた。

57 あがる……就職の面接では、あがってしまって言いたいことの半分も言えなかった。
1 午後になる気温はどんどんあがり続けた。
2 彼女は実に堂々としていて、あがっているような様子は全くなかった。
3 海外企業との提携の話が報じられると、株価は一気にあがった。
4 いらっしゃい。せまい家だけど、遠慮せずにあがってください。

58 まける……何度も断ったけど、結局、彼の熱意にまけて協力することにした。
1 彼女を思う気持ちは誰にもまけないつもりだ。
2 甘いものは控えていたのに、誘惑にまけて、ついついケーキを食べてしまった。
3 いつも買いに行く八百屋のおばさんは、必ず何かまけてくれる。
4 私もかなりのゲーム好きだけど、彼にはまける。

59 キー…彼の話の中にキーとなる言葉が含まれている。
1 車のキーがなかなか出てこなくて困った。
2 彼女はキーを見ないで打つから文字を打つのが速い。
3 この問題を解くキーとなる人物が彼女だ。
4 もうちょっとキーを下げたほうが歌いやすい。

60 とき……わからないときは、いつでも聞いてください。
1 若いときの苦労は貴重な体験になる。
2 先週、東京に行ったときに友達に会った。
3 今だ。このときを待っていたんだ。
4 カードで買い物するときは、暗証番号が必要だ。

問題VII 次の 61 から 65 の言葉の使い方として最も適切なものを、それぞれの1・2・3・4から一つ選びなさい。

61 意欲

1 社長の意欲を受けて、ライバル社との提携交渉に臨んだ。
2 彼は次の選挙に立候補する意欲を見せた。
3 全く意欲しなかったことだが、偶然からこのデザインが生まれた。
4 彼らは親の反対を押し切ってでも結婚したいという強い意欲を示した。

62 見落とす

1 丁寧にチェックしたつもりだったが、数字の間違いを見落としていた。
2 もう二度とこんなミスはしませんから、今回だけは見落としてください。
3 いつも成績優秀な兄を見落としたいという気持ちで頑張った。
4 山の上から見落とした雄大な景色の美しさが忘れられない。

63 無性

1 無性だとわかっていても、挑戦してみたい。
2 ときどき無性に国に帰りたくなることがある。
3 近所の人に無性されている気がして、寂しい。
4 日付の記入のない書類は無性です。

64 掃いて捨てる

1 英語が話せるといっても、彼ぐらいなら掃いて捨てるほどいますよ。
2 彼の部屋は掃除していなかったので、ゴミが掃いて捨てるほどありました。
3 私には夢が掃いて捨てるほどあるんです。
4 彼女は一度でいいから大好きなケーキを掃いて捨てるほど食べたいと言っていました。

65 けちがつく

1 彼はけちがついているので、お金を払いません。
2 せっかくの新商品なのに、広告の商品名を間違えるなんて、けちがついたね。
3 私が一生懸命作ったのに、この料理はまずいとけちがついた。
4 試験は運です。けちがつくかどうかやってみなければ結果はわかりません。

第 2 回

⇒答えは p.197

問題 I　次の文の下線をつけた言葉は、どのように読みますか。最も適当な読み方を1・2・3・4から一つ選びなさい。

問1　小さな木の扉を開けると、趣のある芝の庭が広がっていた。

1	扉	1 とびら	2 まど	3 と	4 もん
2	趣	1 しゅみ	2 ふんいき	3 おもて	4 おもむき
3	芝	1 いわ	2 くさ	3 しば	4 いし

問2　日本では貧富の格差の拡大が問題化している。

4	貧富	1 ひんぶ	2 びんぶ	3 びんぷ	4 ひんぷ
5	格差	1 かくさ	2 こうさ	3 てきさ	4 こんさ
6	拡大	1 こうだい	2 そうだい	3 ひろだい	4 かくだい

問3　船の転覆の知らせに安否を気づかう人々が浜辺に集まっていた。

7	転覆	1 てんふく	2 てんぷく	3 てんぶく	4 てんり
8	安否	1 あんひ	2 あんぴ	3 やすひ	4 やすび
9	浜辺	1 はまへん	2 はまべ	3 はまべん	4 はまあた

問4　陸橋のそばで、走行中の車から荷物が崩れ落ちたそうだ。

10	陸橋	1 りくはし	2 りくばし	3 りくきょう	4 りっきょう
11	走行	1 そうぎょう	2 そうこう	3 そうこ	4 ぞうこう
12	崩れ	1 あふれ	2 くずれ	3 たおれ	4 なだれ

問5　借金を重ねたあげく、ついに返せなくなり、詐欺事件を起こした。

13	借金	1 しゃきん	2 しゃくきん	3 しゃっきん	4 かりきん
14	重ねた	1 かさねた	2 おもねた	3 つらねた	4 たしねた
15	詐欺	1 いんちき	2 さぎ	3 さっけつ	4 すり

問題Ⅱ 次の文の下線をつけた言葉は、ひらがなでどう書きますか。同じひらがなで書く言葉を、1・2・3・4から一つ選びなさい。

16 テレビの保証書をなくしてしまった。

　　1　冒険　　　2　封建　　　3　補償　　　4　母性

17 このプロジェクトの成功を確信している。

　　1　献身　　　2　核心　　　3　方針　　　4　行進

18 日本列島は少しずつ東に移動しているらしい。

　　1　水道　　　2　協働　　　3　異同　　　4　児童

19 彼は病気の両親の世話をする孝行息子だ。

　　1　興行　　　2　傾向　　　3　航行　　　4　良好

20 確固たる証拠がなければ、彼を犯人だと決めるわけにはいかない。

　　1　各校　　　2　括弧　　　3　格好　　　4　覚悟

問題III 次の文の下線をつけた言葉は、どのような漢字を書きますか。その漢字を、それぞれの1・2・3・4から一つ選びなさい。

問1 <u>しんぱん</u>はイエローカードを<u>らんぱつ</u>し、ゲームは<u>ふおん</u>な空気に包まれた。

21	しんぱん	1 新盤	2 新版	3 審判	4 審査
22	らんぱつ	1 乱発	2 乱初	3 濫発	4 濫初
23	ふおん	1 不恩	2 不温	3 不音	4 不穏

問2 <u>ぜんぷく</u>の信頼を置いていたこのビルの<u>しこう</u>業者が<u>てきはつ</u>された。

24	ぜんぷく	1 全復	2 全副	3 全複	4 全幅
25	しこう	1 指向	2 施工	3 試行	4 施行
26	てきはつ	1 摘発	2 適発	3 敵発	4 的発

問3 <u>そしき</u>の中でも、<u>えり</u>を正して、<u>こころざし</u>を高く持って生きたい。

27	そしき	1 組織	2 組職	3 組識	4 組織
28	えり	1 襟	2 褐	3 被	4 裸
29	こころざし	1 志	2 誠	3 魂	4 我

問4 先生からの<u>しじ</u>があるまで<u>しょうさい</u>は<u>ふめい</u>です。

30	しじ	1 支持	2 時事	3 私事	4 指示
31	しょうさい	1 書斎	2 詳細	3 実際	4 真相
32	ふめい	1 不名	2 不命	3 不銘	4 不明

問5 新しく<u>しゅうにん</u>した所長は、<u>おうぼう</u>で<u>がんこ</u>な人だと聞いた。

33	しゅうにん	1 衆人	2 住人	3 就任	4 主任
34	おうぼう	1 応募	2 横暴	3 工房	4 逃亡
35	がんこ	1 眼光	2 慣行	3 閑古	4 頑固

問題IV　次の文の下線をつけた言葉の二重線_____の部分は、どのような漢字を書きますか。
　　　　同じ漢字を使うものを、1・2・3・4から一つ選びなさい。

36　外国人登録証は<u>じょうじ</u>持ち歩いていなければならない。

1　彼の遺産は、<u>じ</u>か総額で何十億円にもなるという。
2　この辺りは歴史のある古い町で、<u>しゃじ</u>が多く立ち並ぶ。
3　今の体重を<u>ほじ</u>するために、食べ物に気をつけている。
4　お金は貯めるのではなく、使うためにあるというのが父の<u>じろん</u>だ。

37　内蔵<u>きかん</u>に問題があると検診で言われた。

1　そろそろ電池を<u>こうかん</u>しなければならない。
2　<u>かんちょう</u>に就職しようと彼女は勉強している。
3　温泉<u>りょかん</u>に泊まってのんびりしている。
4　このマンションは<u>かんり</u>が行き届いている。

38　事故の<u>けいい</u>について説明を受けた。

1　契約期間内にマンションを出るように求められ、<u>いやく</u>金を受け取った。
2　この地方は<u>いど</u>が高い割には暖かい。
3　かれは郷土の<u>いじん</u>として多くの人に尊敬されている。
4　それは普段見たことのな<u>い</u>ような光景だった。

39　荷物を<u>まんさい</u>したトラックが高速道で横転した。

1　この地方は花の<u>さいばい</u>でよく知られている。
2　アンケートにはお名前の<u>きさい</u>は必要ありません。
3　隣家とのトラブルを<u>さいばん</u>で争うことになった。
4　君の計画はあとは社長の<u>けっさい</u>を待つだけになっている。

40　最近はインターネットでも、株を<u>ばいばい</u>することができます。

1　まさに消費者の<u>こうばい</u>意欲を刺激するうまい広告だ。
2　毎朝、駅の<u>ばいてん</u>でパンとミルクを買います。
3　今月に入り、売り上げが<u>ばいぞう</u>になる勢いだ。
4　この地方では、きれいな湧き水を利用してワサビの<u>さいばい</u>を行っています。

問題V 次の文の＿＿＿＿の部分に入れるのに最も適当なものを、1・2・3・4から一つ選びなさい。

41 彼女はナイフを＿＿＿＿に操って果物を美しくカットした。
 1 自主 2 自在 3 自信 4 自動

31 彼は多くの＿＿＿＿をあげた人なので引退は惜しまれる。
 1 実態 2 実費 3 実績 4 実質

43 私たちの会社はお客様の満足度を＿＿＿＿しております。
 1 重体 2 重点 3 重要 4 重視

44 オリンピックに＿＿＿＿できるなんて、夢のようです。
 1 出動 2 出席 3 出場 4 出演

45 彼女の話し方はとても＿＿＿＿なので、あこがれる。
 1 上級 2 上等 3 上位 4 上品

46 一度買った商品は、＿＿＿＿な理由がなければ返品できない。
 1 正常 2 正確 3 正直 4 正当

47 このごろ彼女を＿＿＿＿ないが、元気にしているのだろうか。
 1 見つけ 2 見かけ 3 見上げ 4 見つめ

48 友達に会いに北海道まで行ったのに、友達が留守でまったく＿＿＿＿だった。
 1 千鳥足 2 不要足 3 無用足 4 無駄足

49 高熱が出ているので、＿＿＿＿の疑いがある。
 1 貧乏症 2 不眠症 3 感染症 4 依存症

50 彼女のことはよく知りません。ときどき道で会って、＿＿＿＿をする程度の関係です。
 1 無駄話 2 世間話 3 土産話 4 作り話

[51] カラオケに誘われたが、今日は仕事の約束があって_____ので、明後日にしてもらった。

　　　1　わるい　　　　2　まずい　　　　3　にくい　　　　4　うまい

[52] 彼は歴史に_____から、彼に聞けばわかると思う。

　　　1　かたい　　　　2　まるい　　　　3　あかるい　　　4　あかい

[53] 彼女と駅前で会う約束をしたのに、1時間も_____を食わされた。

　　　1　とばっちり　　2　まきぞえ　　　3　みちくさ　　　4　まちぼうけ

[54] この会社の業績は今は悪いが、_____で見たら、必ず伸びると思いますよ。

　　　1　大目　　　　　2　甘い目　　　　3　白い目　　　　4　長い目

[55] この近くに僕の_____の店があるから、よかったら一緒にどうですか。

　　　1　行きつけ　　　2　かかりつけ　　3　食べつけ　　　4　飲みつけ

問題Ⅵ 次の 56 から 60 のの_____の言葉の意味が、それぞれの初めの文と最も近い意味で使われている文を、1・2・3・4から一つ選びなさい。

56 つよい……私と彼らはつよい信頼関係で結ばれている。
1 つよい雨風に、窓ガラスががたがた音を立てて揺れていた。
2 夫婦のつよい絆のおかげで、私たちは50年間楽しくやってこられた。
3 このロープはつよい素材で出ているので、100キログラムの重みにも耐えられる。
4 つよい男ほど弱い立場の人間にはやさしいものだ。

57 ふつう……今度来る台風はふつうの大きさのものです。
1 私の駅は特急が止まらないので、ふつうに乗ってきてください。
2 きのう釣った魚はふつうの倍ほどのサイズのものだった。
3 彼女が国に帰ることを知らなかったので、きのうはふつうにさよならしてしまった。
4 来月赤ちゃんが生まれるふつうの体じゃないんだから、もっと用心しなさい。

58 大きい……期待が大きかっただけに、失敗したときはがっかりした。
1 彼はいつも大きいことを言っているが、本当は自信がないようだ。
2 父はいつも口を大きく開けてがははと笑うので恥ずかしい。
3 彼は私なんかよりずっと心が大きい人で、そんなことは気にしない。
4 これらの企業が参加するかどうかは、けっこう大きいポイントだ。

59 はる……天井にクモの巣がはっているので掃除をした。
1 こんなに値のはるものをいただくわけにはいきません。
2 災害に備えて、バケツに水をはっておく習慣をつけたい。
3 はがきに切手をはるのを忘れて出してしまった。
4 山の木々は根をはることで山崩れをふせいでいるのだ。

60 スタンド……スタンドに座って野球を観戦した。
1 スタンドは、ファンで埋め尽くされていた。
2 暗いのでスタンドを手元に引き寄せた。
3 最近は従業員のいないスタンドも増えてきた。
4 毎朝、スタンドでパンとミルクを買って会社に行く。

問題Ⅶ 次の 61 から 65 の言葉の使い方として最も適切なものを、それぞれの1・2・3・4から一つ選びなさい。

61 幅を利かせる
1 兄は太っているので、一緒に車に乗ると、幅を利かせて狭くなる。
2 この布は大きいから、幅を利かせて子どものスカートなら2着できますよ。
3 彼女は息子が国立大学に入学したと、幅を利かせて話していた。
4 彼は社長の親戚というだけで、社内で幅を利かせている。

62 一心
1 家族の無事を願って一心に祈る姿が人々の心を打った。
2 あの学生は年齢より博識なので、みんなに一心おかれている。
3 大変な作業だが、一心に片づけてしまいましょう。
4 急に暑くなったので、アイスクリームが一心に売れ出した。

63 結束
1 二人の愛の結束である子どもを授かり、彼らは幸せそうだ。
2 私たちのコーラスグループは来年、結束10周年を迎えます。
3 鉄は空気中の酸素と結束してさびるという性質を持っている。
4 家族の結束が固かったので、今までの多くの困難を乗り越えてこられた。

64 手配
1 家族連れの手配な観光地として最近人気のあるのが水族館だ。
2 東京に住む知人にホテルの手配を頼んだ。
3 職人さんの作業の手配の良さを感心して眺めていた。
4 手配通りにすれば、だれでも簡単に組み立てられる家具です。

65 魔がさす
1 本当は彼の責任だけど、管理職として今回は魔がさすことにした。
2 いつもはうるさい妹が、お正月だけは魔がさして親類にあいさつに行く。
3 あの男は先生がいないときだけ魔がさして偉そうにする。
4 まじめな彼女が盗みをするなんて、魔がさしたとしか思えない。

第 3 回

⇒答えは p.198

問題Ⅰ 次の文の下線をつけた言葉は、どのように読みますか。最も適当な読み方を1・2・3・4から一つ選びなさい。

問1 母親手製のドレスを身にまとった新婦はとても可憐だった。

|1| 手製　　1 しゅげい　　2 しゅせい　　3 てせい　　4 てづくり
|2| 新婦　　1 しんまい　　2 しんふ　　3 しんぶ　　4 しんぷ
|3| 可憐　　1 かれい　　2 きれい　　3 かりん　　4 かれん

問2 彼らはまさに志が高く優秀な精鋭たちで、今後の活躍が期待されている。

|4| 志　　1 こころより　　2 こころざし　　3 こころがけ　　4 こころいき
|5| 精鋭　　1 せいえい　　2 せいかん　　3 せいこう　　4 せいかく
|6| 活躍　　1 かつどう　　2 かっき　　3 かつやく　　4 かっとう

問3 世界各地の美を探訪するテレビ番組を見て寸評を書く。

|7| 美　　1 うつくし　　2 きれい　　3 び　　4 み
|8| 探訪　　1 たんほう　　2 たんぼう　　3 たんぽう　　4 たんほ
|9| 寸評　　1 すんひょう　　2 すんびょう　　3 すんぴょう　　4 すんぽう

問4 先生は、日常に潜むさまざまな危険について、具体例を交えて話された。

|10| 日常　　1 ひごろ　　2 にっじょう　　3 ひづね　　4 にちじょう
|11| 潜む　　1 ひそむ　　2 しずむ　　3 かくれむ　　4 いどむ
|12| 交えて　　1 そえて　　2 そなえて　　3 まじえて　　4 たずさえて

問5 遊園地の絶叫マシーンに乗るのを嫌がると、意気地なしだと言われた。

|13| 絶叫　　1 ぜつぎょう　　2 ぜつきょう　　3 ぜっぎょう　　4 ぜっきょう
|14| 嫌がる　　1 きらがる　　2 いやがる　　3 かねがる　　4 けんがる
|15| 意気地　　1 いくじ　　2 いきじ　　3 いけち　　4 いきち

問題 II 次の文の下線をつけた言葉は、ひらがなでどう書きますか。同じひらがなで書く言葉を、1・2・3・4から一つ選びなさい。

16 今度の税制改革案は、高齢者に<u>過重</u>な負担を強いることになる。

  1 課長   2 果汁   3 低調   4 機銃

17 家族と離れての外国勤務は<u>苦渋</u>の選択だった。

  1 苦笑   2 苦汁   3 苦労   4 苦味

18 産業廃棄物に関する新しい法律が<u>公布</u>された。

  1 後悔   2 豆腐   3 外部   4 交付

19 非常ベルが鳴ったら、直ちに<u>校庭</u>に集合しなさい。

  1 交代   2 固定   3 肯定   4 広大

20 彼は会議で独自の<u>構想</u>を示した。

  1 交渉   2 控訴   3 向上   4 高層

問題Ⅲ 次の文の下線をつけた言葉は、どのような漢字を書きますか。その漢字を、それぞれの1・2・3・4から一つ選びなさい。

問1 しんりょくの季節、たいようも明るくなり、みんなのふくそうも身軽になってきた。

21	しんりょく	1 新緑	2 新縁	3 新禄	4 新録
22	たいよう	1 大洋	2 太洋	3 太陽	4 大陽
23	ふくそう	1 服袋	2 服装	3 服製	4 服裳

問2 南北に続くこれらのみねは、約1万年前のちかくの変動で、土地がりゅうきしてできたそうだ。

24	みね	1 峠	2 峰	3 岬	4 峡
25	ちかく	1 近く	2 地面	3 地殻	4 近区
26	りゅうき	1 隆起	2 興起	3 降起	4 陸起

問3 これらの成果は、技術者のせいえいが集まり、そのわざをきそい合ったことによる。

27	せいえい	1 成功	2 清楚	3 精鋭	4 清栄
28	わざ	1 術	2 業	3 腕	4 技
29	きそい	1 奪い	2 戦い	3 争い	4 競い

問4 見てはいけないときびしく言われていたが、見たいというしょうどうにかられ、つい見てしまった。

30	きびしく	1 厳しく	2 激しく	3 卑しく	4 慌しく
31	しょうどう	1 欲望	2 衝動	3 行動	4 希望
32	かられ	1 駆られ	2 借られ	3 狩られ	4 駈られ

問5 裁判官の命にそむき、きょぎの発言をした彼は、前言をくつがえし、真実を述べる決心をした。

33	そむき	1 反き	2 欺き	3 背き	4 抗き
24	きょぎ	1 意義	2 虚偽	3 狭義	4 審議
35	くつがえし	1 覆し	2 翻し	3 裏返し	4 促し

問題Ⅳ 次の文の下線をつけた言葉の二重線_____の部分は、どのような漢字を書きますか。同じ漢字を使うものを、1・2・3・4から一つ選びなさい。

36 彼のかくちょう高い文章は、若い作家の手本にもなった。
1 水が冷たくて、手のかんかくがなくなってしまった。
2 この店では日本全国かくちの名産を買うことができる。
3 ハイキングに参加する人はかくじで昼食の用意をしてくること。
4 介護ヘルパーのしかくをとって将来お年寄りのために働きたい。

37 天気がなかなかかいふくしないので洗濯物が乾かない。
1 社長は、会社の金を流用してしふくを肥やしていたらしい。
2 ふくすうの人から窓が開いていると指摘された。
3 古代の住居をふくげんして展示している。
4 あわてていたので説明がちょうふくしてしまった。

38 コーチのごうれいで、選手たちは一斉に駆け出した。
1 れいさい企業といっても、有能な職人を抱えているところが多い。
2 不正な株取引をした容疑者に対して逮捕れいじょうが出ている。
3 彼のれいたんな態度は多くの人を遠ざけていた。
4 こうれいの方はプールに入る前に医者の診断を受けてください。

39 今度の選挙に出るこうほ者たちの考えを聞き比べた。
1 逃走していた犯人が警察にたいほされた。
2 雨漏りがするので、屋根のほしゅうをしなければならない。
3 この道はほそうされていないから、ちょっと歩きにくい。
4 住宅街に現れるサルたちのほかく作戦が始まった。

40 外務省では今後も粘り強くこうしょうを続けていくということです。
1 父はこうぶつのお菓子を贈られてうれしそうだ。
2 彼は長年のこうせきが認められ、特別賞を贈られた。
3 この雑誌は毎月、こうどくしています。
4 昨日は5時でこうたいして、帰りました。

問題Ⅴ 次の文の_____の部分に入れるのに最も適当なものを、1・2・3・4から一つ選びなさい。

[41] そんな事態に_____したら、だれだっておろおろしてしまうだろう。
  1　直前 2　直面 3　直通 4　直接

[42] 社会人になったらそんな言い訳は_____しないぞ。
  1　通過 2　通行 3　通知 4　通用

[43] 顔では笑っていたが_____はどきどきしていた。
  1　内緒 2　内心 3　内容 4　内部

[44] 仕事をみんなで_____すれば、早く帰れるよ。
  1　分割 2　分担 3　分配 4　分類

[45] リモコンはテレビの_____に向けてご使用ください。
  1　本体 2　本部 3　本物 4　本場

[46] _____していたこととはいえ、亡くなったとの知らせはショックだった。
  1　予感 2　予言 3　予期 4　予定

[47] 昨日は目が回るほど_____ので、連絡できませんでした。
  1　飲んだ 2　忙しかった 3　苦しかった 4　驚いた

[48] 顔から火が出るほど_____思いをした。
  1　恥ずかしい 2　痛い 3　悲しい 4　楽しい

[49] いつも元気な彼が病気で休んでいるので、今日は歯が抜けたように_____。
  1　忙しい 2　不便だ 3　静かだ 4　さびしい

[50] 込んでいると思って行ったら、映画館は_____で、10人くらいしか客がいなかった。
  1　すかすか 2　がらがら 3　からから 4　すけすけ

51 夏の太陽が_____照り付けていて、気温は37度を越えていた。
　　1　じりじり　　2　てりてり　　3　がんがん　　4　どんどん

52 彼は入試に失敗して今落ち込んでいるから、しばらく_____しておいたほうがいい。
　　1　じっと　　2　やっと　　3　ほっと　　4　そっと

53 長かった髪を切ったら、気分が_____した。
　　1　きっぱり　　2　すっぱり　　3　さっぱり　　4　やっぱり

54 彼女は人の顔色を見て、言うことを_____変えるから、何を考えているのか分からない。
　　1　ころころ　　2　ごろごろ　　3　ごっそり　　4　こってり

55 一度練習を休むと何となく行く気にならず、もう4日も_____休んでいる。
　　1　きっちり　　2　するする　　3　かっきり　　4　ずるずる

問題Ⅵ 次の 56 から 60 のの＿＿＿の言葉の意味が、それぞれの初めの文と最も近い意味で使われている文を、1・2・3・4から一つ選びなさい。

56 しっかり…あの子は年の割にはしっかりしているので頼りになる。
1 風が強いから、しっかり結んでおかないと飛ばされてしまうよ。
2 友達にしっかり確認したので、絶対間違いないと思う。
3 火事にあったのは災難だけど、あなたがしっかりしないとだめよ。
4 毎日朝ご飯をしっかり食べてくるので、昼は軽くすませても平気だ。

57 さっぱり……観光旅行に参加したが説明が全部日本語でさっぱりわからなかった。
1 帰ったら、まずシャワーを浴びてさっぱりしたい。
2 彼の書いた地図は簡単すぎて、さっぱり理解できない。
3 今日は油っぽいものよりさっぱりしたものがいい。
4 久しぶりに釣りに出かけたが、成果はさっぱりだった。

58 まるまる……友だちに勧められて買った株でボーナスをまるまるなくした。
1 隣の家の子どもはまるまるとしていて、とてもかわいい。
2 テーブルの上に出しておいたケーキを子どもがまるまる食べてしまった。
3 まるまるとおいしそうに太った豚たちが牧場を走り回っていた。
4 この地図はすぐにまるまるので、端を何かで押さえてください。

59 くらい……くらいところで本を読んでいると、目が悪くなりますよ。
1 母は経済にはくらいので、株の話をしてもわからないだろう。
2 壁紙はくらい色のほうが部屋が落ち着きます。
3 姉は性格がちょっとくらいので、友達は少ないほうだ。
4 ろうそくはくらいので、なかなかムードがありますね。

60 くち……彼はくちがうまいから、だまされるなよ。
1 何かいいアルバイトのくちがあったら教えてくれよ。
2 おくちに合うかどうか心配です。
3 くちは災いの元ですよ。気をつけなさい。
4 くちが広いほうが入れやすいよ。

問題Ⅶ 次の 61 から 65 の言葉の使い方として最も適切なものを、それぞれの１・２・３・４から一つ選びなさい。

61 さばを読む

1 授業は大きい声でさばを読みます。
2 運転免許証で本当の年齢を知られ、さばを読んでいたことがわかってしまった。
3 毎朝、さばを読んで会社に行くことにしている。
4 約束の時間までまだ十分あるとさばを読んでいたら、時計が止まっていてあわてた。

62 アカデミック

1 大学の図書館はアカデミックな雰囲気に包まれていた。
2 彼のピアノのアカデミックはすばらしいものがある。
3 あのピアニストの躍動感あふれるアカデミックな演奏に感動した。
4 いま人気の若者向けドラマは最終回に向けアカデミックな展開を迎えた。

63 おどおど

1 子どもたちは元気いっぱいにおどおどと歌を歌った。
2 パレードの先頭を歩く優勝選手たちはおどおどと胸を張っていた。
3 失恋した友人は別れた恋人のことを思い出してはおどおど泣いた。
4 宿題をしてこなかった学生は、先生にいつ指摘されるかとおどおどしていた。

64 びっしょり

1 営業の仕事で外回りが多いので、夏はシャツが汗びっしょりになる。
2 怖い映画をひとりで見ていたのでびっしょり震えてしまった。
3 テレビを見ていて、せっかく焼いたケーキをびっしょりにしてしまった。
4 今日はあなたのためにごちそうをびっしょり作ったので、遠慮しないで食べてね。

65 穴が開く

1 彼はよほどお腹が空いていたのか、お皿に穴が開くほど食べている。
2 審査員に穴が開くほどじろじろ見られて、恥ずかしかった。
3 死んだと思っていた彼女が生きていたと聞いて、穴が開くほど驚いた。
4 バスも電車も不通だったので、穴が開くほど歩いて帰った。

復習＆発展ドリル　答え

第1回

問題 I
|1| 2　|3| 3　|3| 3　|4| 4　|5| 3
|6| 2　|7| 1　|8| 2　|9| 4　|10| 4
|11| 3　|12| 2　|13| 3　|14| 1　|15| 1

問題 II
|16| 2　|17| 1　|18| 2　|19| 2　|20| 1

> |16|　1は処置「しょち」、2は極致「きょくち」、3は完治「かんち」、4は価値「かち」と読む。問題の局地は「きょくち」。

問題 III
|21| 1　|22| 2　|23| 4　|24| 2　|25| 3
|26| 1　|27| 1　|28| 3　|29| 2　|30| 2
|31| 1　|32| 3　|3| 2　|24| 3　|35| 1

問題 IV
|36| 4　|37| 4　|38| 4　|39| 1　|40| 4

> |38|　問題は「署名」、1は「由緒」、2は「諸説」、3は「残暑」、4は「警察署」と書く。

問題 V
|41| 2　|42| 1　|43| 1　|44| 4　|45| 3
|46| 2　|47| 3　|48| 2　|49| 1　|50| 4
|51| 2　|52| 3　|53| 4　|54| 1　|55| 3

> |42|　1「下心」は「見えないように隠している本当の意図」のこと。2「下調べ」は「準備のために調べておくこと」。3「下書き」は「本当に書く前に試しに書くこと」。4「下地」は「見栄えがよくなるように下に塗っておくもの」のこと。

問題 VI
|56| 4　|57| 2　|58| 2　|59| 3　|60| 4

> |56|　「はっきり」には「①形がよく見える、②態度や意見、声が確か、③事実や原因が確か」などの意味がある。問題は③の意味で、1は①、2は②、3は②、4は③の意味。

問題 VII
|61| 2　|62| 1　|63| 2　|64| 1　|65| 2

> |63|　1は無駄、3は無視、4は無効が正しい使い方。

第2回

問題 I
|1| 1　|2| 4　|1| 3　|4| 4　|5| 1
|6| 4　|7| 2　|8| 2　|9| 2　|10| 4
|11| 2　|12| 2　|13| 3　|14| 1　|15| 2

問題 II
|16| 3　|17| 2　|18| 3　|19| 3　|20| 2

> |20|　1は各校「かくこう」、3は恰好「かっこう」、3は括弧「かっこ」、4は覚悟「かくご」と読む。問題の確固は「かっこ」。

問題 III
|21| 3　|22| 1　|23| 4　|24| 4　|25| 2
|26| 1　|27| 4　|28| 1　|29| 1　|30| 4
|31| 2　|32| 4　|33| 3　|34| 2　|35| 4

問題 IV
|36| 1　|37| 2　|38| 2　|39| 2　|40| 2

> |37|　問題は「器官」。1「交換」、2「官庁」、3「旅館」、4「管理」と書く。

問題 V
|41| 2　|42| 3　|43| 4　|44| 3　|45| 4
|46| 4　|47| 2　|48| 4　|49| 3　|50| 2
|51| 2　|52| 4　|53| 4　|54| 4　|55| 1

> |54|　1「大目」は「厳しくない寛大な見方」、2「甘い目」は「厳しさが足りない様子」、3「白い目」は「冷たい批判的な視線」、4「長い目」は「結果をすぐに求めない長期的な見方」のこと。

197

問題VI
56 2　57 2　58 4　59 4　60 1

58　問題の「大きい」は程度を表す「大きい」。1は「実際より大げさなこと」、2は「サイズが大きいこと」、3は「性格がおおらかで細かくないこと」、4は程度。

59　問題の「はる」は「周囲に広がっている様子」。1は「値段が高い」、2は「水をいっぱい入れる」、3は「のりなどで二つのものをつけること」、4は「周囲に広がっていく様子」。

問題VII
61 4　62 1　63 4　64 2　65 4

第3回

問題I
1 3　2 4　3 4　4 2　5 1
6 3　7 3　8 2　9 3　10 4
11 1　12 3　13 4　14 2　15 1

問題II
16 2　17 2　18 4　19 3　20 4

19　問題の校庭は「こうてい」。1交代は「こうたい」、2固定は「こてい」、3肯定は「こうてい」、4広大は「こうだい」と読む。

問題III
21 1　22 3　23 2　23 2　25 3
26 1　27 3　28 4　29 4　30 1
31 2　32 1　33 3　34 2　35 1

35　1覆しは「くつがえし」、2翻しは「ひるがえし」、3裏返しは「うらがえし」、4促しは「うながし」と読む。

問題IV
36 4　37 3　38 2　39 2　40 4

36　問題のかくちょうは「格調」。1かんかくは「感覚」、2かくちは「各地」、3かくじは「各自」、4しかくは「資格」と書く。

問題V
41 2　42 4　43 2　44 2　45 1
46 3　47 2　48 1　49 4　50 2
51 1　52 4　53 3　54 1　55 4

44　1「分割」は「物や支払いを分けること」、2「分担」は「仕事を分けること」、3「分配」は「分けて配ること」、4「分類」は「種類で分けること」。

問題VI
56 3　57 2　58 2　59 4　60 3

58　「まるまる」は「全部」という意味。1・3は「肉の付き方がよい、よく太っていること」、2は「分けたり残したりせず全部」、4は「丸くなる」という意味の自動詞。他動詞の場合は「丸める」。

問題VII
61 2　62 1　63 4　64 1　65 2

64　63「おどおど」は「何かを恐れたり、自信がなかったりして落ち着かない様子」。1は「元気な様子」を表す「生き生き」、2は「堂々と胸を張る様子」、3は「めそめそ」などのような意味を持つ。

PART 2 対策編
第2章 実戦練習

UNIT 1 「問題1」に挑戦！ー正しい漢字の読み方を選ぶ

1 「伸ばす音（長音）」か「伸ばさない音」かを問うパターン
2 「詰まる音（促音）」か「詰まらない音」かを問うパターン
3 「小さい"や""ゆ""よ"の音」について問うパターン
4 "ん"の音」かどうかを問うパターン
5 清音（[f-] [h-] [k-] [s-] [t-]）・濁音（[b-] [d-] [g-] [j-] [z-]）・半濁音（[p-]）を問うパターン
6 訓読みを問うパターン

UNIT 2 「問題2」に挑戦！ー言葉を入れて文を完成させる

1 「同じ字を持つ言葉」が並ぶパターン
2 「意味の似ている言葉」が並ぶパターン
3 「同じ形を持つ言葉」が並ぶパターン

UNIT 3 「問題3」に挑戦！ー意味の近いものを選ぶ

「言い換え表現」を選ぶパターン

UNIT 4 「問題4」に挑戦！ー正しく使われている例を選ぶ

「言葉の正しい使い方」を選ぶパターン

第2章
実戦練習

UNIT 1 「問題1」に挑戦！——正しい漢字の読み方を選ぶ

❓ どんな問題？

4つの選択肢の中から正しい漢字の読み方を選ぶ問題です。短い文の中に一つだけ、下線を引いた部分があります。その漢字の正しい読み方を探します。

例

_____の言葉の読み方として最もよいものを、1・2・3・4から一つ選びなさい。

真実を明かせるのは、彼しかいない。

 1　いかせる 2　とかせる 3　あかせる 4　ねかせる

(例) ① ② ● ④

🔔 解き方のポイント

選択肢には紛らわしいものが並んでいることが多いため、一つ一つを読まずに、まず文を読んで意味を捉えましょう。

1 「伸ばす音（長音）」か「伸ばさない音」かを問うパターン

♪ POINT

スターの登場に観客は大いに盛り上がった。

 1　とじょう 2　とうじょ 3　とうじょう 4　とじょ

どの漢字が伸ばす音なのかをよく覚えておきましょう。ここでは「登」も「場」も伸ばす音です。

正解：3

200

EXERCISE

1 警官は挙動不審な男を呼び止め、質問した。
　　1　きょうどう　　2　きょうど　　3　きょどう　　4　きょど

2 相手国との最終交渉が難航している。
　　1　こしょう　　2　こうしょ　　3　こしょ　　4　こうしょう

3 雪山で遭難したにもかかわらず、凍傷だけで助かってよかった。
　　1　としょ　　2　とうしょ　　3　としょう　　4　とうしょう

4 必要経費はこの金額から控除されます。
　　1　こうじょ　　2　こじょう　　3　こうじょう　　4　こじょ

② 「詰まる音（促音）」か「詰まらない音」かを問うパターン

POINT

この円の直径はどのくらいですか。

　　1　ちょけい　　2　ちょっけ　　3　ちょけ　　4　ちょっけい

初めの漢字「直」は「ちょく」で、次の漢字が「けい」で「か行」ですから、「詰まる音」になります。

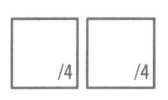

正解：4

EXERCISE

1 今月でやっと借金の返済が終わります。
　　1　しゃっきん　　2　しゃきん　　3　しゃくきん　　4　しゃきっん

2 私のような薄給では、こんなマンションには住めません。
　　1　はくきゅう　　2　はきゅっう　　3　はっきゅ　　4　はっきゅう

3 会議は来週だと錯覚していたが、実は今日だった。
　　1　さくかく　　2　さかく　　3　さっかくう　　4　さっかく

4 アルバイト店員を若干名募集している。
　　1　じゃっかん　　2　じゃかん　　3　じっかん　　4　じっかっん

3 「小さい "や" "ゆ" "よ" の音」について問うパターン

POINT

タイトルが長すぎる場合は、一部省略してもかまわない。

 1 しょうらく 2 せいらく 3 しょうりゃく 4 せいりゃく

小さい「や・ゆ・よ」の音は「い」を除く「い段」の音につきます。その音が長いのか短いのかにも注意する必要があります。

正解：3

EXERCISE

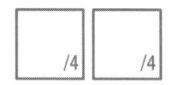

/4   /4
⇒答えは p.213

1 このベッドは、カバーの着脱が簡単です。
 1 ちゃだつ 2 ちゃくだつ 3 ちゃあくだつ 4 ちゃくだっつ

2 彼はフランス国家から著名人らに送られる勲章を手にした。
 1 ちょうめい 2 ちょうめ 3 ちょめい 4 ちょめ

3 このような船旅は究極の贅沢といえるだろう。
 1 きゅきょく 2 きゅうきょく 3 きゅうきょうく 4 きゅきょうく

4 彼は半年以上病床にあって、活動を休んでいる状態だ。
 1 びょしょ 2 びょしょう 3 びょうしょ 4 びょうしょう

4 「"ん" の音」かどうかを問うパターン

POINT

ここは歴史的な観光地として有名なところだ。

 1 かこう 2 かんこん 3 かんこう 4 かんこ

日本語の「ん」の音は次の音の影響で「n／m／ŋ」の3つの音に分かれます。

- [n] ＋ n, t, d, ch, ts, dz 例 か ん どう・サ ン タクロース
- [m] ＋ p, b, m 例 あ ん パン・か ん ばん
- [ŋ] ＋ k. g 例 ぎ ん こう・あ ん ごう

どこに「ん」が入っているのか、しっかり覚えておくことが必要です。

正解：3

EXERCISE

1 この辺りは潮の干満の差が激しいことで有名だ。
　　1　かまん　　　2　かんま　　　3　かむまん　　　4　かんまん

2 登山に行った友人の安否が気になる。
　　1　あぴん　　　2　あんぴん　　3　あんぴ　　　　4　あんひん

3 医療費が減額になるらしいから調べてみよう。
　　1　げがんく　　2　げがく　　　3　げんがんく　　4　げんがく

4 会議の後の懇親会に出席する方は、受付で会費を支払ってください。
　　1　こしん　　　2　こんし　　　3　こんしん　　　4　こんしい

5 清音（[f-] [h-] [k-] [s-] [t-]）・濁音（[b-] [d-] [g-] [j-] [z-]）・半濁音（[p-]）を問うパターン

POINT

この国はまだまだ貧富の差が激しい。
　　1　ひんぷ　　　2　びんぷ　　　3　ひんぶ　　　　4　ぴんぶ

前の字が「ん」で終わり、次の音が「は行」で始まるときは、後ろの字が濁音（[b-] [d-] [g-] [j-] [z-]）や半濁音（[p-]）になることが多いので、注意しましょう。　正解：1

EXERCISE

次の（　）に入る最もよいものを一つ選びましょう。

1 事件現場には緊迫した空気が漂っていた。
　　1　きんぱく　　2　きばく　　　3　きんばく　　　4　ぎんぱく

2 神社に参拝した後は気分がさわやかだ。
　　1　さんばい　　2　さんぱい　　3　さばい　　　　4　さぱい

3 各地から選抜された選手たちが集まっている。
　　1　ぜんぱつ　　2　せんぱつ　　3　せんばつ　　　4　ぜんばつ

4 彼女のお姉さんは長髪のきれいな人だ。
　　1　ちょはつ　　2　ちょうぱつ　3　ちょうはつ　　4　ながかみ

6 訓読みを問うパターン

POINT

彼は私の行動を探っているようだ。

1　さぐって　　　2　さがって　　　3　ねらって　　　4　まわって

訓読みは送り仮名を伴う読み方です。送り仮名によって読み方が異なる場合があるので、注意が必要です。

正解：1

EXERCISE

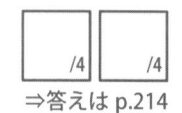

⇒答えは p.214

1 昨日ドアにぶつけた足の指が腫れてきて、すごく痛い。
　1　ふくれて　　　2　こわれて　　　3　はれて　　　4　きれて

2 夢の実現を阻む問題を一つずつ解決していこう。
　1　はぐくむ　　　2　やむ　　　3　はばむ　　　4　いやむ

3 運動会の出場者を父兄の中から募った。
　1　よった　　　2　つのった　　　3　たどった　　　4　おぎなった

4 自分を省みる時間を持つことは大切なことだ。
　1　こころみる　　　2　あおぎみる　　　3　かえりみる　　　4　ためしみる

7 特別な読み方を問うパターン

POINT

小豆を入れて炊いたご飯を赤飯といいます。

1　こまめ　　　2　しょうず　　　3　あずき　　　4　こづち

もとからある言葉に漢字を当てたものです。もともとの漢字の読み方ではなく、特別な読み方なので、言葉として覚えましょう。

正解：3

EXERCISE

1 師走は何かと忙しく感じる。
　　1　しそう　　　2　しはしり　　　3　しはそう　　　4　しわす

2 雨が降るといっても小雨程度だろうから、傘はいらないかもしれない。
　　1　こあめ　　　2　しょうう　　　3　しょうあめ　　4　こさめ

3 この靴で砂利道は歩きにくい。
　　1　すなり　　　2　しゃり　　　　3　じゃり　　　　4　ちゃり

4 天気予報では、明日は山沿いで一時時雨れると言っていた。
　　1　じうれる　　2　しぐれる　　　3　ときうれる　　4　しくれる

第2章 実戦練習

UNIT 2 「問題2」に挑戦！ ——言葉を入れて文を完成させる

❓ どんな問題？

文中の（　）に合う最も適当な言葉を4つの選択肢の中から選ぶ問題です。漢字の言葉や平仮名の言葉などが交じっています。言葉の意味と使い方を問う問題です。

例

（　）に入れるのに最もよいものを、1・2・3・4から一つ選びなさい。

真隣に大きいビルができてから、テレビが（　　）写らなくなってしまった。

1　くっきり　　　2　しっかり　　　3　きっちり　　　4　はっきり

(例)　①　②　③　●

🐧 解き方のポイント

同じ形を持つ言葉は、間違いやすいので言葉の意味や使い方をよく整理して覚えておきましょう。

1 「同じ字を持つ言葉」が並ぶパターン

♪ POINT

昨年の救急車の（　　）件数は約600万件で、過去最多を記録した。

1　出席（しゅっせき）　　2　出場（しゅつじょう）　　3　出動（しゅつどう）　　4　出演（しゅつえん）

同じ形を持つ言葉は、間違いやすいので言葉の意味や使い方をよく整理して覚えておきましょう。

正解：3

EXERCISE

1. 今日は（　　　）が優れないので、話は明日にしてください。
   1 気持ち　　　2 気色　　　3 気味　　　4 気分

2. 彼のとった行動には（　　　）な理由があるため、罪にはならないだろう。
   1 正確　　　2 正直　　　3 正当　　　4 正常

3. お客様に（　　　）を与える話し方を研究しましょう。
   1 好感　　　2 好物　　　3 好調　　　4 好意

4. あの人は、朝、電車の中でときどき（　　　）人だ。
   1 見つける　　　2 見つめる　　　3 見あげる　　　4 見かける

2 「意味の似ている言葉」が並ぶパターン

POINT

返事のない者は、欠席と（　　　）。

1 決め込む　　　2 見なす　　　3 たくらむ　　　4 推し量る

「判断してそう決める」という意味の言葉を探します。「決め込む」は心の中で勝手に決めること、「たくらむ」は悪いことを計画する、「推し量る」は推測すること。

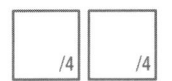

正解：2

EXERCISE

1. わからない言葉があっても、インターネットで（　　　）すればすぐわかる。
   1 検索　　　2 探求　　　3 追究　　　4 捜査

2. アリたちは（　　　）食べ物を巣穴に運んでいた。
   1 せっせと　　　2 バリバリと　　　3 ガンガンと　　　4 カリカリと

3. 子どものころに母が作ってくれた料理が（　　　）食べたくなった。
   1 あまりに　　　2 うかつに　　　3 むやみに　　　4 むしょうに

4. 卒業式で先生から贈られた言葉を（　　　）、社会に出ても頑張ります。
   1 胸に刻んで　　　2 留意して　　　3 心打たれて　　　4 胸に響いて

③「同じ形を持つ言葉」が並ぶパターン

POINT

先日の大雨の影響で川の（　　　）は3メートルを超えていた。

1　深さ　　　　2　長さ　　　　3　高さ　　　　4　大きさ

「深さ」は地面から下（底）までの距離、「長さ」は水平距離、「高さ」は地面から上の距離、「大きさ」は面積。

正解：1

EXERCISE

⇒答えは p.215

1　これは3日間（　　　）考えて出した結論です。
　　1　じっくり　　2　がっくり　　3　ざっくり　　4　そっくり

2　母が台所から（　　　）の料理を運んできた。
　　1　呼び立て　　2　出来立て　　3　下ろし立て　　4　洗い立て

3　夏の合宿では1週間朝から晩まで（　　　）練習させられた。
　　1　がっちり　　2　みっちり　　3　きっちり　　4　もっちり

4　「私は間違っていない」と彼女は大きな声で（　　　）。
　　1　言いつけた　　2　言いそびれた　　3　言いふらした　　4　言い張った

第2章 実戦練習

UNIT 3 「問題3」に挑戦！——意味の近いものを選ぶ

❓ どんな問題？

問題3は、問題文の下線を引かれた言葉や表現と意味の近いものを選ぶ問題です。選択肢は「単語」だけではなく、「意味の説明」の場合もあります。

例

___ の言葉に意味が最も近いものを、1・2・3・4から一つ選びなさい。

彼のわがままな行動にはみんな迷惑している。

1　自由な　　　2　勝手な　　　3　ふざけた　　　4　乱暴な

(例)　①　●　③　④

🗣 解き方のポイント

言葉の意味を正しく理解していることがもちろん大切ですが、下線の前後の文がヒントになる場合もあります。

「言い換え表現」を選ぶパターン

🎵 POINT

彼は突然の質問に、とまどっているようだった。

1　驚いている　　　2　困っている　　　3　あきれている　　　4　迷っている

「とまどう」は「どうしていいかわからず、すぐに対応できない状態」を表し、「驚く」「迷う」と重なる部分もありますが、「すぐに判断できず対応できない→困る」と理解します。

正解：2

EXERCISE

⇒答えは p.216

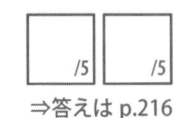

1 単なる感想ではなく、もっと建設的な意見を述べてほしい。
  1　前向きの 2　地道な 3　不可欠な 4　肝心の

2 国で日本を紹介するイベントを見て、日本に興味を持つようになった。
  1　展示会 2　博覧会 3　催し 4　市場

3 この株に多額の投資をしたが、思惑が外れた。
  1　いろいろ思い悩む必要が消えた 2　意欲を失った
  3　関心がなくなった 4　見込み通りにいかなかった

4 地震を感じたときは、直ちに安全を確認して避難の準備をしてください。
  1　すみやかに 2　たちまち 3　ちゃんと 4　じきに

5 観客が危険物を持っていないか調べるため、ボディスキャナーが導入される予定だ。
  1　リサーチする 2　マークする 3　テストする 4　チェックする

第2章 実戦練習

UNIT 4 「問題4」に挑戦！——正しく使われている例を選ぶ

❓ どんな問題？

問題として挙げられた言葉の意味が適切に使われている文を、4つの選択肢の中から選ぶ問題です。

例

次の言葉の使い方として最もよいものを、1・2・3・4から一つ選びなさい。

こだわる

1　何かミスをしていないか、どうしてもこだわってしまう。
2　優勝するには、最後まであきらめないこだわりの気持ちが必要だ。
3　この店の主人は材料にこだわっていて、塩も最高級のものを使っている。
4　この計画には多くの専門家が反対をし、中止すべきだとこだわった。

(例)　①　②　●　④

💡 解き方のポイント

「こだわる」は「妥協しないで自分の思うままを主張する」という意味。1は「気になる」、2は「ねばり」、4は「主張する」などの言葉がふさわしい。

「言葉の正しい使い方」を選ぶパターン

♪ POINT

すみやか

1　荷物は、とりあえずすみやかな所に置いておいてください。
2　後回しにしないで、すみやかに処理してください。
3　たまには家族と一緒に、すみやかに過ごしてください。
4　重要な問題なので、議論を重ねてすみやかな判断をしてほしい。

「すみやか」は「早い」という意味。まず、「すみやか」に続く言葉に注目する。2と4はいいが、4は「議論を重ねて」が「すみやか」と合わない。

正解：2

211

EXERCISE

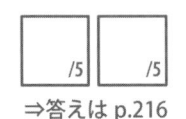

⇒答えは p.216

1 ひょっこり

1 １週間前に姿を見せなくなったうちの猫が、ひょっこり帰ってきた。
2 店主はひょっこり手を伸ばして棚の上の商品を取った。
3 この会社は外国の企業にひょっこり買収されるかもしれない。
4 老人は公園のベンチの上に背中を丸めてひょっこり座っていた。

2 無断

1 どうも無断なもので、なかなか電車に乗って出かけることはない。
2 子どものころからも無断だと言われてきたが、急ににこにこできない。
3 親にも無断で、夜、アルバイトをしている。
4 天候がここのところも無断なので、明日、晴れるかどうかよくわからない。

3 さかのぼる

1 「陶器の里」の煙突からは、皿や壺を焼く煙がさかのぼっていた。
2 歴史をさかのぼって、今回と同じような出来事がなかったか、探した。
3 庭に植えたかぼちゃが柵をさかのぼって、屋根より高くなった。
4 人工の手掛かりを頼りに壁をさかのぼるスポーツに人気がある。

4 すこやか

1 生まれたばかりの赤ちゃんのすこやかな成長をみんな願った。
2 妹はすこやかな色合いのドレスを着てデートに出かけて行った。
3 高原のすこやかな風を体いっぱいに受けながら、自転車で走った。
4 すこやかな歌声がコンサートホールいっぱいに響き渡った。

5 けわしい

1 スポーツ選手のけわしい腕にあこがれる。
2 会社をとりまく環境は、依然としてけわしい。
3 危険をかえりみず、救助隊はけわしい川の流れの中に入っていった。
4 医師はけわしい表情で、診断結果について説明を始めた。

第2章 実戦練習　EXERCISE の解答

UNIT 1 「問題1」に挑戦！

1

1 3
- 挙動不審：動作や行動があやしいこと。
- 選挙：election ／选举／ bầu cử
- 挙手：「はい」の意味で手を挙げること。
  例 賛成の方は挙手願います。

2 4
- 干渉：interference ／干涉／ can thiệp
  例 うちの親は、私のことにいちいち干渉する。

3 4
- 凍傷：frostbite ／冻伤／ cước vì lạnh
- 傷害：人をけがさせたり傷つけたりすること。
  例 犯人は傷害の罪で捕まった。

4 1
- 控除：対象から外し、その分を引くこと。
- 控訴：appeal ／上诉／ kháng cáo
- 削除：eliminate, delete ／消除／ xoá bỏ
  例 パソコンで作った文章を誤って削除してしまった。

2

1 1
- 貸借：貸すことと借りること。
- 借用書：お金や物を借りたことを表す書類。

2 4
- 薄給：給料が少ないこと、少ない給料。
- 薄情：人に対して優しさや思いやりがない。冷たい。
- 軽薄：態度が軽々しいこと。物事をまじめに、深く考えない様子。
  例 軽薄な言動は控えてください。

3 4
- 発覚：新しい事実が明らかになること。
  例 不正が発覚した。

4 1
- 若干：いくらか、多少。はっきりしないが、それほど多くないこと。
- 若年：年が若いこと。
- 若輩：未熟で経験が浅いこと。
  例 若輩ですが、司会を務めさせていただきます。

3

1 2
- 着脱：服を着たり脱いだり、物をつけたり外したりすること。

2 3
- 顕著：誰の目にも明らかなほど、はっきり表れている様子。
  例 顕著な例を示して説明した。

3 2
- 究極：ultimate ／终极／ tận cùng
- 極端：extreme ／极端／ cực đoan
  例 それは極端な例で、数は少ない。

4 4
- 病床：病気で寝たままの状態にあること。
- 起床：ふとんやベッドから起き上がること。
- 病弱：体が弱く病気がちであること。
  例 母は病弱のため、家にいることが多かった。

4

1 4
- 干満：ebb and flow ／潮水的涨落／ thuỷ triều
- 満開：花が完全に咲いていること。

2 3
- 安否：無事かどうかということ。
- 安易：努力や苦労がなくてもできること。いい加減なこと。
- 安眠：よく眠れること。
  例 試験が終わり、やっと安眠できる。

3 4
- 減塩：塩分をとる量を抑えること。
  例 医者から減塩を勧められた。

4 3
- 懇親会：get-together ／聚会／ tiệc giao lưu
- 懇意：親しく付き合うこと。
- 親密：非常に仲が良く、関係が深いこと。

5

1 1
- 緊迫：重大な場面・状況が目の前に近づいていること。
- 迫力：intensity ／迫力／ sức lôi cuốn
  - 例 迫力のある映像だ。

2 2
- 参拝：shrine visit ／参拝／ thăm viếng đình chùa
- 拝啓：手紙の初めに書く言葉。「つつしんで申し上げます」という意味。

3 3
- 抜群：多くの中で特にすぐれていること。
- 選出：人や作品などを選び出すこと。
  - 例 クラスから２名ずつ委員を選出する。

4 3
- 危機一髪：close call ／千钧一发／ suýt bị nguy hiểm
- 散財：不必要なことにお金を使うこと。
  - 例 旅行先で散財してしまった。

6

1 3
- 腫瘍：tumor ／肿瘤／ bướu
- 腫れ物：皮膚の病気でできたもの。
  - 例 みんなが彼を腫れ物に触るように扱う。

2 3
- 阻む：それが進むのを止める、じゃまする。
- 阻害：止めること、じゃますること。
  - 例 発展を阻害する。

3 2
- 応募：募集に応えること。
  - 例 応募総数500人の中から選ばれた。

4 3
- 省みる：過去を思い返す。自分のしたことについて、もう一度考える。
- 省略：abbreviation, omission ／省略／ lược bỏ
  - 例 小数点以下は省略しています。

7

1 4
- 師走：12月のこと。
- 完走：最後まで走りきること。
- 師事：ある先生に付いて、指導を受けること。
  - 例 あの先生に師事した。

2 4
- 雨天：雨の降る日。
- 雨具：雨のときに使う道具。
  - 例 今日は雨具の用意が必要だ。

要チェック
- 梅雨：6〜7月の雨の多い時期。
- 雨雲：雨を降らせる雲。
- 雨水：雨の水。雨が降ってたまった水。
- 大雨：大量に降る雨。
- 雨傘：雨用の傘。

3 3
- 砂利：小石に砂が混じったもの。

4 2
- 時雨れる（時雨）：一時的に雨が降ること。
- 雷雨：雷を伴った雨。
- 随時：as needed ／随时／ tạm thời
  - 例 入学は随時受け付けています。

UNIT 2 「問題2」に挑戦！

1

1 4
- 気分：feeling ／气氛／ tâm trạng
  - 例 気分が悪い/いい、気分屋
  - 例 みんなの前で弱点を指摘され、気分が悪かった。
- 気色：あるものに対し抱く感じ、気持ち。
  - 例 気色の悪い男
- 気味：ある物事から受ける感じ、気分。そう感じる気持ち。
  - 例 気味の悪い話、小気味いいリズム

2 3
- 正当：just ／正当／ chính đáng
  - 例 正当性がある
- 正直：honest ／正直／ thành thật
  - 例 正直、行きたくなかったが、行かなければならなかった。
- 正常：common sense ／正常／ bình thường
  - 例 事故により乱れていたダイヤは、正常に戻った。

EXERCISE の解答

3 1
- 好感：ある人やものに対して好ましいと思う気持ち、感じ。
- 好物：好きな食べ物や飲み物。
- 好調：調子がいいこと。
- 好意：その人を好ましい、好きだと思う気持ち。

4 4
- 見かける　例 あの俳優は公園でよく見かける。
- 見つめる　例 そんなに見つめられたら、恥ずかしい。
- 見つける　例 この人ごみの中で彼を見つけるのは難しい。

2

1 1
- 探求　例 彼は探究心が旺盛だ。
- 追究　例 真理を追究する
- 捜査　例 警察の捜査の手が及んだ。

2 1
- せっせ（と）：熱心に物事をする様子。
  例 何もいわずせっせと働いた。
- バリバリ（と）：勢いよく力強く物事をしている様子。活動的な様子。
  例 彼女はバリバリのキャリアウーマンだ。
- ガンガン（と）：音や声が大きく響く様子。
  例 今日は部長にガンガン怒鳴られた。
- カリカリと：不愉快なことがあって、怒りっぽくなっている様子。
  例 冗談なんだから、そんなにカリカリしないで。

3 4
- あまりに：その程度が強いために、普通しないことが引き起こされる様子。
  例 あまりにおいしくて食べすぎた。
- うかつに：不注意に、軽い調子で。
  例 うかつに話しかけられない雰囲気だ。
- むやみに：大した理由もなく結果も考えずにどんどん物事をする様子。
  例 むやみにカタカナ語を使わず、わかりやすい言葉を使おう。
- むしょうに：ある気持ちが理由もなく高まり、抑えられない様子。
  例 むしょうにラーメンが食べたくなった。

4 1
- 胸に刻む　例 この光景を胸に刻んでおこう。
- 留意する：心にとどめること。
  例 健康に留意する
- 心打たれる　例 美しい景色に心打たれた。
- 胸に響く　例 人々の胸に響くようなスピーチをする

3

1 1
- じっくり　例 弱火でじっくり煮てください。
- がっくり　例 合格できずがっくりした。
- ざっくり：大きく切ること。大ざっぱな様子。
  例 ざっくりと説明する。
- そっくり　例 父にそっくりだ。

2 2
- 呼び立て　例 休みの日に呼び立てて申し訳ない。
- 隠し立て　例 夫婦なんだから、隠し立てはしないで。
- おろしたて　例 おろしたての下着は気持ちがいい。
- 洗いたて　例 洗いたての髪

3 2
- がっちり：すき間なく組み合っている様子。抜け目なく物事をする様子。
  例 夏休みはアルバイトをしてがっちり稼いだ。
- みっちり：手を抜かず、十分に行う様子。
  例 厳しいコーチにみっちり仕込まれた。
- きっちり：すき間やずれがない様子。
  例 ドアはきっちり閉めてください。
- もっちり：もちように弾力と柔らかさと粘りがある様子。
  例 もっちりとした食感

4 4
- 言いつける：告げ口する。
  例 事実を先生に言いつける
- 言いそびれる：言い忘れる。
  例 来週休むことを言いそびれた。
- 言いふらす：言い広める。
  例 彼女は聞いた話をすぐみんなに言いふらす。
- 言い張る：自分の考えを主張し続ける。
  例 彼は自分が知らないと言い張った。

215

UNIT 3 「問題3」に挑戦！

1 1
- 前向き：積極的、建設的。
  - 例 失敗したけど、いい経験をしたと前向きに考えよう。
- ▶ポジティブ　例 何事もポジティブに考えて、いろいろなことに挑戦してほしい。

2 3
- 展示会　例 省エネ関係の展示会
- 博覧会　例 今回の万国博覧会には140か国近くの国々が参加している。

3 4
- 思惑：思うこと、見込みや期待。
- 見込み　例 今年度の売り上げは昨年度を大きく上回る見込みだ。
- 当て　例 遊園地に連れて行ってもらえるという当てが外れ、子供たちはがっかりした。

4 1
- ただちに：時間を置かないですぐ。
- すみやかに：ゆっくりしないで速く。
  - 例 危険を感じたときは、すみやかに避難してください。
- じきに：そんなに時間がたたないうちに、もうすぐ。
  - 例 おかあさんはじきに戻ってくるから、心配しなくてもいいよ。

5 4
- リサーチする：調べる、調査する。
- マークする：特に注意を向ける、注目する。
  - 例 男は警察にマークされ、四六時中監視されていた。
- テストする　例 その新製品については、何度も安全性のテストが行われた。

UNIT 4 「問題4」に挑戦！

1 1
- ひょっこり：全く予想も予期もしていなかったところに人と会ったり、人が現れたりする様子。
- ひょいと：軽々と、何気ない感じで。
  - 例 夫はひょいとかばんを持ち上げて運んでくれた。
- ひょっとすると：もしかして、万一。
  - 例 あそこに立っているのはひょっとすると田中さん？

2 3
- 無断：知らせたり許可を得たりしないまま、勝手にすること。

要チェック
- 無精：面倒に感じて怠けること。
  - 例 いくら筆無精でもお世話になった方への礼状は書いたほうがいい。

3 2
- さかのぼる：過去や元々のところに戻ること。流れに逆らって上流に向かうこと。
- たちのぼる
  - 例 温泉地なので、町のあちこちで湯気が立ち上っている。
- よじのぼる：木や壁などに手足を使ってのぼる。
  - 例 子どものころ、庭の木によじ登って、遠くの景色を見たものだ。

4 1
- 健やか：病気をせず、健康であること。
- ▶あざやか：色や形がはっきりしていて美しい様子。
  - 例 その曲を聴くだけで、学生時代の思い出が鮮やかによみがえってくる。
- ▶さわやか　例 若者らしいさわやかな笑顔
- ▶伸びやか：伸び伸びしている様子。
  - 例 彼女の書く字はそのまま性格を表していて、伸びやかだ。

5 4
- 険しい：precipitous／险峻／dựng đứng
- たくましい：体や心が強く、丈夫である様子。
  - 例 厳しい自然環境を生き抜くたくましい生命力に驚かされる。
- 厳しい：severe, strict／严峻／nghiêm tức
  - 例 厳しい暑さが続き、体調を崩す人が増えている。
- 激しい：extreme, intense／激烈、強烈／mãnh liệt
  - 例 電車の中で、サラリーマン同士が激しい口調で言い合っていた。

PART 3
模擬試験
もぎしけん

解答用紙は別冊 p.8 にあります。
かいとうようし　べっさつ

問題1 ＿＿＿の言葉の読み方として最もよいものを、1・2・3・4から一つ選びなさい。

[1] 夢を抱いて毎年多くの若者が大学を卒業し、社会に出て行く。

  1　といて 2　だいて 3　かかいて 4　いだいて

[2] いつもは厳しい先輩が、今日は妙に優しい。何か下心があるに違いない。

  1　したごころ 2　かしん 3　しもこころ 4　げしん

[3] ひもの先に番号が付いているので、手繰って確かめてください。

  1　てくって 2　たぐって 3　てくりって 4　たくって

[4] 生意気なことを言っても、まだ子どもなんだから、許してやりなさい。

  1　せいいき 2　しょういき 3　なまいき 4　じょういき

[5] 彼は15試合負けなしで、その年の新人王のタイトルを手中に収めた。

  1　てなか 2　てうち 3　しゅっちゅう 4　しゅちゅう

[6] 一度や二度の失敗で諦めるのはまだ早い。

  1　やめる 2　あきらめる 3　とめる 4　もめる

問題2 （　　）に入れるのに最もよいものを、1・2・3・4から一つ選びなさい。

[7] そのかばんは小さいが、持つと（　　）重かった。

 1　がっしり   2　どっしり   3　ぎっしり   4　ずっしり

[8] 私は彼に（　　）を握られているから、あまり偉そうなことは言えないんだ。

 1　強み   2　悪み   3　弱み   4　中み

[9] 世界大会まであと1年。会場の工事は（　　）進んでいる。

 1　黙々と   2　着々と   3　次々と   4　段々と

[10] 会議資料はメールに（　　）して、送ってください。

 1　添付   2　送付   3　還付   4　寄付

[11] そんなに（　　）に事を運ぶと、ろくなことにならないぞ。

 1　性急   2　早急   3　救急   4　特急

[12] 目がかゆいときは、こすらずに目薬を（　　）ほうがいい。

 1　いれた   2　おとした   3　さした   4　ぬった

[13] 小さいころは兄に負けまいと（　　）になってがんばったものだ。

 1　躍動   2　活気   3　頑固   4　躍起

問題3 ＿＿＿の言葉に意味が最も近いものを、1・2・3・4から一つ選びなさい。

14 苦情の処理はできるだけスピーディーに行わなければならない。

　　1　手っ取り早く　　2　快速に　　3　速やかに　　4　手早く

15 長い闘病生活から復活した歌手の歌を聴いて、胸がいっぱいになった。

　　1　グッときた　　　　　　2　ガーンとなった
　　3　ツボにはまった　　　　4　ガツンとやられた

16 これは、教育と研究の両面から大学を評価し、ランクづけしたものです。

　　1　人気　　2　価格　　3　順位　　4　実力

17 旅行中は1人で行動せず、常に班の仲間と一緒に動いてください。

　　1　ユニット　　2　セット　　3　グループ　　4　サークル

18 今のままの状態で働き続けていたら、体が持たない。

　　1　続かない　　2　行かない　　3　動かない　　4　走らない

19 今回の市長選では、新人候補が若者や女性の支持を集め、2位に圧倒的な差をつけて当選した。

　　1　力で相手を押さえつける　　　2　ほかと比べて非常に勝っている
　　3　程度がどんどん強くなる　　　4　急激に激しい勢いで起こる

問題4 次の言葉の使い方として最もよいものを、1・2・3・4から一つ選びなさい。

[20] 勧める
1　ガイドは風景がよくて歩きやすい道にわたしたちを勧めてくれた。
2　勧められるままに商品を購入して、だまされていたということはよくある。
3　失敗して落ち込んでいるときに、やさしく勧められるとまた元気がわいてくる。
4　新しいプロジェクトに参加させてもらおうと勇気を出して手を勧めた。

[21] 無茶
1　病院の待合室で何時間も待たされるのは時間の無茶だ。
2　1週間でこれだけの資料を分析するなんて無茶な要求だ。
3　そんな服装で商品発表会に来るなんて無茶だ。
4　無茶な体力と資金があるから、彼は世界1周マラソンに挑戦できるのだ。

[22] うしろめたい
1　夜道を一人で歩いているときは小さな物音にも反応してうしろめたい。
2　そんなつもりはなかったが、結果的に親友を裏切ったようでうしろめたい。
3　わざわざお見送りいただき、うしろめたいです。
4　うしろめたい考えばかりもっていないで、もっと前向きに検討してほしい。

[23] ただでさえ
1　この仕事は、ただでさえ指先が器用な妻が担当している。
2　昨日の講演会には、ただでさえ数えて200人くらいの人が聞きに来ていた。
3　ただでさえ先生は怒りやすいんだから、集合には遅れないようにしよう。
4　休みの日はただでさえ図書館に行くこともある。

[24] キャッチ
1　新しく家を建てることになったが、キャッチの設計だけは妻に任せている。
2　この毛布は新しい化学繊維を使用しているので、キャッチがとても柔らかい。
3　情報化社会では、大事な情報は常にキャッチできるようにしておくことが大切だ。
4　試合中どこで選手をキャッチするか、監督は難しい判断を求められる。

模擬試験の採点表

　配点は、この模擬試験で設定したものです。また、実際の試験について、各科目の合計得点と基準点＊（60点、19点）、全科目の総合得点と合格点（180点、100点）が示されていますので、それらを参考に「基準点の目安」と「合格点の目安」を設定しました。

　＊得点がこれに達しない場合、総合得点に関係なく、それだけで不合格になる。

★ 基準点に達しなければ、苦手分野にならないよう、しっかり復習しましょう。
★ 合格可能性を高めるために、この模擬試験では15点以上を目指しましょう。

● 採点表

大問	配点	満点	正解数	得点
問題1	1点 × 6問	6		
問題2	1点 × 7問	7		
問題3	1点 × 6問	6		
問題4	1点 × 6問	6		
合計		25		
（基準点の目安）				(8)
（合格点の目安）				(14)

PART ❸ 模擬試験

● 著者

氏原 庸子（大阪 YWCA）
岡本 牧子（大阪 YWCA）

レイアウト・DTP	オッコの木スタジオ
カバーデザイン	花本浩一
翻訳	Alex Ko Ransom ／司馬黎／近藤美佳
編集協力	高橋尚子

日本語能力試験　Ｎ１語彙　必修パターン

平成27年（2015 年）　　９月 10 日　初版 第 1 刷発行
令和元年（2019 年）　　７月 10 日　　　　第 3 刷発行

著　者　氏原庸子・岡本牧子
発行人　福田富与
発行所　有限会社Ｊリサーチ出版
　　　　〒166-0002　東京都杉並区高円寺北 2-29-14-705
電　話　03(6808)8801（代）　FAX 03(5364)5310
編集部　03(6808)8806
　　　　http://www.jresearch.co.jp
印刷所　株式会社シナノ パブリッシング プレス

ISBN 978-4-86392-242-6
禁無断転載。なお、乱丁、落丁はお取り替えいたします。
©2015　Yoko Ujihara, Makiko Okamoto　All rights reserved.　Printed in Japan

〈模擬試験〉
答えと解説

模擬試験　解答・解説・・・・・・・・ 2

〈付録〉「常用漢字表」にない
　　　音訓で注意したいもの・・・ 4

解答用紙（模擬試験）・・・・・・・・ 8

問題1

- **1** 4 🔊 希望を抱く、疑問を抱く
- **2** 1 🔊 親心（＝親のように温かく気遣う心）
- **3** 2 🔊 手綱、繰り返す
- **4** 3 🔊 小賢しい（＝利口ぶって生意気だ）
- **5** 4 🔊 獲得
- **6** 2 🔊 断念する（＝あきらめる）

問題2

- **7** 4
  - 1→がっしりした丈夫な体
  - 2→あわてず、どっしり構える
  - 3→箱いっぱいにぎっしり入っている
- **8** 3
- **9** 2
  - 1→不平も言わず、黙々と働く
  - 3→証拠が次々と出る
  - 4→段々と晴れてくる
- **10** 1
  - 2→書類を送付する
  - 3→税金が還付される
  - 4→自然保護団体に寄付する
- **11** 1
  - 2→早急に返事をする
  - 3→救急車、救急の患者
  - 4→特急列車
- **12** 3 🔊 自転車に油を差す
- **13** 4
  - 1→若者の躍動
  - 2→活気に満ちた町
  - 3→頑固に断り続ける

問題3

- **14** 3
  - 1→手っ取り早く稼ぐ
  - 2→この車は快速に走る
  - 4→手早く料理する
- **15** 1
  - 2→突然別れを告げられ、ガーンとなった。
  - 3→その一言がツボにはまって、笑いが止まらない。
  - 4→遅刻癖を直そうとしない彼には、一度ガツンと言ったほうがいい。
- **16** 3
  - 1→人気のある大学
  - 2→安い価格をつける
  - 4→日本語の実力がつく
- **17** 3
  - 1→音楽のユニットを結成した。
  - 2→このランチにはデザートもセットでついてくる。
  - 4→大学に入ったら音楽サークルに入りたい
- **18** 1
- **19** 2

問題4

- **20** 2
  - 1→「～道にわたしたちを進めてくれた」「～道をわたしたちに勧めてくれた」などであればよい。
- **21** 2
  - 1→「時間の無駄」ならよい。
- **22** 2
  - 3→「恐縮です」「恐れ入ります」「すみません」などならよい。
- **23** 3
- **24** 3
  - 1→「キッチン」ならよい。

〈付録〉
「常用漢字表」にない音訓で注意したいもの

※かつての「日本語能力試験出題基準」で1級の範囲とされたものです。

漢字	音訓	例
挨	アイ	別れの**挨**拶、**挨**拶をする
垢	あか	爪の**垢**、**垢**を落とす
憧	あこがれる	結婚に**憧**れる、都会に**憧**れる
宛	あて	**宛**先を書く、手紙の**宛**名
宛	あてる	父に**宛**てた手紙
嵐	あらし	**嵐**になる、**嵐**の中
或	ある	**或**る日の夕方、日本の**或**る地域
或	あるいは	現金**或**はカード
伊	イ	**伊**藤さんという人
椅	イ	**椅**子に座る
炒	いためる	野菜を**炒**める
炒	いる	コーヒー豆を**炒**る、ゴマを**炒**る
嘘	うそ	**嘘**をつく、**嘘**を教える
嬉	うれしい	**嬉**しいニュース、君と会えて**嬉**しい
噂	うわさ	**噂**を聞く、**噂**を信じる
餌	えさ	犬の**餌**
於	おいて	現代に**於**いて、日本に**於**いて
岡	おか	**岡**山県、静**岡**県
俺	おれ	**俺**の分、**俺**たち
嘩	カ	喧**嘩**をする
鍵	かぎ	玄関の**鍵**をかける
崖	がけ	**崖**の下を見下ろす

賭	かける	命を**賭ける**、お金を**賭ける**
籠	かご	**籠**の中にリンゴを入れる
霞	かすみ	**霞**がかかっている
	かすむ	空が**霞む**、目が**霞む**
曾	かつて	**曾**ての名選手、**曾**ての東京
鞄	かばん	**鞄**の中身
釜	かま	**釜**で炊いたご飯
噛	かむ	ガムを**噛む**
瓦	かわら	**瓦**の屋根
稽	ケイ	芝居の**稽**古、滑**稽**な話
蹴	ける	ボールを**蹴る**、地面を**蹴る**
喧	ケン	都会の**喧**騒
梢	こずえ	**梢**に咲いた花
此	この	**此**の機会、**此**の状況
	これ	彼れ**此れ**、**此れ**から
頃	ころ	子どもの**頃**、初めの**頃**
沙	サ	ご無**沙**汰しています、裁判**沙**汰になる
匙	さじ	**匙**を投げる、砂糖一**匙**
拶	サツ	挨**拶**の言葉
爽	さわやか	**爽**やかな天気、**爽**やかな声
叱	しかる	生徒を**叱る**、子どもを**叱る**
繡	シュウ	刺**繡**の模様、花柄の刺**繡**
醬	ショウ	**醬**油をつける
尻	しり	ズボンの**尻**の部分、馬の**尻**
芯	しん	鉛筆の**芯**、リンゴの**芯**
腎	じん	**腎**臓の病気
隙	すき	**隙**間を埋める、**隙**のないチーム
凄	すごい	**凄**い雨、**凄**い景色

裾	すそ	ズボンの裾
咳	せき	咳が出る
噌	ソ	味噌汁
袖	そで	シャツの袖、舞台の袖で見守る
其	その	其の一、其の後
剃	そる	ひげを剃る
揃	そろい	お揃いの着物、一揃いの道具
揃	そろう	必要書類が揃う、人数が揃う
揃	そろえる	足並みを揃える、品物を揃える
汰	タ	ご無沙汰しています、音沙汰がない
只	ただ	只の人間、只今帰りました
叩	たたく	ドアを叩く、手を叩く
忽	たちまち	忽ち消えた
溜	たまり	水溜まり、溜まり場
溜	たまる	疲れが溜まる、雨水が溜まる
溜	ためる	ストレスを溜める、空気を溜める
誰	だれ	あの人は誰ですか。／誰かに聞く
旦	タン	一旦戻る、一旦ストップする
旦	ダン	旦那の弟、店の若旦那
蛋	タン	蛋白質をとる
馳	チ	ご馳走が並ぶ、ご馳走になる
蝶	チョウ	蝶が飛んでいる
呟	つぶやく	独り言を呟く、不満を呟く
壺	つぼ	大きな壺、壺の中に入れる
爪	つめ	爪を切る
吊	つる	天井から吊る、吊り革
藤	トウ	心の葛藤
藤	フジ	藤の花
頓	トン	机の上を整頓する

丼	どんぶり	丼（どんぶり）に盛（も）る
旦那	ナ	旦那（だんな）の弟（おとうと）、店（みせ）の若旦那（わかだんな）
奈	ナ	奈良（なら）のお寺（てら）、神奈川県（かながわけん）
謎	なぞ	謎（なぞ）を解（と）く
撫	なでる	頭（あたま）を撫（な）でる、猫（ねこ）を撫（な）でる
鍋	なべ	鍋（なべ）を加熱（かねつ）する、鍋（なべ）を用意（ようい）する
匂	におう	香水（こうすい）が匂（にお）う、花（はな）の香（かお）りが匂（にお）う
賑	にぎやか	賑（にぎ）やかな街（まち）、賑（にぎ）やかな人（ひと）
	にぎわう	観光客（かんこうきゃく）で賑（にぎ）わう、若者（わかもの）で賑（にぎ）わう
睨	にらむ	相手（あいて）を睨（にら）む
濡	ぬらす	服（ふく）を濡（ぬ）らす、手（て）を濡（ぬ）らす
	ぬれる	髪（かみ）が濡（ぬ）れる、服（ふく）が濡（ぬ）れる
狙	ねらい	企画（きかく）の狙（ねら）い
	ねらう	優勝（ゆうしょう）を狙（ねら）う
覗	のぞく	部屋（へや）の中（なか）を覗（のぞ）く
喉	のど	喉（のど）が痛（いた）い
呪	のろう	他人（たにん）を呪（のろ）う、世間（せけん）を呪（のろ）う
這	はう	地面（じめん）を這（は）う、壁（かべ）を這（は）う
箸	はし	箸（はし）を使（つか）う
筈	はず	そんな筈（はず）はない
貼	はる	切手（きって）を貼（は）る
腫	はれる	目（め）が腫（は）れる、足（あし）が腫（は）れる
髭	ひげ	髭（ひげ）を剃（そ）る、髭（ひげ）を伸（の）ばす
膝	ひざ	膝（ひざ）を曲（ま）げる
肘	ひじ	肘（ひじ）をつく
瞳	ひとみ	瞳（ひとみ）を輝（かがや）かせる、瞳（ひとみ）を閉（と）じる
紐	ひも	紐（ひも）を結（むす）ぶ、紐（ひも）をほどく
蓋	ふた	鍋（なべ）の蓋（ふた）

吠	ほえる	犬が**吠**える _{いぬ　ほ}
頬	ほお／ほほ	**頬**が赤くなる _{ほほ　あか}
惚	ぼける	頭が**惚**ける _{あたま　ぼ}
殆	ほとんど	時間は**殆**どない _{じかん　ほとん}
撒	まく	水を**撒**く、塩を**撒**く _{みず　ま　しお　ま}
蒔	まく	種を**蒔**く _{たね　ま}
枕	まくら	**枕**のカバー _{まくら}
股	また	大**股**で歩く、世界を**股**にかける（＝世界で活動する） _{おおまた　ある　せかい　また　せかい　かつどう}
眉	まゆ	**眉**をつり上げる、**眉**をひそめる _{まゆ　あ　まゆ}
稀	まれ	**稀**に起こること _{まれ　お}
勿	モチ	**勿**論賛成だ _{もちろんさんせい}
尤	もっとも	怒るのも**尤**もだ _{おこ　もっと}
貰	もらう	金を**貰**う _{かね　もら}
闇	やみ	夜の**闇**、心の**闇** _{よる　やみ　こころ　やみ}
茹	ゆでる	うどんを**茹**でる _ゆ
蘇	よみがえる	記憶が**蘇**る、力が**蘇**る _{きおく　よみがえ　ちから　よみがえ}
呂	ロ	風**呂**に入る _{ふろ　はい}
脇	わき	**脇**に置く、家の**脇**、**脇**道に入る _{わき　お　いえ　わき　わきみち　はい}
湧	わく	温泉が**湧**く、興味が**湧**く _{おんせん　わ　きょうみ　わ}
僅	わずか	**僅**かな差、**僅**かな時間 _{わず　さ　わず　じかん}
碗	ワン	茶**碗**を洗う _{ちゃわん　あら}

日本語能力試験 模擬試験 解答用紙

N1 文字・語彙

名前 Name

〈ちゅうい Notes〉
1. くろいえんぴつ (HB、No.2) でかいてください。
   (ペンやボールペンではかかないでください)
   Use a black medium soft (HB or No.2) pencil.
   (Do not use any kind of pen.)
2. かきなおすときは、けしゴムできれいにけしてください。
   Erase any unintended marks completely.
3. きたなくしたり、おったりしないでください。
   Do not soil or bend this sheet.
4. マークれい Marking examples

よいれい Correct Example	わるいれい Incorrect Examples
●	⊘ ⊖ ◎ ◑ ◐ ○

	問題 1			
1	①	②	③	④
2	①	②	③	④
3	①	②	③	④
4	①	②	③	④
5	①	②	③	④
6	①	②	③	④

	問題 2			
7	①	②	③	④
8	①	②	③	④
9	①	②	③	④
10	①	②	③	④
11	①	②	③	④
12	①	②	③	④
13	①	②	③	④

	問題 3			
14	①	②	③	④
15	①	②	③	④
16	①	②	③	④
17	①	②	③	④
18	①	②	③	④
19	①	②	③	④

	問題 4			
20	①	②	③	④
21	①	②	③	④
22	①	②	③	④
23	①	②	③	④
24	①	②	③	④